Bibliothek
für Designer

DATENSCHUTZ FÜR DESIGNER

DAVID HERZOG

Bibliothek
für Designer

DATENSCHUTZ FÜR DESIGNER

avedition

Bibliothek
für Designer

Zur Buchreihe

Einführungsreihen gibt es viele, doch noch keine, die sich speziell an Gestalterinnen und Gestalter richtet, in deren akademischer Ausbildung kultur- oder naturwissenschaftliche Methoden und Inhalte ja nicht unbedingt im Vordergrund stehen. Ziel der vorliegenden Buchreihe *Bibliothek für Designer* ist daher eine Erschließung von Bezugswissenschaften und sekundären Wissensgebieten für Gestalter.

Die Reihe geht dabei nicht im Sinne konventioneller und fachspezifischer akademischer Übersichtsdarstellungen vor, sondern als vom Entwurfsprozess ausgehende, prägnante und kompetente Darstellungen des jeweiligen Wissensthemas. Daher zielt die Reihe nicht primär auf solche Themen, die dem Design nahe sind, sondern auf mögliche Projektinhalte der Gestaltung. Die Bände sollen vor allem eine Portalfunktion aus der Interessenslage der Gestalter heraus erfüllen.

Die Herausgeber
Prof. Dr. Thomas Friedrich
Prof. Dr. Klaus Klemp
Prof. Dr. Gerhard Schweppenhäuser

Inhalt

Zum Buch

Die Durchdigitalisierung des beruflichen und privaten Umfelds schreitet unaufhaltsam voran. Und in gleichem Maße wächst die Unsicherheit: Wie kann ich als Gestalter mein geistiges Eigentum schützen? Was muss ich beachten, wenn ich Inhalte in den sozialen Medien hochlade? Oder herunterlade? Und wie ist das mit dem neuen Datenschutz der DSGVO? Wem überlasse ich meine Daten und wozu? Wie gehe ich mit den Daten meiner geschäftlichen Kontakte um? Dieses Buch richtet sich an Gestalterinnen und Gestalter und überhaupt an alle, die mit urheberrechtlich geschützten Werken und/oder personenbezogenen Daten am digitalen Leben teilnehmen wollen. Es vermittelt Kenntnisse, praktische Hinweise und Lösungen für typische Konfliktfälle.

Die nachfolgenden Kapitel kreisen um zwei Schwerpunkte: den Schutz geistigen Eigentums einerseits und den Schutz personenbezogener Daten andererseits. Beide Themen sind vor allem in den sozialen Medien häufig miteinander verbunden. So ist z. B. das »Kleingedruckte« in den Nutzeraccounts der sozialen Plattformen ein rechtlich sehr komplexer Text mit oft großen praktischen Auswirkungen auf die digitale Zukunft des Users. Die Bedeutung derartiger »Bedingungen« kann gar nicht überschätzt werden. Aber auch die Gestaltung des eigenen digitalen Auftritts kann mit wenigen Mitteln, z. B. der Vergabe der richtigen CC-Lizenzen, wesentlich sicherer gestaltet werden als allgemein angenommen. Dieses Buch möchte alle Gestalter ermuntern, mit mehr Wissen und Verständnis mehr Verantwortung im digitalen Workflow wahrzunehmen.

Designer gehen häufig mit personenbezogenen Daten um, auch im Bereich der Fotografie. Ein Kapitel des Buches ist daher der Frage gewidmet, unter welchen Umständen überhaupt noch Personen fotografiert werden dürfen, sowohl im beruflichen wie auch im privaten Bereich. Das Internet und vor allem ältere Fachveröffentlichungen erweisen sich für die Beantwortung dieser Frage eher als untauglich, da mit der neuen Rechtslage nach der DSGVO ab Mitte 2018 grundlegende Parameter geändert wurden. Der überschaubare Rahmen des KUG wurde zugunsten der DSGVO verschoben, was allen Fotografen völlig neue Pflichten auferlegt. Jetzt gilt europäisches Recht – und europäische Gerichtsentscheidungen als Orientierungshilfe gibt es bislang nur sehr wenige.

Zu guter letzt haben wir für dieses Buch einen umfangreichen Schlussteil zusammengestellt, der die wichtigsten Formulare und Muster zur DSGVO enthält. Jeder selbständige Gestalter, jede Designagentur sollte mit diesen Mustern in der Lage sein, eine rechtswirksame Grundlage für ihre Datenverarbeitung zu schaffen.

Der Autor bedankt sich für die vielen Anregungen und die fachliche Hilfe, die er von Kollegen, Fachleuten und Freunden erfahren durfte. Auf spezielle Weise ist der Autor aber auch der digitalen Öffentlichkeit zu Dank verpflichtet, und zwar für die vielen zum Teil grandiosen Negativbeispiele, mit denen er sich beruflich und privat auseinandersetzen musste – sie schärfen den Blick für das Wesentliche. Insbesondere aber gilt sein Dank wiederum Frau Rechtsanwältin Lana Kolb, die nach den vorangegangenen Bänden »Recht für Designer« und »Existenzgründung für Designer« auch im vorliegenden Buch nicht nur die kritische fachliche Durchsicht, sondern vor allem die Mustertexte im abschließenden Teil besorgt hat.

David Herzog

Zur Orientierung

Das Buch präsentiert Ihnen die Inhalte leicht verständlich und praktisch anwendbar. Zur optimalen Orientierung finden Sie hier ein paar Hinweise:

Die Hauptkapitel sind durch rote Zäsurseiten markiert und in der Kopfzeile ausgezeichnet. So wissen Sie immer, in welchem Kapitel Sie sich befinden.

Für einen kompakten thematischen Überblick finden Sie Begriffserläuterungen der wichtigsten Fachbegriffe ˣ, die im Fließtext auftauchen, mit rotem Symbol in der Kommentarspalte.

Weitere Schlüsselbegriffe sind rot hervorgehoben.

Praxishinweise in der Kommentarspalte geben Ihnen wertvolle Tipps für den Alltag.

Praxishinweise
Erhalten Sie hier wertvolle Tipps für den Alltag.

Randnummern (Rn) sind durchlaufend seitlich der Texte in der Randspalte platziert und erleichtern ein schnelles Nachschlagen bei Querverweisen zu konkreten Stellen. 123

Mustervorlagen und wichtige Passagen sind rot hervorgehoben.

Abkürzungen und Endnoten finden Sie kompakt aufgelistet am Anfang bzw. Ende des Buches.

Natürlich ersetzt Ihnen dieser Leitfaden nicht den »echten« juristischen Beistand oder Vertrag. Das Buch bietet einen Einstieg, um sich im Dschungel des Datenschutzes zurechtzufinden und dabei den Blick fürs Wesentliche zu behalten.

Ihre Redaktion

Verzeichnis der Abkürzungen

Abs.: Absatz

a. F.: alte Fassung

AGB: Allgemeine Geschäftsbedingungen

Art.: Artikel

Az.: Aktenzeichen

BAG: Bundesarbeitsgericht

BDSG: Bundesdatenschutzgesetz

BGB: Bürgerliches Gesetzbuch

BGH: Bundesgerichtshof

BGHZ: Entscheidungen des Bundesgerichtshofs in Zivilsachen: eine von den Mitgliedern des Bundesgerichtshofs herausgegebene Sammlung wichtiger Entscheidungen des Bundesgerichtshofs aus dem Zivilrecht

BVerfG: Bundesverfassungsgericht

BVerfGE: die Entscheidungen des Bundesverfassungsgerichts: eine Sammlung analog zu BGHZ

DesignG: Gesetz über den rechtlichen Schutz von Design

DesignV: Verordnung zur Ausführung des Designgesetzes

DPMA: Deutsches Patent- und Markenamt

DSGVO: Datenschutzgrundverordnung

EuGH: Europäischer Gerichtshof

f.: folgender (Norm / Randnummer / Endnote)

ff.: folgende (Norm / Randnummer / Endnote)

GbR: Gesellschaft bürgerlichen Rechts

gem.: gemäß

GG: Grundgesetz

GmbH: Gesellschaft mit beschränkter Haftung

GRUR: Gewerblicher Rechtsschutz und Urheberrecht (Zeitschrift)

GWB: Gesetz gegen Wettbewerbsbeschränkungen

Hs.: Halbsatz

i. S.: im Sinne

i. S. d.: im Sinne des

i. V.: in Vertretung

i. V. m.: in Verbindung mit

KUG: Gesetz betreffend das Urheberrecht an Werken der bildenden Künste und der Photographie

MarkenG: Markengesetz

MarkenV: Verordnung zur Ausführung des Markengesetzes

m. w. N.: mit weiteren Nachweisen

NJW: Neue Juristische Wochenschrift

RGZ: die Entscheidungen des Reichsgerichts in Zivilsachen: eine Sammlung analog zu BGHZ

Rn: Randnummer

RStV: Rundfunkstaatsvertrag

StGB: Strafgesetzbuch

TMG: Telemediengesetzt

UrhG: Urheberrechtsgesetz

UWG: Gesetz gegen den unlauteren Wettbewerb

vgl.: vergleiche

ZPO: Zivilprozessordnung

Das geistige Eigentum als Produkt der geistigen Arbeit ist ein immaterielles Gut und daher nur schwer zu schützen.

Grundlage für die staatliche Garantie des geistigen Eigentums ist das Urheberrecht. Es sichert das persönliche Band zwischen dem Urheber und seinem Werk ebenso wie dessen materielle Verwertung.

Das Designrecht und das Markenrecht ergänzen diesen Schutz, indem sie die Eintragung der Werke und sonstigen Arbeitsergebnisse in den öffentlichen Registern des Deutschen Patent- und Markenamtes ermöglichen.

1 Die heutige Lebenswelt ist vom äußeren Schein derjenigen materiellen Güter geprägt, die industriell hergestellt werden. Angesichts dieser Verfügbarkeit und Omnipräsenz des Materiellen fällt es nicht immer leicht, vor dem menschlichen Schöpfungsgeist Respekt zu haben, der allerdings auch diese Güter irgendwann erdacht und geschaffen hat. Das ist eine gewisse Parallele zur kulturgeschichtlichen Entwicklung: Bis weit in die Neuzeit hinein wurde der Schöpfer zunächst aufgrund seiner handwerklichen Qualitäten geschätzt, was übrigens auch die Künstler einschloss. Erst die Umbrüche des Humanismus und der Aufklärung führten zu der Erkenntnis, dass auch die geistige Schöpfung als solche, und zwar als Produkt der geistigen Arbeit ˣ, hoch zu schätzen und zu schützen sei; schließlich entscheide doch jeder Mensch über seine eigenen Gedanken und Handlungen selbst[1]. Seither hat sich mit der westeuropäischen Aufklärung die Auffassung verbreitet, dass auch immaterielle Ideen, Einfälle und Konzepte als »geistiges Eigentum« angesehen werden müssen, sobald sie eine bestimmte Schwelle der Verfestigung überschritten haben. Dieser zunächst philosophische Ansatz führte allerdings noch nicht dazu, dass das geistige Eigentum in den großen vereinheitlichenden Gesetzgebungsverfahren des 19. Jahrhunderts, wie z.B. dem Code civil in Frankreich (1804) oder dem Bürgerlichen Gesetzbuch in Deutschland (1900), berücksichtigt wurde. Jene Gesetzgebungsverfahren waren noch maßgeblich vom römischen Zivilrecht geprägt, das Eigentum nur an körperlichen Gegenständen kennt (vgl. §§ 903, 90 BGB). Gerade in Deutschland lehnte man den grundsätzlichen Schutz des geistigen Eigentums unter der Führung der Historischen Rechtsschule um Friedrich Carl von Savigny[2] und übrigens auch mit Blick auf die von den Liberalen angestrebte Gewerbefreiheit ab.

x
Geschichtliche Entwicklung
Erst ab dem 18. Jh. wird geistiges Eigentum als Schutzgut angesehen.

2 Noch heute ist der Schutz des geistigen Eigentums in Deutschland nicht einheitlich ˣ im BGB geregelt, sondern bestimmten Nebengesetzen vorbehalten, die nachstehend unter dem Aspekt der praktischen Anwendung für den Designer erläutert werden sollen.

x
Vereinheitlichung
Es gibt in Deutschland keinen einheitlichen Schutz des geistigen Eigentums.

Das Urheberrecht als Grundlage des geistigen Eigentums

Das Urheberrecht x betrifft den Kern« der gestalterischen Arbeitswelt. Es schützt das Urheberpersönlichkeitsrecht und damit das geistige Eigentum des Designers. Das Urheberrecht sichert dem Urheber die Ausschließlichkeit der Verwertung seiner Werke als ein wesentlicher Bestandteil der wirtschaftlichen Existenzgrundlage. Das Urheberrecht ist ursprünglich dem künstlerischen Bereich zuzuordnen und hat keinen gewerblichen Schwerpunkt. Allerdings umfasst es sämtliche Werkarten und ist damit inhaltliche Grundlage des geistigen Eigentums auch an Marken, eingetragenen Designs, Patenten usw. Eine ausführliche Darstellung des Urheberrechts mit Fokus auf den Fachbereich der Gestaltung und Kommunikation findet sich in der »Bibliothek für Designer« im Band »Recht für Designer« unter Rn 160 ff.[3] An dieser Stelle sollen daher nur die ganz wesentlichen Grundzüge des Urheberrechts dargestellt werden. 3

x
Urheberrecht
Das Urheberrecht gewährleistet den Schutz des Werkes, unabhängig von seiner wirtschaftlichen Verwertung.

Eine vertiefte Darstellung ist im Band »Recht für Designer« enthalten.

Seine erste gesetzgeberische Form erfuhr das Urheberrecht im »Gesetz zum Schutze des Eigentums an Werken der Wissenschaft und Kunst gegen Nachdruck und Nachbildung« vom 11.06.1837, das in Preußen erlassen wurde. Die Obrigkeit gab damit vor allem den Protesten und Klagen des Verlagswesens über Raubdrucke nach, die seit der Erfindung des Buchdrucks im Mittelalter nie verstummt waren und nun, zu Beginn der Industrialisierung, immer vernehmlicher wurden. Allerdings blieb die gesetzliche Regelung lückenhaft, regional differenziert, und es wurden auch keineswegs alle Werkarten erfasst. Erst am 09.09.1965 wurde das heutige Urheberrechtsgesetz (UrhG) x für alle Werkarten auf dem Gebiet der Bundesrepublik Deutschland eingeführt. Das Gesetz ist in den letzten 20 Jahren Gegenstand mehrerer Novellierungen gewesen, die vor allem von den Harmonisierungsanstrengungen der Europäischen Union geprägt und noch nicht vollständig abgeschlossen sind. Hintergrund ist die zunehmende Digitalisierung und Globalisierung der Lebens- und Arbeitswelt, die die Rechtsentwicklung vor erhebliche Herausforderungen stellt. Mit der Digitalisierung wird sehr deutlich, dass das Urheberrecht in besonderer Weise den technologischen Rahmenbedingungen des Marktes unterliegt. 4

x
Urheberrechtsgesetz (UrhG)
Eine einheitliche Fassung des Urheberrechts gibt es in Deutschland erst 1965. Seither wird das Gesetz ständig weiterentwickelt, um den digitalen und globalen Anforderungen zu genügen.

5 Das UrhG schützt die enge Beziehung zwischen dem Schöpfer und dem Ergebnis seiner geistigen Schöpfungskraft, dem Werk. »Urheber« und »Werk« sind daher zwei tragende Begriffe des Urheberrechts. Gemäß § 2 Abs. 2 UrhG sind Werke x »persönliche geistige Schöpfungen«, wobei § 2 Abs. 1 UrhG eine nicht abschließende Aufzählung von Beispielen beinhaltet. Reine Maschinenwerke, Tierwerke oder Fundstücke werden nicht in den Schutzbereich einbezogen, da das Urheberrecht eine menschlich-gestalterische Tätigkeit des Urhebers voraussetzt. Eine »persönliche geistige Schöpfung« verlangt zudem einen gedanklichen oder gefühlsmäßigen Inhalt, der sich nicht in einem rein mechanischen, handwerklichen oder gar gedankenlosen Vorgang ausdrücken kann. Es ist ein geistiger Gehalt, der »über das bloße sinnlich wahrnehmbare Substrat hinausgeht, eine Aussage oder Botschaft, die dem Bereich der Gedanken, des Ästhetischen oder sonstiger menschlicher Regungen und Reaktionsweisen zugehört«[4].

x
Werkbegriff
Das Werk i. S. d. Urheberrechts ist in § 2 UrhG definiert.

Mit diesem Gehalt verbunden ist eine »schöpferische Eigentümlichkeit«, ein Ausdruck des individuellen Geistes des Urhebers, der damit dem Werk gewissermaßen seinen Stempel aufdrückt. Zweifellos gibt es also Produkte menschlicher Gestaltung, die diese Kriterien nicht aufweisen – nicht alles kann ein »Werk« sein. Und nicht alles verdient damit Schutz als geistiges Eigentum. Das Urheberrecht sieht die Grenze in der sogenannten »Schöpfungshöhe«. Gerade eben noch schutzfähig ist die sog. »kleine Münze«; das sind sehr einfach gestaltete Werke, wie bspw. Kataloge, Visitenkarten, Kaufhausprospekte, Sounds für die Bedienung digitaler Geräte, simple Druckmuster o. ä. Je mehr Individualität und geistiger Inhalt in der Gestaltungshöhe zum Ausdruck kommen, desto umfassender ist auch das Schutzniveau.

6 Ganz grundsätzlich nicht geschützt ist die Idee als solche x. Sie ist zu flüchtig, zu wenig fassbar für den Rechtsverkehr, sie hat sich nicht genügend nach außen hin verfestigt. Dies gilt ebenso für Gedanken, Anregungen, Erkenntnisse, Haltungen, Stil oder Absichten, bevor sie nicht auf die eine oder andere Weise Werkcharakter angenommen haben.

x
Ideen
Gedanken, Ideen, Absichten oder andere nicht gestaltete gedankliche Vorgänge sind als solche nicht geschützt.

Als Urheber ˣ wird der Schöpfer des Werkes bezeichnet, § 7 UrhG. Nur natürliche Personen, also Menschen, können Urheber sein. Unternehmen oder sonstigen juristischen Personen fehlt es an Persönlichkeit und Geist, sie können nicht schöpferisch wirken. Sind mehrere Personen am Schöpfungsakt beteiligt und sind ihre Teilbeiträge nicht klar voneinander abgrenzbar, so sind sie Miturheber gem. § 8 UrhG und können nur gemeinsam über die Rechte am Werk und seine Verwertung verfügen. 7

x
Urheber
Nur Menschen können Urheber sein.

Bemerkenswerterweise ist ein Wille des Urhebers nicht erforderlich, um das Urheberrecht ˣ zu begründen. Es entsteht schlicht und einfach mit dem Schöpfungsakt; der Jurist spricht hier von einem originären Rechtserwerb – etwa vergleichbar mit der Geburt oder einer Erbschaft. Ebenso bemerkenswert ist der Umstand, dass der Urheber das einmal entstandene Urheberrecht nie wieder loswird; es überdauert ihn sogar bis zu 70 Jahre nach seinem Tod, § 64 UrhG. In dieser postmortalen Zeit wird es von seinen Erben wahrgenommen. Das Urheberrecht ist nicht übertragbar oder veräußerbar, vgl. § 29 Abs. 1 UrhG (nicht zu verwechseln mit der Übertragbarkeit von Nutzungsrechten, vgl. unten). Das gilt auch im Rahmen eines Arbeitsverhältnisses: Wer in Erfüllung seiner arbeits- oder dienstvertraglichen Verpflichtungen ein Werk erschafft, wird Urheber. Zu klären ist dann allerdings, ob dem Dienstherrn ggf. die Nutzungsrechte zustehen und ob diese gesondert zu vergüten sind (s.u.). 8

x
Urheberrecht
Das Urheberrecht entsteht durch die Schöpfung und ist nicht veräußerbar. Es ist grundrechtsähnlich ausgestaltet und schützt die Beziehung des Urhebers zu seinem Werk.

Präzise ausgedrückt handelt es sich beim Urheberrecht eigentlich um das Urheberpersönlichkeitsrecht (UPR) ˣ. Gemeint ist damit die vom Gesetzgeber vorausgesetzte starke Verbindung zwischen Urheber und Werk, die »geistige und persönliche Beziehung« (§ 11 UrhG). Diese Beziehung wird im weiteren Sinne wie ein Grundrecht aufgefasst, weshalb dem UPR bei rechtlichen Interessensabwägungen und Wertungen erhebliches Gewicht zukommen kann. Im engeren Sinne umfasst das UPR die besonderen Rechte des Urhebers in den §§ 12 bis 14 UrhG. Nur der Urheber soll darüber entscheiden dürfen, ob und wann sein Werk zum ersten Mal veröffentlicht wird, § 12 UrhG. Er hat auch das Recht auf Anerkennung seiner Urheberschaft, kann also seine Signatur anbringen oder verlangen, dass er als Urheber genannt wird, § 13 UrhG. 9

x
Kern des UPR
Das Veröffentlichungsrecht, die Anerkennung der Urheberschaft und das Verbot der Entstellung des Werks sind besonders geschützte Rechte des Urhebers.

x
§ 14 UrhG
Das Verbot von Entstellung des Werks führt in der Praxis häufig zu Auseinandersetzungen.

10 Auch das in der Praxis wichtige und nicht selten umstrittene Verbot von Entstellungen und Beeinträchtigungen des Werkes x gem. § 14 UrhG gehört zum Kernbereich des UPR. Zu einer Beeinträchtigung des Werkes (und damit ggf. auch zu einer Entstellung) führt nach ständiger Rechtsprechung des Bundesgerichtshofs (BGH) »jede objektiv nachweisbare Änderung des vom Urheber geschaffenen geistig-ästhetischen Gesamteindrucks des Werkes«[5]. Eine solche Änderung kann direkt oder indirekt auf das Werk einwirken. Ist eine Änderung feststellbar, wird in einem gestuften Abwägungsprozess danach gefragt, ob diese Änderung auch geeignet ist, die geistigen und persönlichen Interessen des Urhebers an seinem Werk zu gefährden. Dies wird grundsätzlich vermutet, kann aber widerlegt werden (etwa, wenn der Urheber zu erkennen gegeben hat, dass ihm an dem ursprünglichen Werkzusammenhang nichts liegt).

Sodann folgt die eigentliche Abwägung, wobei typischerweise dem ideellen Interesse des Urhebers an der Integrität seines Werkes eher praktische Interessen gegenüberstehen; das kann das Interesse des Nutzungsberechtigten an einer wirtschaftlichen Verwertung des Werkes sein (z. B. veränderte Farbgebung für ein Stoffmuster) oder das Interesse des Eigentümers, sein Eigentumsrecht ohne Beschränkungen auszuüben (z. B. teilweise Entfernung einer Wandgestaltung aufgrund Nutzungsänderung der Räume). Oft besteht auch ein öffentliches Interesse auf Umgestaltung oder Modernisierung innerhalb eines Werkzusammenhangs, z. B. für barrierefreie Zugänge. Bei großer Schöpfungshöhe und besonderem Integritätsinteresse vermag im Rahmen der Abwägung auch der »technisch-ökonomische Gebrauchszusammenhang« keinen ausreichenden Grund für eine Beeinträchtigung darzustellen. Bei Werken, die einer praktischen Verwendung dienen, oder bei reduziertem Integritätsinteresse kann sich die Gewichtung allerdings verschieben.

Problematisch ist die völlige Werkzerstörung, deren Rechtsfolgen seit langem umstritten sind. Die herrschende Auffassung sieht in der »bloßen Vernichtung« keine Beeinträchtigung, da nur der (weiterhin) existierende Bestand des Werkes durch § 14 UrhG geschützt sei. Die in der Literatur vertretene Gegenansicht, dass die Vernichtung sozusagen als die extremste Form der Beeinträchtigung angesehen werden müsse, wird jedoch in den letzten Jahren auch von der Rechtsprechung zunehmend aufgegriffen[6]. Der BGH hat sich zu dieser Frage aber noch nicht abschließend geäußert.

11 Das Urheberrecht verfolgt nicht nur den Schutz des Urheberpersönlichkeitsrechts und damit der geschaffenen Werke, sondern legt auch die Grundlage für deren wirtschaftliche Verwertung [x]. Die insoweit selten klare Aussage des Gesetzgebers in § 11 UrhG bedingt die umfassenden und ausschließlichen Verwertungsrechte des Urhebers, normiert in den §§ 15 bis 23 UrhG. Nur der Urheber hat das Recht, sein Werk zu verwerten oder öffentlich wiederzugeben, § 15 UrhG. Diese Bestimmung fungiert als eine Art Generalnorm, die sicherstellt, dass dem Urheber alle bedeutsamen Verwertungsmöglichkeiten vorbehalten bleiben, auch wenn sie beim Erlass des UrhG noch nicht bekannt waren. Praktisch ist keine Verwertungsform denkbar, die nicht zunächst dem Urheber zustehen würde. In den §§ 16 bis 22 UrhG nennt der Gesetzgeber sodann einige Verwertungsbeispiele, z. B. das Vervielfältigungsrecht, das Verbreitungsrecht, das Ausstellungsrecht, aber auch das Recht der öffentlichen Wiedergabe, das Vortrags-, Aufführungs- und Vorführungsrecht sowie alle Sende- und Internetrechte. Die gesetzliche Aufzählung ist angesichts der Generalnorm des § 15 UrhG nicht abschließend.

x
Verwertungsrechte
Die §§ 15 bis 23 UrhG gewähren dem Urheber das ausschließliche Recht, seine Werke zu verwerten. Dies gilt auch für heute noch unbekannte Verwertungsformen.

12 Ebenso wie das Eigentum an Sachen unterliegt auch das geistige Eigentum der Sozialbindung [x][7]. Seine Ausübung wird aus verschiedenen Gründen und auf verschiedene Weise eingeschränkt. Anderenfalls würden das umfassend und robust ausgestattete Urheberpersönlichkeitsrecht und die damit korrespondierenden absoluten Verwertungsrechte des Schöpfers gesamtgesellschaftlich relevante Entwicklungen behindern oder unmöglich machen. So sind bspw. für die Herausbildung eines bestimmten Stils die gedankliche »Anlehnung« an ein vorhandenes Werk, seine Umgestaltung oder sogar sein Plagiat notwendige Aneignungsprozesse, um Kulturleistungen zu tradieren und auch zu neuen Entwicklungen zu führen. Ebenso wenig wäre die satirische oder kunstvolle Auseinandersetzung mit fremden Werken möglich, würden diese Werke vollkommen absolut geschützt.

x
Sozialbindung
Das UrhR kann nicht uneingeschränkt ausgeübt werden. Der Urheber muss bestimmte Nutzungen hinnehmen.

x
§ 14 UrhG
Das Verbot von Entstellung des Werks führt in der Praxis häufig zu Auseinandersetzungen.

Der Gesetzgeber ermöglicht daher für bestimmte Fälle eine mehr oder weniger freie Bearbeitung x fremder Werke auch ohne Einwilligung des Urhebers. In diesem Zusammenhang ist zunächst klarzustellen, dass es sich auch bei der Bearbeitung selbst (z.B. dem Redesign eines älteren Logos) um ein eigenständiges neues Werk handelt, das wiederum vollen urheberrechtlichen Schutz zugunsten seines Bearbeiters genießt (§ 3 UrhG). Unproblematisch möglich ist eine solche Bearbeitung bei Werken, die gar nicht mehr geschützt sind (diese Werke werden als »gemeinfrei« bezeichnet, z.B. nach Ablauf ihrer Schutzfrist). Geschützte Werke hingegen dürfen zwar grundsätzlich bearbeitet oder umgestaltet werden; hier setzt jedoch die Veröffentlichung oder Verwertung dieser Bearbeitung die Einwilligung des Urhebers des Originals voraus. § 23 UrhG. Absatz 2 der genannten Vorschrift verschärft diesen Grundsatz noch für bestimmte Werkgruppen, wie Filme oder Architektur, und untersagt hierfür bereits die Bearbeitung als solche. Wirkt die Bearbeitung entstellend, greift darüber hinaus § 14 UrhG ein (vgl. Rz 10).

Allerdings genehmigt das UrhG in § 24 die gedankliche Anlehnung an ein geschütztes Werk als sogenannte »freie Benutzung« auch ohne Einwilligung. Diese darf vom Bearbeiter sogar veröffentlicht und verwertet werden. Folgerichtig tendieren Designer gern dazu, ihre Bearbeitung als »freie Benutzung« des fremden Werkes zu bezeichnen. Die durch die freie Benutzung entstandene neue Schöpfung muss jedoch so weit vom Original entfernt sein, dass dieses völlig in den Hintergrund tritt und faktisch nur als Anregung, als Ideengeber im weitesten Sinne dient. Prägende Eigenschaften des Originals (wie bestimmte Personen, Formen, Farbwelten, ein wesentlicher Plot etc.) dürfen dabei nicht benutzt werden. Die praktische Bedeutung von freien Benutzungen gem. § 24 UrhG ist daher tatsächlich sehr gering; wenn möglich, sollten Designer nicht versuchen, mit dieser Rechtsgrundlage zu arbeiten.

Eine Ausnahme gilt für Parodien und Satiren, die ja geradezu darauf angewiesen sind, sich mit den typischen Eigenschaften des kritisierten Werkes auseinanderzusetzen. Hierfür hat der BGH entschieden, dass es sich gleichwohl um einen Fall der freien Benutzung handelt – der notwendige Abstand der freien Benutzung zum Original sei bei dieser Art der Bearbeitung gerade in der antithematischen Behandlung zu sehen[8].

Die eigentlichen Schranken des Urheberrechts ˣ finden 13
sich in den §§ 44a ff. UrhG. Sie sind Ausdruck gesamtgesellschaftlicher Interessen, die begründet genug sind, um im Einzelfall das Urheberrecht zurücktreten zu lassen. Hierzu gehören die öffentliche Sicherheit, die Bedürfnisse von Wissenschaft und Unterricht, die Freiheit des geistigen Schaffens, bestimmte Erfordernisse der Informationsgesellschaft, aber auch der private, eigene Gebrauch. Das Urheberpersönlichkeitsrecht bleibt dabei jeweils unangetastet. Eingeschränkt werden nur die absoluten Verwertungsmöglichkeiten des Urhebers.

x
Schranken des Urheberrechts §§ 44a UrhG
Die Sozialbindung des geistigen Eigentums ist Ausdruck gesamtgesellschaftlicher Interessen.

Soweit andere das Werk ohne Einwilligung oder Vergütung 14
des Urhebers frei benutzen und verwerten ˣ dürfen, ist dies wirtschaftlich die größtmögliche Einschränkung des Urheberrechts. Der Gesetzgeber gestattet in bestimmten Bereichen tatsächlich diese erhebliche Einschränkung, ihre Voraussetzungen sind als »gesetzlich erlaubte Nutzung« in den §§ 44a bis 53 UrhG festgehalten. Hierunter fallen z. B. die Berichterstattung in den Medien, öffentliche Reden oder die öffentliche Sicherheit sowie gerichtliche Belange. Unter die freie Benutzung fällt auch das Zitatrecht gem. § 51 UrhG[9]. Für Designer von Bedeutung sind zwei weitere Formen der freien Nutzung: fremde Werke als »unwesentliches Beiwerk«, vor allem auf Fotografien, § 57 UrhG, und die Abbildung und Verbreitung von Werken (bspw. Bauwerken), die sich bleibend an öffentlichen Wegen, Straßen oder Plätzen befinden, § 59 UrhG. (Zur Klarstellung: Benutzung und Verwertung bedeutet nicht auch Bearbeitung! Hierfür sind die §§ 14, 23 und 24 UrhG maßgeblich, vgl. Rz 12.)

x
Freie Nutzung und Verwertung
In den §§ 44a ff. UrhG werden Ausnahmen normiert, die eine Nutzung und Verwertung fremder Werke ohne Einwilligung oder Vergütung gestatten.

Wirtschaftlich etwas weniger einschneidend ist die so- 15
genannte gesetzliche Lizenz ˣ. Auch in diesen Fällen darf das Werk ohne Erlaubnis des Urhebers genutzt oder verwertet werden. Allerdings wird hierfür immerhin kraft gesetzlicher Verpflichtung eine Vergütung gewährt, ebenjene gesetzliche Lizenz. Sie kommt im alltäglichen Leben

x
Gesetzliche Lizenz
Vor allem für den privaten Gebrauch, für Forschung und für Lehre sieht die einwilligungsfreie Nutzung und Verwertung eine gesetzliche Vergütung vor, die über Verwertungsgesellschaften abgewickelt wird, §§ 53, 60a ff. i. V. m. § 54 UrhG.

häufig vor, solche Fälle sind auch vielen Laien bekannt. Weit verbreitet ist z.B. die Kenntnis, dass fremde Werke für den privaten Gebrauch auch ohne Einwilligung des Urhebers kopiert werden dürfen, etwa Bücher oder Tonträger. Weniger bekannt ist in diesem Zusammenhang allerdings die Tatsache, dass es sich bei dieser »Vervielfältigung zum privaten und sonstigen eigenen Gebrauch« gem. § 53 UrhG um eine Nutzung als gesetzliche Lizenz handelt, die zwingend auch eine Vergütung zur Folge hat. Die Vergütung kann der Urheber zwar nicht vom einzelnen privaten Benutzer beanspruchen, sie wird aber gem. § 54 UrhG den Herstellern von Kopiergeräten und von Speichermedien auferlegt, die diese dann wieder über den Preis der Geräte oder Kopien auf die privaten Nutzer umlegen. Ebenfalls um einen Fall der gesetzlichen Lizenz handelt es sich bei Nutzungen und Verwertungen für Unterricht, Wissenschaft und Institutionen gem. §§ 60a bis 60f UrhG. Das Management dieser gesetzlichen Vergütung obliegt den Verwertungsgesellschaften, z.B. der VG Wort (§ 54h UrhG).

16 In erster Linie soll das Urheberrecht allerdings die wirtschaftliche Verwertung der Werke sichern und fördern. Hierfür ist der Urheber darauf angewiesen, Interessierten die Nutzung [x] seiner Werke zu gestatten und hierfür eine Vergütung zu beanspruchen. Hierdurch entstehen Nutzungsrechte (auch Lizenzen genannt), die spiegelbildlich den Verwertungsrechten des Urhebers entsprechen. Den gesetzlichen Rahmen für die Einräumung von Lizenzen hat der Gesetzgeber mit dem Urhebervertragsrecht in den §§ 31 ff. UrhG geschaffen. Nicht selten übersehen Designer, dass es sich bei der Einräumung von Nutzungsrechten um eine eigenständige vertragliche Vereinbarung handelt, und sind der Auffassung, mit dem »Auftrag« oder »Werkvertrag« sei bereits alles geregelt. Das ist jedoch nicht der Fall. Wird keine Nutzungs- bzw. Lizenzvereinbarung getroffen, weist der Vertrag eine Lücke auf. Die bei einem solchen Missverständnis nötige Auslegung und nachträgliche Ergänzung der unvollständig gebliebenen zivilvertraglichen Regelung kann in der Praxis durchaus Schwierigkeiten bereiten. Nutzungsrechte sollten daher immer konkret in den zugrunde liegenden Vertrag aufgenommen werden.

x
Nutzungsrechte / Lizenzen
Bei ihrer Übertragung auf Vertragspartner werden aus den Verwertungsrechten des Urhebers Nutzungsrechte, auch Lizenzen genannt. Dies ist die Grundlage des wirtschaftlichen Verwertungsprozesses.

Praxishinweis
Werkverträge im Bereich der Gestaltung sollten in jedem Fall auch die Nutzungsrechte ausdrücklich regeln.

Das Gesetz kennt zwei Arten von Nutzungsrechten ˣ: einfache und ausschließliche. Das sogenannte einfache, nicht exklusive Nutzungsrecht gem. § 31 Abs. 2 UrhG definiert genau, für welche Nutzungsart(en), welche Dauer und welches Gebiet die Vereinbarung gelten soll. Es kann auch mehreren Lizenznehmern gleichzeitig übertragen werden. Wenn zumindest einzelne Nutzungsarten genau bezeichnet sind, wird vermutet, dass alle anderen Arten von der Nutzung ausgeschlossen sein sollen[10]. Diese Art der Lizenzvergabe sollte tunlichst der Standard sein, denn mit ihr behält der Urheber die Kontrolle über sein Werk und dessen wirtschaftliche Verwertung. Das ausschließliche, exklusive Nutzungsrecht gem. § 31 Abs. 3 UrhG hingegen nimmt jegliche weitere Nutzung oder Verwertung aus der Hand des Urhebers und überträgt sie allein auf den Lizenznehmer. Steht eine solche Forderung im Raum, ist Zurückhaltung geboten. Im Regelfall ist bei einem ausschließlichen Nutzungsrecht nicht einmal der Urheber selbst noch berechtigt, sein Werk zu nutzen, geschweige denn, es mehrfach zu verwerten. Eine exklusive Lizenz sollte daher nur in Ausnahmefällen und gegen entsprechende Vergütung vereinbart werden. Sinnvoll kann dies bspw. für die Gestaltung von Unternehmenskennzeichen sein oder beim Design exklusiver Produkte wie Autos oder Mode. 17

x
Ausschließliche und einfache Nutzungsrechte
§ 31 UrhG kennt diese zwei Arten der Übertragung von Nutzungsrechten. Beim ausschließlichen Nutzungsrecht ist Vorsicht geboten.

Im gesamten digitalen Bereich ˣ des E-Commerce, der neuen Medien und des klassischen Internets gilt das Urheberrecht ohne Einschränkungen. Es wird in den §§ 69a bis 69g UrhG bzw. 95a UrhG sogar noch mit besonderen Bestimmungen für elektronische Werke verschärft. Seit Jahren ist Gegenstand einer anhaltenden gesellschaftlichen Debatte, ob diese Anwendung des Urheberrechts auf die elektronischen Medien angemessen ist. Sowohl eine Ausweitung der Rechte der Urheber wird gefordert wie auch die gänzliche Abschaffung des urheberrechtlichen Schutzes. Eine zentrale Frage im Bereich der neuen Medien zielt darauf, unter welchen Umständen der »User« auf die Einwilligung der Urheber zur allgemeinen Nutzung und Verwertung ihrer veröffentlichten Werke schließen darf. Denn grundsätzlich gelten die sehr restriktiven Bestimmungen zur freien Nutzung und zu den urheberrechtlichen Schranken (s.o.) auch im Bereich der neuen Medien. Gleichwohl wird aber eine unübersehbare Anzahl geschützter Werke frei zugänglich und verfügbar in den sozialen Netzen und im Internet angeboten[11]. 18

x
Digitalisierung
Der volle Schutz des Urheberrechts gilt auch in den neuen Medien. Trotz Forderungen nach einer Aufweichung wurde er in jüngster Zeit eher noch verschärft.

Angesichts der geltenden Rechtslage müssen professionelle Designer allerdings – soweit sie fremde Inhalte der elektronischen Medien für ihre eigene Arbeit nutzen – davon ausgehen, dass diese Inhalte im Zweifelsfall geschützt sind und einem fremden Urheberrecht unterliegen. Einfach »copy and paste« geht nicht.

x
Verletzungshandlungen
Die Rechtsfolgen einer Verletzung des Urheberrechts sind in den §§ 97 ff. UrhG normiert.

19 Die Rechtsfolgen einer Verletzung von Rechten des geistigen Eigentums x sind im deutschen Recht relativ einheitlich ausgestaltet und damit nicht nur auf das Urheberrecht beschränkt. Die jeweiligen Schutzrechte sehen Anspruchsnormen vor. Für das Urheberrecht sind diese in den §§ 97 ff. UrhG normiert. Ihre Darstellung ist nachstehend den Rz 42 ff. vorbehalten.

Schutzrechte

x
Gesetzliche Schutzrechte
Designs und Marken zeichnen sich dadurch aus, dass sie beim DPMA registriert werden können.

20 Der inhaltliche Schutz des geistigen Eigentums durch das Urheberrecht wird flankiert von gesetzlichen Schutzrechten x, die vornehmlich im Waren- und Dienstleistungsverkehr verwendet werden. Von besonderem Interesse sind hier Designs und Marken, denn sie können durch Eintragung in ein Register beim Deutschen Patent- und Markenamt (DPMA) nachgewiesen und einem Inhaber zugeordnet werden. Nachfolgend sollen die wichtigsten Rahmenbedingungen der gesetzlichen Regelung skizziert werden, insbesondere unter der Fragestellung, welcher Schutzumfang der richtige ist und wie der Designer diesen möglichst rechtssicher erhalten kann. Eine vertiefte Darstellung findet sich in der »Bibliothek für Designer« im Band »Recht für Designer« unter Rn 214 ff. (Design) und Rn 226 ff. (Marke).[12]

Designschutz

21 Nicht jedes industriell oder handwerklich hergestellte Produkt weist alle Voraussetzungen auf, um als Werk i.S.d. Urheberrechts gelten zu können – so kann es bspw. an der nötigen Schöpfungshöhe fehlen (vgl. Rn 5). Für die Erlangung des Designschutzes ist es allerdings unerheblich, ob das betreffende Erzeugnis diesen Werkcharakter besitzt oder nicht. Maßgeblich ist nur, ob die Voraussetzungen für

die Eintragung beim DPMA nach dem Gesetz über den rechtlichen Schutz von Design (Designgesetz – DesignG) ˣ erfüllt sind. Die Wurzeln dieses Gesetzes sind bemerkenswert alt, sie führen zurück auf das kaiserliche Geschmacksmustergesetz aus dem Jahr 1876. Zusammen mit dem Schriftzeichengesetz von 1981 war die gesetzliche Neuregelung im Jahr 2004 zunächst zum bundesdeutschen Geschmacksmustergesetz zusammengeführt worden, bevor sie dann 2013 nicht zuletzt aufgrund europarechtlicher Vorgaben[13] novelliert und in DesignG umbenannt wurde. Dem DesignG steht noch eine Designverordnung (DesignV) zur Seite, die vor allem Verfahrensfragen regelt.

x
DesignG
Das DesignG ist zwar im Kern schon über 130 Jahre alt, wurde aber in den letzten 15 Jahren Teil der europäischen Harmonisierung von Schutzrechten

Schutzfähig ist die »Erscheinungsform« ˣ, d.h. das Design von zwei- oder dreidimensionalen Erzeugnissen. Das betrifft auch grafische Symbole, typografische Symbole, Verpackungen und Ausstattungen. So können bspw. geschützt werden: Fahrzeuge, Gegenstände der Inneneinrichtung, Accessoires wie Handtaschen, aber auch Modekleidung oder Stoffe, bestimmte Schriftzüge oder eine besondere Verpackung. Selbst Teile von Erzeugnissen können als eingetragenes Design geschützt werden, z. B. die Schnalle eines Gürtels, ein Türgriff oder die Hülle eines Mobiltelefons. Für Designs besteht der Schutz über alle Warenklassen und es besteht kein Benutzungszwang (anders als bei Marken). Das Recht auf Eintragung steht dem Entwerfer des Designs oder seinem Rechtsnachfolger zu, § 7 DesignG.

22

x
Schutzfähigkeit
Ein Design kann beim DPMA eingetragen werden, wenn es »neu« ist und »Eigenart« aufweist.

Ein Design wird allerdings nur dann geschützt, wenn es »neu« ˣ ist und »Eigenart« hat. Gem. § 2 Abs. 2 DesignG gilt ein Design dann als neu, wenn vor dem Anmeldetag beim DPMA kein identisches Design offenbart, also der Öffentlichkeit zugänglich gemacht wurde (dabei gibt es eine Schonfrist von 12 Monaten, § 6 DesignG). Designer – gerade auch angehende Designer – sollten also sparsam mit »Showrooms« und »First Looks« in den digitalen Medien sein, sofern sie noch einen Designschutz dieser Arbeitsergebnisse anstreben.

23

x
»Neuheit«
Diese Schutzvoraussetzung ist nur gewahrt, wenn das Design nicht länger als 12 Monate veröffentlicht wurde.

»Eigenart« ˣ hat ein Design dann, wenn sich der Gesamteindruck, den es beim informierten Benutzer hervorruft, von dem Gesamteindruck unterscheidet, den ein anderes Design bei diesem Benutzer hervorruft, § 2 Abs. 3 DesignG.

24

x
»Eigenart«
Das Design muss sich von einem ähnlichen Design ausreichend unterscheiden.

Die Rechtsprechung versteht unter dem »informierten Benutzer« einen Durchschnittsbetrachter, der zwar ein gewisses Maß an Designbewusstsein aufbringt, ohne jedoch Designexperte zu sein[14]. In der Praxis ist der »informierte Benutzer« regelmäßig ein Sachverständiger, der ggf. vom zuständigen Gericht bestellt wird. Das Merkmal »Eigenart« ist nicht zu verwechseln mit »Qualität«. Das Design i.S.d. Gesetzes stellt keine Mindestanforderungen, etwa an die Schöpfungshöhe. Deshalb greift sein Schutzumfang bei Gebrauchsdesign unterhalb der »kleinen Münze« auch weiter als derjenige des Urheberrechts.

x
Eintragungshindernisse
Designs sollen nicht geschützt werden, wenn sie Monopolstellungen dienen oder gesetzlichen Verboten zuwiderlaufen.

25 Eine Eintragung durch das DPMA kann versagt werden, wenn Eintragungshindernisse x vorliegen, § 3 Abs. 1 DesignG. Dies ist vor allem dann der Fall, wenn es sich um ein Design handelt, das bereits durch seine technische Funktion vorgegeben ist (z. B. Schraubengewinde), sogenannte »Must-fit-Teile« (mechanische Verbindungen, z. B. eine Anhängerkupplung), oder das gegen die öffentliche Ordnung oder die guten Sitten verstößt (z. B. Redesign eines Hakenkreuzes für politische Zwecke). Durch die meisten dieser Eintragungshindernisse sollen vor allem Monopolstellungen verhindert werden, die über den Schutz des eingetragenen Designs aufgebaut werden könnten (z. B. Steckverbindungen bei elektronischen Geräten). Kurioserweise enthält § 3 Abs. 3 DesignG eine »Lex LEGO« als Ausnahme: »Must-fit-Teile sind vom Designschutz nicht ausgeschlossen, wenn sie dem Zweck dienen, den Zusammenbau oder die Verbindung einer Vielzahl von untereinander austauschbaren Teilen innerhalb eines Bauteilesystems zu ermöglichen.«

x
Schranken
Aufgrund der Sozialbindung des geistigen Eigentums wird auch das eingetragene Design in seiner Wirkung eingeschränkt.

26 Auch der Designschutz unterliegt den Schranken x der Sozialbindung des Eigentums (vgl. Rn 12 f.). Bspw. darf für den privaten Gebrauch und zu nichtgewerblichen Zwecken in den Bereich eines geschützten Designs eingegriffen werden, § 40 Nr. 1 DesignG (etwa beim privaten Nachbau eines designgeschützten Sportwagens als Modell). Aber auch im gewerblichen Bereich kann in begründeten Ausnahmefällen der Schutzbereich eingeschränkt sein, so zu Versuchszwecken, § 40 Nr. 2 DesignG (z. B. bei der Herstellung von Adaptern).

27 Die Anmeldung des Designs x erfolgt beim DPMA, das auf seiner Website eine Fülle von Informationen und Formularen bereithält, u.a. eine gute Broschüre für den ersten Einstieg[15]. Beim DPMA eingetragene Designs entfalten ihre Schutzwirkung ausschließlich für das bundesdeutsche Gebiet. Soll das Design international geschützt werden, kann auch ein EU-weites Gemeinschaftsgeschmacksmuster angemeldet oder eine internationale Registrierung durchgeführt werden. Das DPMA hält hierfür Links und Hinweise bereit.

x
Anmeldung
Das Design wird zu seinem Schutz beim DPMA angemeldet und dort registriert.

Die Designstelle des DPMA prüft die Anmeldung im Wesentlichen auf das Vorliegen der formellen Voraussetzungen. Sie stellt auch fest, ob die angemeldete Gestaltung designfähig i.S.d. Designgesetzes ist, ob sie also die Erscheinungsform eines konkreten industriellen oder handwerklichen Gegenstands zeigt. Das DPMA prüft auch, ob das Design mit der öffentlichen Ordnung und den guten Sitten vereinbar ist und keine missbräuchliche Verwendung staatlicher Hoheitszeichen oder anderer Zeichen von öffentlichem Interesse darstellt. Neuheit und Eigenart als Eintragungsvoraussetzungen werden vom DPMA jedoch nicht geprüft! Daher wird das eingetragene Design auch (nicht ganz zutreffend) als »ungeprüftes Schutzrecht« bezeichnet.

Praxishinweis
Das DPMA prüft die Eintragungsvoraussetzungen nicht! Die Eintragung des Designs als solche ist daher keine Bestätigung für die Schutzwirkung.

Auch Rechte anderer (s. Rn 30) sind nicht Gegenstand der Prüfung. Das kann dazu führen, dass ein Design zwar eingetragen wird, aber dennoch keine Schutzwirkung entfaltet, wenn sich im Nachhinein herausstellt, dass das Design rechtswidrig angemeldet wurde. Der Schutz wird also lediglich gesetzlich vermutet, § 39 DesignG. Der Designer sollte daher vor der Anmeldung immer selbst eine Recherche durchführen, um abschätzen zu können, ob die Schutzvoraussetzungen tatsächlich gegeben sind und das Design bspw. genügend Eigenart aufweist, um es von ähnlichen Designs unterscheiden zu können. Abgesehen vom gesunden Menschenverstand und den Möglichkeiten des Internets steht hierfür auch die amtliche Publikations und Registerdatenbank »DPMAregister« des DPMA für alle seit dem 1. Juli 1988 eingetragenen deutschen Designs zur Verfügung. Die Datenbank wird kostenfrei zur Verfügung gestellt und ermöglicht die Onlinerecherche zu allen Schutzrechtsveröffentlichungen, einschließlich Publikationsdaten, Bildwiedergaben sowie aktuellen Rechts- und Verfahrensständen[16].

Der Servicegedanke steht beim DPMA durchaus im Vordergrund. Hier ein Zitat aus den Hinweisen für die Designanmeldung:

> »Das DPMA versteht sich als Dienstleister in Sachen gewerblicher Rechtsschutz. Wir erteilen Auskünfte über die Designanmeldung, bearbeiten Anträge schnell und kundenfreundlich und informieren die Öffentlichkeit über gewerbliche Schutzrechte. Informationen zu Designanmeldungen gibt Ihnen der Zentrale Kundenservice des DPMA. Sie erreichen uns telefonisch, per Fax oder E-Mail an info@dpma.de.«[17]

x
Online- oder Papierform
Das DPMA ermöglicht ein relativ komfortables Anmeldeverfahren. Die Anmeldung kostet im günstigsten Fall nur 60,00 EUR.

28 Auch wenn die Anmeldung in Papierform noch möglich ist, bevorzugt das DPMA mittlerweile die Online-Anmeldung und hält für die nötigen Formalien [x] auch die nötigen Portale bereit, insbesondere den Dienst »DPMAdirekt Web«[18]. Für Papieranmeldungen gibt es Formulare zum Ausdrucken, denen ggf. ein Datenträger beigefügt werden kann. Für die Anmeldung müssen eingereicht werden:

- ein Eintragungsantrag (im Falle einer Sammelanmeldung ist zusätzlich ein Anlageblatt zu verwenden, immerhin können bis zu 100 Designs in einer Anmeldung zusammengefasst werden);
- Angaben zur Identität des Anmelders;
- eine zur Bekanntmachung geeignete fotografische oder sonstige grafische Wiedergabe des Designs, die deutlich und vollständig offenbart, wofür Schutz beansprucht wird;
- eine Angabe der Erzeugnisse, bei denen das Design verwendet werden soll.

Da es ja auf die Eigenart des Designs ankommt, ist die Wiedergabe des Designs bei der Anmeldung von entscheidender Bedeutung. Die Wiedergabe legt Gegenstand und Umfang des Schutzrechts fest, der Schutzgegenstand ist auf die in der Wiedergabe sichtbaren Erscheinungsmerkmale beschränkt. Nur das, was in der Wiedergabe sichtbar ist, ist auch geschützt. Das DPMA weist darauf hin, dass die Wiedergabe aus mindestens einer farbigen oder schwarz-weißen, fotografischen oder sonstigen grafischen Darstellung (zum Beispiel Strichzeichnung) des Designs bestehen muss. Es können bis zu zehn Darstellungen eingereicht werden, um die schutzbegründenden Merkmale zu verdeutlichen (zum Beispiel Darstellungen aus unterschiedlichen Perspektiven).

Die Gebühr für die Eintragung beträgt lediglich 70,00 EUR (für Online-Anmeldungen 60,00 EUR), bei Sammelanmeldungen gelten besondere Tarife. Diese Gebühren müssen innerhalb von drei Monaten nach dem Anmeldetag gezahlt werden. Die Schutzwirkung dauert 25 Jahre ab Eintragung, wobei ab dem 6. Jahr Aufrechterhaltungsgebühren anfallen, § 27 f. DesignG.

Sobald die Eintragung wirksam ist, entfaltet sie ein Exklusivrecht für den Inhaber des eingetragenen Rechts, § 38 Abs. 1 DesignG. Der Schutzumfang [x] entspricht in etwa den Verwertungsrechten des Urhebers (vgl. Rn 11). Der Inhaber eines eingetragenen Designs kann gegen jedes Design vorgehen, das beim informierten Benutzer den gleichen Gesamteindruck wie sein eigenes eingetragenes Design erweckt. Bei der Beurteilung des Schutzumfangs wird der Grad der Gestaltungsfreiheit des Gestalters bei der Entwicklung des Designs berücksichtigt. Das Exklusivrecht des Inhabers schließt das Verbot ein, das eingetragene Design ohne seine Genehmigung zu benutzen, herzustellen, in den geschäftlichen oder privaten Verkehr zu bringen, zu gebrauchen oder zu besitzen. Auf die Kenntnis des geschützten Designs kommt es nicht an. Es ist also nicht nur die Nachahmung verboten, sondern auch die Herstellung und Verbreitung unabhängig entwickelter Produkte, die dem eingetragenen Design zufällig zu sehr ähneln. 29

x
Schutzumfang, § 38 DesignG
Das eingetragene Design wird exklusiv geschützt. Ohne Genehmigung des Inhabers ist keinerlei Verwendung möglich.

Weil Neuheit und Eigenart als Eintragungsvoraussetzungen vom DPMA nicht geprüft werden, beruht der Designschutz im Wesentlichen auf einer Selbsteinschätzung des Designers. Das Korrektiv besteht in der Kontrolle und Beurteilung durch die »Konkurrenten« des Anmelders. Denn ist ein Design zu Unrecht eingetragen worden, kann mindestens der tatsächlich Berechtigte ein Nichtigkeitsverfahren [x] gem. §§ 33 ff. DesignG durchführen. Begründet wäre dies bspw., wenn ein nahezu identisches Design (Plagiat) zur Eintragung angemeldet werden würde. Im Bereich des DesignG gilt ebenso wie im Urheberrecht das Prinzip der Priorität: Das ältere Recht geht dem neueren Recht vor. 30

x
Nichtigkeitsverfahren
Ein bereits eingetragenes Design kann für nichtig erklärt werden, wenn es absolute Schutzhindernisse verletzt oder ein älteres Recht geltend gemacht wird.

Bestehen Bedenken gegen die Rechtmäßigkeit der Eintragung, kann durch Dritte ein Nichtigkeitsverfahren eingeleitet werden. Dies kann jederzeit geschehen, eine besondere Frist hat der Gesetzgeber hierfür nicht vorgesehen. Es gibt sozusagen zwei Fallgruppen, die gem. § 33 DesignG zur Feststellung der Nichtigkeit der Eintragung führen können:

a) Die absolute Nichtigkeit wird dann festgestellt, wenn die formalen Voraussetzungen für ein Design eigentlich nicht gegeben sind (insbesondere mangelnde Designfähigkeit, keine Neuigkeit oder keine Eigenart), § 33 Abs. 1 DesignG. Dieser Nichtigkeitsantrag kann von jedermann gestellt werden.
b) Ein Design wird aber auch dann für nichtig erklärt, wenn relative Rechte seiner Anmeldung entgegenstehen. Das können Urheberrechte, prioritätsältere eingetragene Designs oder prioritätsältere Zeichen mit Unterscheidungskraft sein, die jeweils nicht dem Inhaber des fraglichen Designs, sondern einem anderen Berechtigten zustehen. Hier steht es nur dem betroffenen Rechteinhaber zu, den Antrag zu stellen, § 33 Abs. 2 DesignG.

Das vereinfachte Nichtigkeitsverfahren wird vor dem DPMA selbst durchgeführt. Erhebt der Inhaber des angegriffenen Designs Widerklage in der Fallgruppe der relativen Nichtigkeitsgründe oder bestehen anderweitige Streitgründe bzgl. des Designs, entscheiden die Landgerichte, bei denen hierfür durch Länderverordnung Spezialkammern eingerichtet worden sind, 52 ff. DesignG.

31 Beispiele:

Eine Studentin zeigt bei einer öffentlichen Werkschau ihrer Fakultät ein innovatives Design für ein Schreibgerät. Zwei Jahre später nach dem Ende ihres Masterstudiums lässt sie es als Design eintragen. – In diesem Falle könnte ihr neidischer Professor erfolgreich einen Nichtigkeitsantrag stellen, da das Design bei seiner Anmeldung nicht mehr »neu« war.

Ein großes Möbelhaus lässt unter seinem Namen ein recht eigenwilliges Design für ein Sofakissen eintragen. Tatsächlich war dieses Design »gestohlen«, denn ein

Angestellter der Entwicklungsabteilung hatte es bei einer befreundeten Designerin »abgeschaut«. – Die Designerin als Inhaberin eines älteren Rechts (Priorität) kann erfolgreich einen Nichtigkeitsantrag gem. § 33 Abs. 2 DesignG stellen.

Wie der Inhaber eines geschützten Designs gegen Verletzungshandlungen vorgehen kann, wird in Rn 42 ff. dargestellt.

Markenschutz

Das Gesetz über den Schutz von Marken und sonstigen Kennzeichen (Markengesetz – MarkenG) × darf nicht einfach als eine erweiterte oder verschärfte Form des Designschutzes angesehen werden, es hat vielmehr eine anders gelagerte Funktion und einen anderen Schutzbereich. Das MarkenG zielt nicht auf Schutz an sich, sondern auf unterscheidende Kennzeichnungskraft im gewerblichen Marktumfeld. Auch diese Norm ist im Kern schon relativ alt, denn sie greift zurück auf das Warenzeichengesetz von 1936. Die heutige Fassung ist hingegen erstaunlich jung: Das MarkenG wurde erst am 25. Oktober 1994 erlassen, und zwar im Rahmen der Harmonisierungsanstrengungen der EU aufgrund einer Richtlinie zur Angleichung der Markenrechtsvorschriften der Mitgliedsstaaten vom 21.12.1988. Dem Gesetz steht eine Markenverordnung (MarkenV) zur Seite, die vor allem die Verfahrensfragen regelt. 32

×
MarkenG
Auch das Markenrecht ist in Deutschland schon über 80 Jahre alt. Seine heutige Fassung ist Teil der europäischen Harmonisierung von Schutzrechten.

Das MarkenG schützt keineswegs nur eingetragene Marken, auch wenn diese Auffassung sicherlich weit verbreitet sein mag. Sein Schutzbereich × ist viel weiter gefasst. Gemäß § 1 ff. MarkenG werden geschützt: 33

×
Geschützte Kennzeichen
Das MarkenG schützt neben Marken auch geschäftliche Bezeichnungen und geographische Herkunftsangaben.

1. Marken
   — eingetragene Marken (Registermarken), § 4 Nr. 1 MarkenG
   — nicht eingetragene Marken mit Verkehrsgeltung (Benutzungsmarken), § 4 Nr. 2 MarkenG
   — notorisch bekannte Marken, § 4 Nr. 3 MarkenG
2. geschäftliche Bezeichnungen (insbesondere Unternehmenskennzeichen, -bezeichnungen und Werktitel)[20]
3. geographische Herkunftsangaben[21]

Praxishinweis
Auch nicht eingetragene Marken werden vollumfänglich geschützt, wenn sie Verkehrsgeltung haben!

Das Markenrecht schützt also Registermarken, Benutzungsmarken, geschäftliche Bezeichnungen und geographische Herkunftsangaben.

x
Priorität
Das ältere Recht setzt sich gegenüber jüngeren Rechten durch. Der Zeitrang bestimmt sich nach dem Anmeldetag beim DPMA oder der Verkehrsgeltung der Zeichen.

34 Auch das Markenrecht ist vom Prinzip der Priorität x bestimmt. Das ältere Recht genießt den Vorrang. Wer sein Kennzeichen früher erworben hat, kann sich grundsätzlich gegenüber demjenigen durchsetzen, der sein Kennzeichen erst später erworben hat[22]. Schon aus diesem Grund empfiehlt sich eine Anmeldung der Marke beim Register, sofern dies grundsätzlich möglich ist. Denn der der Anmeldetag ist für den Zeitrang maßgeblich, § 6 Abs. 2 i.V.m. § 33 Abs. 1 MarkenG, und dieser Zeitrang wird mit der Eintragung eindeutig nachweisbar. Bei nicht registrierten Marken und Kennzeichen gilt derjenige Tag als maßgeblich, an dem die Benutzung »Verkehrsgeltung« erfährt, also »hinreichende Teile des Verkehrs aus der Benutzung des Kennzeichens schließen, dieses Zeichen stelle einen Herkunftsnachweis dar«[23]. Im Zweifelsfall muss diese Verkehrsgeltung durch marktforschende Gutachten nachgewiesen werden. Das Prinzip der Priorität gilt für alle eingetragenen und nicht eingetragenen Marken bzw. Kennzeichen untereinander.

x
Markenfähigkeit
Alle Zeichen mit Kennzeichnungskraft im wirtschaftlichen Verkehr sind markenfähig.

35 Nur Zeichen, die markenfähig x sind, kommen für eine Eintragung beim DPMA in Betracht. Als Marke können alle Zeichen geschützt werden, die geeignet sind, Waren oder Dienstleistungen eines Unternehmens von denjenigen anderer Unternehmen zu unterscheiden, § 3 Abs. 1 MarkenG. Vom Schutz ausgeschlossen werden daher von vornherein Zeichen, die nicht klar und eindeutig bestimmbar sind oder denen jegliche Unterscheidungskraft fehlt. Grundsätzlich gilt mit dem Wortlaut des Gesetzes:

> »Als Marke können alle Zeichen, insbesondere Wörter einschließlich Personennamen, Abbildungen, Buchstaben, Zahlen, Klänge, dreidimensionale Gestaltungen einschließlich der Form einer Ware oder ihrer Verpackung sowie sonstige Aufmachungen einschließlich Farben und Farbzusammenstellungen geschützt werden, die geeignet sind, Waren oder Dienstleistungen eines Unternehmens von denjenigen anderer Unternehmen zu unterscheiden.«

Seit der letzten Novellierung des MarkenG 2019 können jetzt auch moderne Markenformen wie geräuschhafte Klangmarken, Multimediamarken und Hologramme eingetragen werden. Der Schutzbereich geht damit über denjenigen des DesignG weit hinaus, bspw. sind auch Wörter an sich (nicht nur ihr Schriftbild) oder Zahlen (»4711«) markenfähig. »Neuheit« und »Eigenart« sind keine Voraussetzungen für den Schutz, der, wie oben dargestellt, unter bestimmten Voraussetzungen sogar ohne Registrierung erreicht werden kann. Allerdings ist der Schutz nur für eine marktbezogene Betätigung möglich. Wesentlich dabei ist die Kennzeichnungskraft des betreffenden Zeichens, also die Eignung zur Unterscheidung der Waren und Dienstleistungen zweier verschiedener Marktteilnehmer voneinander. Je kennzeichnungskräftiger ein Zeichen ist, desto eher kann es einer Verwechslungsgefahr entgegenwirken.

Im Gegensatz zum Design werden Marken für bestimmte Waren und/oder Dienstleistungen eingetragen. Diese Klassifikation [x] bestimmt auch ihren Schutzumfang. Hierfür wurde eine international einheitliche Systematik der Waren und Dienstleistungen mit 45 Klassen entwickelt, die Klassifikation von Nizza. Sollte die Marke Bildbestandteile aufweisen oder nur aus bildlichen Darstellungen bestehen, werden diese in der separaten »Wiener Klassifikation« kategorisiert. Das DPMA hält für diese nicht ganz einfache Einordnung praktische Hinweise und die »einheitliche Klassifikationsdatenbank« (eKDB) als eine Art Klassifikationsassistent bereit[24]. 36

x
Klassifikation
Die Anmeldung von Marken erfolgt in den Klassifikationen von Nizza und Wien. Diese Waren- und Dienstleistungsklassen bestimmen den Schutzumfang.

Absolute oder relative Hindernisse können den Schutz von Kennzeichen nach dem MarkenG verhindern. Das DPMA prüft bei der Anmeldung einer Marke von Amts wegen lediglich die absoluten Schutzhindernisse [x] (ohne Anmeldung beim DPMA, also bspw. bei Benutzungsmarken, findet natürlich gar keine Prüfung statt). § 8 Abs. 2 MarkenG enthält einen Katalog dieser Schutzhindernisse, darunter 37

x
Absolute Schutzhindernisse
Das DPMA prüft von Amts wegen, ob diese gesetzlichen Hindernisse für den Kennzeichenschutz vorliegen.

— fehlende Unterscheidungskraft;
— für die allgemeine Benutzung freizuhaltende beschreibende Angaben;
— ein in der Marke enthaltenes Hoheitszeichen;
— Verstoß gegen die guten Sitten oder die öffentliche Ordnung.

Liegt ein solches Hindernis vor, kann die Marke nicht eingetragen werden und das DPMA weist den Antrag zurück.

x
Relative Schutzhindernisse
Hierbei handelt es sich um ältere konkurrierende Rechte, die von ihren Inhabern selbst im Widerspruchsverfahren geltend gemacht werden müssen.

38 Relative Schutzhindernisse x hingegen prüft das DPMA nicht von Amts wegen. Diese Schutzhindernisse liegen nicht primär im öffentlichen Interesse, sondern es handelt sich um ältere Rechte anderer Marken- und Kennzeicheninhaber. Das DPMA verfügt gar nicht über die Möglichkeiten, diese Rechte zu prüfen, sie müssen vielmehr von ihren Inhabern selbst geltend gemacht werden.

x
Kollisionsrecht
Verwechslungen im geschäftlichen Verkehr sollen vermieden werden. Das ältere Recht genießt hierbei den Vorrang.

39 Bei der Kollision einer neu angemeldeten Marke mit älteren Rechten ist das bereits vorstehend erwähnte Prioritätsprinzip entscheidend. Das »Kollisionsrecht« x der relativen Schutzhindernisse ist in den §§ 9 bis 13 MarkenG geregelt. Als ältere Rechte gelten insbesondere bereits eingetragene und angemeldete Marken (Registermarken), ältere Marken kraft Verkehrsgeltung (Benutzungsmarken) oder geschäftliche Bezeichnungen. Der Gesetzgeber möchte verhindern, dass identische Marken von verschiedenen Unternehmen benutzt werden oder dass die Gefahr von Verwechslungen gefördert wird. Gerade diese Gefahr ist für das Kennzeichenrecht von erheblicher Bedeutung. Es genügt bereits eine abstrakte Verwechslungsgefahr, um eine Löschung der Marke oder Ansprüche auszulösen. Eine solche Gefahr besteht, wenn das verwendete Kennzeichen, insbesondere in den betreffenden Waren- und Dienstleistungen, für die es angemeldet wurde, einem älteren Kennzeichen und dessen Schutzbereich zu ähnlich ist. Hierbei spielt die Kennzeichnungskraft eine wesentliche Rolle und es besteht eine gewisse Wechselbezüglichkeit: Es kann z. B. ein geringerer Grad an Waren- und Dienstleistungsähnlichkeit durch einen höheren Grad an Kennzeichenähnlichkeit verstärkt werden.

> Beispiel:
>
> Ein Musikverlag möchte ein neues Plattenlabel schützen lassen, das auf einer dunkelblauen runden Kreisfläche die weißen Buchstaben NIVEAU trägt. Hiergegen wäre die bereits seit langem eingetragene Marke NIVEA erfolgreich, auch wenn sie selbst keine Marke in der Schutzklasse für musikalische Labels eingetragen hat.

Für die Geltendmachung relativer Schutzhindernisse sieht das Gesetz in § 42 ff. MarkenG ein Widerspruchsverfahren ˣ vor, das sich gegen die zunächst erfolgte Eintragung der zu beanstandenden Marke richtet. Inhaber älterer Marken oder auch nicht eingetragener älterer Kennzeichen, die Priorität genießen, können mit diesem Verfahren vor dem DPMA eine Löschung der neu eingetragenen Marke erwirken und so ein relatives Schutzhindernis geltend machen. Zu beachten ist die Frist des § 42 Abs. 1 MarkenG: Der Widerspruch muss schriftlich und innerhalb einer Frist von drei Monaten nach der Veröffentlichung der Eintragung eingelegt werden. Innerhalb dieser Frist ist auch die Widerspruchsgebühr in Höhe von 250,00 EUR zu entrichten. Außerdem kann innerhalb von fünf Jahren ab Eintragung eine Löschungsklage erhoben wer-den, §§ 51 ff. MarkenG. Über die Klage entscheiden die Landgerichte, bei denen hierfür durch Länderverordnung Spezialkammern eingerichtet worden sind. 40

x
Widerspruchsverfahren
Ein Widerspruch ist nur innerhalb von 3 Monaten ab Eintragung möglich.

Im Gegensatz zum Designrecht, das eine Frist nicht kennt, ist im Bereich der nach dem Markenrecht geschützten Kennzeichen eine regelmäßige Durchsicht der Registerbekanntmachungen im Abstand von zwei Monaten ratsam. Anderenfalls könnte die Frist für die Geltendmachung relativer Schutzhindernisse ungenutzt verstreichen. Vor allem Inhaber nicht eingetragener Benutzungsmarken oder wertvoller geschäftlicher Bezeichnungen sollten solche Kontrollen durchführen oder diese in Auftrag geben.

Praxishinweis
Inhaber nicht eingetragener Kennzeichen sollten regelmäßig die Bekanntmachungen des DPMA prüfen.

Schranken ˣ, die den gesetzlichen Schutz begrenzen, gibt es auch im Markenrecht, denn ein gewisser Bereich des notwendigen oder wünschenswerten Allgemeingebrauchs soll von exklusiven Schutzrechten freigehalten werden. Die maßgeblichen Beschränkungen sind in den §§ 20 ff. MarkenG vorgegeben. So darf der eigene Name gem. § 23 Nr. 1 MarkenG stets im geschäftlichen Verkehr benutzt werden, auch wenn dieser bereits als Marke geschützt ist (»Müllermilch«). Ein weiteres Beispiel ist die Verwendung fremder Marken bzw. Kennzeichen gem. § 23 Nr. 3 MarkenG als Hinweis auf die Bestimmung einer Ware oder Dienstleistung, z. B. für Ersatzteile (»VW-Zubehör«). Auch diejenigen Zeichen sind vom Schutz ausgeschlossen, die allgemein verfügbar bleiben müssen; das sind vor allem Angaben, die Waren und Dienstleistungen lediglich nach Art, Beschaffenheit 41

x
Schranken des Markenschutzes
Es gibt freihaltebedürftige Zeichen, die nicht als Marke geschützt werden können.

oder sonstigen Eigenschaften und Merkmalen beschreiben. So ist etwa das Wort »fettarm« jedenfalls im Nahrungsmittelbereich nicht schutzfähig. Und die Marke »Schimmel« mag für Musikinstrumente schutzfähig sein, nicht aber für den Bereich der Pferdezucht.

x
Anmeldung beim DPMA
Für die Online- sowie für die Papieranmeldung sind die Hinweise auf der Website des DPMA sehr hilfreich.

42 Die Anmeldung einer Marke x erfolgt wie für das Design beim DPMA. Gerade für Marken ist die Website des Amtes sehr informativ und hält alle nötigen Formulare zum Download bereit. Marken können online oder in Papierform angemeldet werden. Die Anmeldung muss erkennen lassen, wer Anmelder ist (natürliche und juristische Personen sind möglich) und wie die Marke beschaffen ist, die angemeldet werden soll. Die Markendarstellung ist zwingender Bestandteil der Markenanmeldung: sie muss die Marke genau wiedergeben, da sie im Nachhinein nicht mehr geändert werden kann[25].

Praxishinweis
Das Zeichen ® darf bei der Anmeldung nicht verwendet werden, da es § 8 Abs. 2 Nr. 4 MarkenG zuwiderläuft[26].

Außerdem muss die Anmeldung die Eingruppierung in die Nizza-Klassifikation bzw. Wiener Klassifikation enthalten. Fehler bei der Klassifikation sind die weitaus häufigste Ursache für Verzögerungen bei der Markenanmeldung. Die Hinweise des DPMA sind deshalb in diesem Bereich besonders umfangreich und strukturiert, vgl. den Bereich »Details zum Waren- und Dienstleistungsverzeichnis«[27].

Die Anmeldegebühr beträgt 300,00 EUR. Bei der Anmeldung ist die Vertretung durch einen Rechtsanwalt (besser noch: einen Patentanwalt) zulässig und häufig auch angeraten. Allerdings berät auch das DPMA selbst, zumindest über die Verfahrensweisen und die Formalien, und zwar sowohl telefonisch als auch per Mail, sowie in Auskunftsstellen in München, Jena und Berlin[28].

x
Schutzwirkung
Der exklusive Schutz wirkt für eingetragene Marken und nicht eingetragene Kennzeichen gleichermaßen.

43 Die Schutzwirkung x des Markenrechts ist umfassend und exklusiv. Für eingetragene Marken wirkt die Registrierung zunächst zehn Jahre, kann aber jeweils wieder verlängert werden, § 47 MarkenG. Eine Obergrenze für die Verlängerungen gibt es nicht. Eingetragene Marken und nicht eingetragene Kennzeichen genießen denselben Schutzumfang (bei letzteren ist allerdings der Nachweis der Priorität aufwendiger). Die Ansprüche der in ihrem Markenrecht Verletzten sind in den §§ 14 bis 19d MarkenG geregelt. Sie nehmen den Gedanken des Kollisionsrechts wieder auf: Ein

Verhalten, das als »relatives Schutzhindernis« gegenüber jüngeren Markeneintragungen gilt, soll selbstverständlich auch Dritten nicht gestattet sein. Untersagte Verletzungshandlungen sind also insbesondere die Verwendung identischer Zeichen, die Förderung der Verwechslungsgefahr und der Schutz gegen die Ausnutzung einer bekannten Marke (§ 14 Abs. 2 MarkenG). Die sich daraus ergebenden Ansprüche gelten gegenüber jedermann.

Wie der Inhaber eines geschützten Kennzeichens gegen Verletzungshandlungen vorgehen kann, wird in Rn 58 dargestellt.

Lizenzen in digitalen Medien

Lizenzen im Internet und insbesondere in den sozialen Medien sind eigentlich ein Thema für das Urheberrecht ˣ (Rn 3 ff., insbes. Rn 16). Allerdings werden sie in der Praxis eher eigenständig wahrgenommen und gewinnen zunehmend an Bedeutung, weshalb sie nachstehend als eigenes Kapitel und etwas ausführlicher dargestellt werden sollen. 44

x
Lizenzen
Die Übertragung von Nutzungsrechten unterliegt dem Urheberrecht.

Ausgangspunkt ist auch in den neuen Medien der Schutz des geistigen Eigentums. Dem Designer stellen sich dabei zwei Fragen:

1. Was passiert mit meinen Inhalten, wenn ich sie hochlade? Sind sie noch geschützt?
2. Welche Rechte verletze ich möglicherweise, wenn ich Inhalte herunterlade? Und wie kann ich das erkennen?

Im freien Internet – also nicht innerhalb eines effektiv zugangsbeschränkten Dienstes – können die beiden vorstehenden Fragen nicht immer zuverlässig beantwortet werden. Häufig sind die rechtlichen Rahmenbedingungen ˣ nicht ohne weiteres erkennbar. Designer, die ihre Werke oder Gestaltungen öffentlich im Internet präsentieren (z.B. auf der eigenen Website als »Showroom«), werden zwar grundsätzlich durch das Urheberrecht geschützt – allerdings greift dieser Schutz nur dann, wenn es sich um Werke i.S.d. § 2 UrhG handelt (Schöpfungshöhe?, vgl. Rn 5). Außerdem müssen Designer aufgrund der gesetzlichen Schranken in jedem Fall damit rechnen, dass hochgeladene Inhalte 45

x
Rechtliche Rahmenbedingungen
Auch ohne Lizenzen gewährleistet das Urheberrecht im freien Internet (außerhalb der kommerziellen Dienste) einen gewissen Schutz.

zumindest für den privaten Gebrauch kopiert und/oder bearbeitet werden und dass ihre Werke innerhalb der Sozialbindung des Urheberrechts von jedermann genutzt werden.

x
Paperboy-Entscheidung
Der BGH hat deutlich gemacht, dass die Veröffentlichung von nicht besonders geschützten Werken im Internet ihre kostenlose Nutzung für die Allgemeinheit einschließt – mindestens für das Betrachten.

Möglicherweise kommt aber sogar eine weitergehende Nutzung bis hin zur gewerblichen Verwertung in Betracht. Die juristische Diskussion zu diesem Thema ist noch nicht entschieden. In seinem Paperboy-Urteil x von 2003 hat der BGH darauf hingewiesen, dass die vorbehaltlose Einstellung von eigentlich urheberrechtlich geschützten Inhalten ins Netz diese für die Allgemeinheit nutzbar machen könne, zumindest für das Betrachten, möglicherweise aber auch für mehr[29]. Die Reichweite und Bedeutung dieser Entscheidung ist umstritten. Nicht jede (ggf. auch nur scheinbare) Freigabe dürfe eine totale Fremdnutzung bedeuten, so eine Auffassung: Bei einer Nutzung über das Betrachten hinaus müsse das Urheberrecht unbedingt besser beachtet und überwacht werden. Andere Stimmen führen die BGH-Entscheidung weiter: Das Internet und soziale Medien lebten von der kostenlosen Nutzung der eingestellten Inhalte; wer eine Vergütung wolle, der müsse sie ausdrücklich geltend machen. Der BGH hat seine weitergehende Annahme, dass im Veröffentlichen zugleich ein Verzicht auf die ggf. anfallende Privatkopiervergütung liegen könne, nach entsprechenden Bedenken des Bundesverfassungsgerichts (BVerfG) allerdings aufgegeben und die Fragestellung im Übrigen dem Europäischen Gerichtshof (EuGH) vorgelegt. Entschieden ist dies noch nicht (Stand Juli 2021)[30].

x
Zweckübertragungsgrundsatz
Ist die Art der Nutzungsübertragung nicht ausdrücklich geregelt, ist bei der Auslegung von dem vorgesehenen Zweck auszugehen.

Ein gewisses Korrektiv könnte bei diesen Überlegungen über den § 31 Abs. 5 Satz 1 UrhG erreicht werden: Nach diesem sogenannten Zweckübertragungsgrundsatz x ist regelmäßig davon auszugehen, dass nur die vertraglich benötigten Nutzungsarten und Nutzungsbedingungen eingeräumt werden, wenn der Vertrag (d.h. die Lizenzvereinbarung) keine näheren Bestimmungen dazu trifft. Dieser Grundsatz könnte auch in der digitalen Öffentlichkeit ausufernde, insbesondere kostenfreie gewerbliche Nutzungen fremder Inhalte beschränken – wenn er analog in denjenigen Fällen herangezogen werden könnte, in denen überhaupt keine Nutzungsvereinbarung getroffen wird. Das ist jedoch ebenfalls noch ungeklärt.

Bis auf weiteres sollte der Designer also nach dem Vorsichtsprinzip davon ausgehen, dass seine ungeschützt eingestellten Inhalte durch jeden Betrachter genutzt und vergütungsfrei verwertet werden können – privat, möglicherweise aber sogar gewerblich. Umgekehrt sollte der Designer nach dem gleichen Vorsichtsprinzip davon ausgehen, dass er fremde Inhalte allenfalls privat betrachten und innerhalb der Schranken des Urheberrechts nutzen darf, mehr aber auch nicht. Ein gut sichtbarer Hinweis auf das eigene Urheberrecht sowie ein ausdrückliches Verwertungsverbot auf der betreffenden Website dürften die Rechtsposition des Designers etwas verbessern, entschieden ist aber auch diese Frage noch nicht (vgl. hierzu auch die folgenden Hinweise zur Einbindung von Creative-Commons-Lizenzen, Rn 50).

Praxishinweis
Um Rechtsstreitigkeiten zu vermeiden, sollten Designer in beide Richtungen vom Worst Case der Bestimmungen des UrhG ausgehen.

An dieser Stelle wird deutlich, welchen Wert eingetragene Marken oder Designs [x] haben können. Denn dieser nachweisbare gesetzliche Schutz besteht unabhängig vom Urheberrecht. Auf die Kenntnis des Verwenders und damit Verletzers kommt es für die Schutzwirkung nicht an (vgl. Rn 58 ff.) und im Kennzeichenrecht gilt auch die vorzitierte »Paperboy«-Rechtsprechung nicht. Verwertungsbewusste Designer sollten Inhalte daher nur mit Marken- oder Designschutz ins freie Netz stellen. Aber Vorsicht für Designer, die als »User« in den Medien unterwegs sind: Ohne entsprechenden Hinweis sieht man diesen Schutz dem Inhalt selbst natürlich nicht an, weshalb vorstehend eben dazu geraten wurde, keinerlei fremde Inhalte zu verwerten.

x
Marken und Designs
Eingetragene Schutzrechte verbessern den Schutz des geistigen Eigentums im digitalen Medium ganz erheblich.

Beispiel:

Der Designer A möchte der digitalen Öffentlichkeit eine besonders gestaltete Gießkanne präsentieren und lässt daher zuvor eine dreidimensionale Marke für dieses Produkt beim DPMA registrieren.

Wenn nun der Designer B diese Gießkanne nach einer kleinen Inspirationstour durch das Internet als sein Werk ausgeben sollte, kann A dies schon aufgrund des MarkenG verhindern und muss sich mit B gar nicht erst lange herumstreiten, wessen Idee denn nun tatsächlich hinter dem Design steckt.

B, der darauf gesetzt hat, dass man ihm sein Plagiat gar nicht zuverlässig nachweisen könne (man kann ja vieles behaupten), muss zurückstecken: auch wenn der Markenschutz von A im Internet nicht offenbart wurde, existiert er doch und schützt A auch unabhängig von den niederträchtigen Spekulationen des B.

46 Mit der Durchkapitalisierung des Internets haben die wirklich freien Bereiche des Netzes allerdings sehr abgenommen und beschränken sich im Bereich der Gestaltung eigentlich nur noch auf die jeweiligen Showrooms der Designer auf ihren Homepages. Und auch diese rücken immer mehr in den Hintergrund, sie gelten geradezu als konservativ. Wesentlich wichtiger sind mittlerweile die mehr oder weniger zugangsbeschränkten Bereiche der digitalen Landschaft, die von institutionellen Betreibern (z. B. Hochschulen und Museen), quasi-institutionellen Betreibern (z. B. Wikipedia) und vor allem von privaten Konzernen (z. B. Facebook, Alphabet, Apple, Microsoft u. a.) zur Verfügung gestellt werden. In diesen Bereichen werden meist vorgefertigte Lizenzvereinbarungen [x] verwendet, die der User akzeptieren muss, wenn er dort Inhalte hochladen und/oder herunterladen möchte. Die große Mehrheit der Gestalter hat sich aus dem Bereich der wirklich freien Inhalte verabschiedet und präsentiert sich in den sogenannten sozialen Medien, die tatsächlich aber regulierte Foren privater, gewinnorientierter und global agierender Konzerne sind.

x
Vorgefertigte Lizenzvereinbarungen
Es gibt diverse (internationale) Muster für Lizenzverträge, die vereinbart werden können.

47 Von erheblicher Bedeutung für den aktiven Schutz sind sogenannte Open-Content-Lizenzen [x]. Mit diesen Lizenzen werden gegenüber jedermann alle Nutzungsarten freigegeben. Eine solche weitgehende Lizenz bedeutet nicht etwa, dass auf das Urheberrecht verzichtet wird (was gar nicht geht) oder dass das Urheberecht in diesen Fällen in seiner Wirkung auf Null reduziert wäre. Open-Content-Lizenzen stellen vielmehr gerade klar, dass ein solches Urheberrecht überhaupt besteht und damit zu beachten ist. Das hat das Landgericht München I bereits im Jahr 2004 für Open-Source-Software-Lizenzen entschieden, die Open-Content-Lizenzen im Softwarebereich entsprechen:

x
Open Content
Die Freigabe aller Nutzungsarten für jedermann lässt das Urheberrecht nicht entfallen.

> »Die Kammer teilt zunächst die Auffassung, dass in den Bedingungen der GPL (General Public Licence) keinesfalls ein Verzicht auf Urheberrechte und urheberrechtliche

> Rechtspositionen gesehen werden kann. Im Gegenteil bedienen sich die Nutzer der Bedingungen des Urheberrechts, um ihre Vorstellungen der weiteren Entwicklung und Verbreitung von Software sicherzustellen und zu verwirklichen.«[31]

Zu den Open-Content-Lizenzen gehört u. a. die GNU[32]-Lizenz für freie Dokumentationen ˣ, unter der die Inhalte der Online-Enzyklopädie Wikipedia veröffentlicht werden. Die Lizenz wurde von der Free Software Foundation (FSF), der Dachorganisation des GNU-Projekts, entwickelt. Die letzte Überarbeitung erfolgte 2008. Der maßgebliche Passus lautet: 48

x
GNU-Lizenz für freie Dokumentationen
Diese Lizenz hat sich als Grundlage von Wikipedia international durchgesetzt.

> »You may copy and distribute the Document in any medium, either commercially or noncommercially, provided that this License, the copyright notices, and the license notice saying this License applies to the Document are reproduced in all copies, and that you add no other conditions whatsoever to those of this License. You may not use technical measures to obstruct or control the reading or further copying of the copies you make or distribute. However, you may accept compensation in exchange for copies [...]«[33]

Die GNU-Lizenz für freie Dokumentationen ist nur auf Englisch erhältlich, es gibt allerdings inoffizielle Übersetzungen[34].

Auch einige Creative-Commons-Lizenzen ˣ gehören zu den Open-Content-Lizenzen. Creative Commons (CC) ist eine Non-Profit-Organisation, die in Form vorgefertigter Lizenzverträge eine Hilfestellung für Urheber zur Freigabe urheberrechtlich geschützter Inhalte anbietet[35]. Das Konzept hierfür wurde 2001 durch Lawrence Lessing von der Stanford Law School in den USA entwickelt. Die CC strebt internationale Anerkennung an. Derzeit stehen dort sechs »Standard-Lizenzverträge« abrufbar zur Auswahl, die sich an den unterschiedlichen Anforderungen der Urheber als Verwender dieser Lizenzen orientieren. Jeder dieser Lizenzverträge erlaubt den Lizenznehmern, das betreffende Werk zu kopieren, zu verbreiten und anderweitig zu nutzen, zumindest auf nichtkommerzielle Weise: 49

x
Creative-Commons-Lizenzen
Hierbei handelt es sich um ein weit verbreitetes Modulsystem an Lizenzen, das für Designer gut verwendbar ist.

»a. Lizenzgewährung

1. Unter den Bedingungen der vorliegenden Public License gewährt der Lizenzgeber Ihnen eine weltweite, vergütungsfreie, nicht unterlizenzierbare, nicht-ausschließliche, unwiderrufliche Lizenz zur Ausübung der lizenzierten Rechte am lizenzierten Material, um:
   A. das lizenzierte Material ganz oder in Teilen zu vervielfältigen und weiterzugeben; und
   B. abgewandeltes Material zu erstellen, zu vervielfältigen und weiterzugeben. [...]«[36]

Der Unterschied der sechs Lizenzen liegt in der Art der genehmigten Nutzung: Soll die kommerzielle Nutzung erlaubt sein oder nicht? Möchte der Urheber Abwandlungen seines Werkes erlauben oder nicht? Sollen abgewandelte Werke wieder unter denselben Lizenzbedingungen verfügbar gemacht werden oder nicht (»Weitergabe unter denselben Bedingungen«)? Bemerkenswert ist, dass die CC für ihre Lizenzverträge neben der »menschenlesbaren Fassung«[37] auch eine maschinenlesbare Fassung[38] herausgibt, um die Reichweite der Lizenzwirkung zu erhöhen. Das Modulprinzip der Lizenzen wird durch Symbole und Kürzel verstärkt, die die schnelle Erfassung der Rechte auch durch den flüchtigen Betrachter ermöglichen sollen. Die »Module« können frei miteinander kombiniert werden. Hier die vier wichtigsten Module:

by = »Namensnennung (englisch: Attribution)« – Der Name des Urhebers muss genannt werden.

nc = »Nicht kommerziell (Non-Commercial)« – Das Werk darf nicht für kommerzielle Zwecke verwendet werden.

nd = »Keine Bearbeitung (No Derivatives)« – Das Werk darf nicht verändert werden.

sa = »Weitergabe unter gleichen Bedingungen (Share Alike)« – Das Werk muss nach Veränderungen unter der gleichen Lizenz weitergegeben werden.

Die Namensnennung des Urhebers ist stets verpflichtend, ebenso selbstverständlich ist die offene Lizenz zumindest für den Privatgebrauch (s. Zitat aus den Lizenzbedingungen oben). Eine gute Übersicht der verschiedenen Lizenzmodule und ihrer Kombinationsmöglichkeiten bietet Wikipedia[39] (die Lizenzen werden auch in Wikipedia selbst verwendet).

Die Einbindung der Lizenzen, d.h. ihre verbindliche Verein- 50
barung mit dem jeweiligen User bzw. Lizenznehmer [x], erfolgt durch einen ausdrücklichen Hinweis auf der Website oder dem elektronischen Medium, in dem die geschützten Inhalte veröffentlicht werden, und zwar mindestens mit einem Link auf die rechtlich verbindliche Langfassung der gewählten Lizenzmodule. Erfolgt dieser Hinweis, wird dem Nutzer (User) der jeweiligen Inhalte ihre Nutzung nur dann gestattet, wenn er der Lizenzvereinbarung zustimmt und auch nur in dem Maße, wie es die konkrete Ausgestaltung der Module zulässt. Die Zustimmung gilt stillschweigend als erteilt, sobald der User die betreffenden Inhalte tatsächlich nutzt:

x
Verbindliche Vereinbarung
Bereits die Nutzung der lizenzierten Inhalte begründet den Lizenzvertrag zu den mitgeteilten Bedingungen.

> »DER GEGENSTAND DIESER LIZENZ (WIE UNTER ›SCHUTZGEGENSTAND‹ DEFINIERT) WIRD UNTER DEN BEDINGUNGEN DIESER CREATIVE COMMONS PUBLIC LICENSE (›CCPL‹, ›LIZENZ‹ ODER ›LIZENZVERTRAG‹) ZUR VERFÜGUNG GESTELLT. DER SCHUTZGEGENSTAND IST DURCH DAS URHEBERRECHT UND/ODER ANDERE GESETZE GESCHÜTZT. JEDE FORM DER NUTZUNG DES SCHUTZGEGENSTANDES, DIE NICHT AUFGRUND DIESER LIZENZ ODER DURCH GESETZE GESTATTET IST, IST UNZULÄSSIG.
>
> DURCH DIE AUSÜBUNG EINES DURCH DIESE LIZENZ GEWÄHRTEN RECHTS AN DEM SCHUTZGEGENSTAND ERKLÄREN SIE SICH MIT DEN LIZENZBEDINGUNGEN RECHTSVERBINDLICH EINVERSTANDEN. SOWEIT DIESE LIZENZ ALS LIZENZVERTRAG ANZUSEHEN IST, GEWÄHRT IHNEN DER LIZENZGEBER DIE IN DER LIZENZ GENANNTEN RECHTE UNENTGELTLICH UND IM AUSTAUSCH DAFÜR, DASS SIE DAS GEBUNDENSEIN AN DIE LIZENZBEDINGUNGEN AKZEPTIEREN.«[40]

Nutzt der User nun die so ausgewiesenen Inhalte, wird er zum Lizenznehmer und ein Nutzungsvertrag wird abgeschlossen. Ergänzend gelten das UrhG bzw. alle weiteren gesetzlichen Schutzrechte. Da die Creative-Commons-Lizenzen vorformulierte Nutzungsbedingungen sind, die massenhaft verwendet werden (sollen), sieht das

x
AGB
CC-Lizenzen unterliegen den Vorschriften der AGB-Kontrolle. Sie sollten daher nicht eigenmächtig verändert werden.

deutsche Recht in ihnen Allgemeine Geschäftsbedingungen (AGB) x[41]. Für die Verwendung derartiger AGB gibt es insbesondere im kommerziellen Online-Bereich und im Verbraucherrecht einschränkende Vorschriften. Sie dürfen bspw. keine überraschenden Vertragsklauseln enthalten und Zweifel hinsichtlich der Auslegung der Lizenzen gehen gemäß § 305c Abs. 2 BGB stets zu Lasten des Lizenzgebers. CC-Lizenzen sollten daher möglichst unverändert und an deutlich sichtbarer Stelle, am besten in einem engen gestalterischen Zusammenhang mit den betreffenden Werken, verwendet werden.

x
Kritik
Aufgrund der internationalen Ausrichtung und des komplexen Modulsystems setzt die Verwendung der CC-Lizenzen auf beiden Seiten grundlegendes Wissen über das Urheberrecht voraus.

Aufgrund des ambitionierten Vorhabens, sich international Geltung zu verschaffen, sind vertiefte Informationen über die CC-Lizenzen und ggf. Neuerungen in diesem Bereich oft nur auf Englisch zu erlangen. Außerdem entstehen schnell Unsicherheiten x auf beiden Seiten der Lizenz, wenn das nötige Basiswissen fehlt, um die Kurzfassungen der Lizenzmerkmale richtig einzuschätzen (die Langfassungen der Lizenzen machen es für Laien zugegebenermaßen auch nicht wesentlich einfacher). Was z. B. bedeutet denn nun konkret der Begriff »kommerziell«, wenn diese Nutzungsart ausgeschlossen sein soll? Die Verwendung von CC-Lizenzen befreit also weder Urheber noch Lizenznehmer von sorgfältigen Recherchen oder Erkundigungen, sollte es einmal darauf ankommen.

x
Nutzungsbedingungen
Mitgliederbeschränkte kommerzielle Dienste lassen sich in der Regel weitreichende Rechte an den hochgeladenen Inhalten übertragen.

51 Open-Source- oder Open-Content-Lizenzen stehen für das freie Feld des selbstbestimmten digitalen Nutzungsverhaltens, was Designer sicherlich auf beiden Seiten derartiger Lizenzvereinbarungen zu schätzen wissen. Im Gegensatz dazu werden in zugangsbeschränkten »Mitglieder«-Diensten regelmäßig vorgefertigte Nutzungsbedingungen x vorgehalten, die nicht selten das Gegenteil dessen bezwecken, was ihre euphemistischen Eingangsphrasen vermuten lassen. Jeder Nutzer eines solchen Dienstes muss sich diesen Bedingungen unterwerfen, wobei sehr zweifelhaft ist, ob die typischen Nutzer von bspw. Facebook, Instagram, YouTube, Twitter, Pinterest, Snapchat oder auch Xing und LinkedIn sich auch nur ansatzweise damit auseinandersetzen, welche Nutzungsrechte an den hochgeladenen Inhalten mit der Eröffnung ihres Accounts vereinbart werden.

Einige derartige Lizenzvereinbarungen sollen hier exemplarisch herausgegriffen werden.

Facebook × verwendet den folgenden Nutzungsvertrag (Hervorhebung d.d. Autor):

x
Facebook

»Berechtigung zur Verwendung der von dir erstellten und geteilten Inhalte:

Die von dir auf Facebook und den anderen von dir genutzten Facebook-Produkten erstellten und geteilten Inhalte gehören dir, und nichts in diesen Nutzungsbedingungen nimmt dir die dir hinsichtlich deiner eigenen Inhalte zustehenden Rechte. Du kannst deine Inhalte nach Belieben mit anderen teilen, wo immer du das möchtest. Damit wir unsere Dienste bereitstellen können, ist es jedoch erforderlich, dass du uns einige rechtliche Genehmigungen zur Verwendung solcher Inhalte erteilst.
Insbesondere wenn du Inhalte, die durch geistige Eigentumsrechte geschützt sind (wie Fotos oder Videos), auf oder in Verbindung mit unseren Produkten teilst, postest oder hochlädst, gewährst du uns eine nicht-exklusive, übertragbare, unterlizenzierbare und weltweite Lizenz, deine Inhalte (gemäß deinen Privatsphäre- und App-Einstellungen) zu hosten, zu verwenden, zu verbreiten, zu modifizieren, auszuführen, zu kopieren, öffentlich vorzuführen oder anzuzeigen, zu übersetzen und abgeleitete Werke davon zu erstellen. Diese Lizenz dient nur dem Zweck, dir unsere Produkte bereitzustellen. Das bedeutet beispielsweise, dass du uns, wenn du ein Foto auf Facebook teilst, die Berechtigung gibst, es zu speichern, zu kopieren und mit anderen zu teilen (wiederum im Einklang mit deinen Einstellungen); dies können u. a. Dienstleister sein, die unseren Dienst oder andere von dir genutzte Facebook-Produkte unterstützen.
Du kannst diese Lizenz jederzeit beenden, indem du deine Inhalte oder dein Konto löschst. Du solltest wissen, dass aus technischen Gründen von dir gelöschte Inhalte möglicherweise für einen begrenzten Zeitraum in Sicherheitskopien bestehen bleiben. (Sie sind dann jedoch nicht mehr für andere Nutzer/innen sichtbar). Darüber hinaus erscheinen von dir gelöschte Inhalte möglicherweise weiterhin, wenn du diese mit anderen geteilt hast und diese Personen sie nicht gelöscht haben.«[42]

x Instagram

Ähnlich auch Instagram ˣ, eine Facebook-Tochter:

> »Wir beanspruchen nicht das Eigentum an deinen Inhalten, sondern du gewährst uns eine Lizenz, sie zu nutzen. Es ändert sich nichts in Bezug auf deine Rechte an deinen Inhalten. Wir beanspruchen nicht das Eigentum an deinen Inhalten, die du auf dem oder über den Dienst postest. Stattdessen gewährst du uns hiermit, wenn du Inhalte, die durch geistige Eigentumsrechte geschützt sind (wie Fotos oder Videos), auf oder in Verbindung mit unserem Dienst teilst, postest oder hochlädst, eine nicht-exklusive, übertragbare, unterlizenzierbare und weltweite Lizenz, deine Inhalte (gemäß deinen Privatsphäre- und App-Einstellungen) zu hosten, zu verwenden, zu verbreiten, zu modifizieren, auszuführen, zu kopieren, öffentlich vorzuführen oder anzuzeigen, zu übersetzen und abgeleitete Werke davon zu erstellen, damit wir den Instagram-Dienst zur Verfügung stellen können.«[43]

x Twitter

Unerwartet weitgehend ist die Überlassungsvereinbarung von Twitter ˣ:

> »Sie behalten die Rechte an allen Inhalten, die Sie über die Dienste übermitteln, veröffentlichen oder anzeigen. ›Was Dein ist, bleibt Dein‹ – Sie sind Eigentümer Ihrer Inhalte (und Ihre darin integrierten Tonaufnahmen, Fotos und Videos werden betrachtet als Bestandteil der Inhalte).
> Durch Übermittlung, Veröffentlichung oder Anzeigen von Inhalten auf oder über die Dienste gewähren Sie uns eine weltweite, nicht ausschließliche, unentgeltliche Lizenz (mit dem Recht zur Unterlizenzierung), diese Inhalte in sämtlichen Medien und über sämtliche Verbreitungswege, die gegenwärtig bekannt sind oder in Zukunft bekannt sein werden (zur Klarheit, diese Rechte umfassen z.B. das Kuratieren, Transformieren und Übersetzen) zu verwenden, zu vervielfältigen, zu reproduzieren, zu verarbeiten, anzupassen, abzuändern, zu veröffentlichen, zu übertragen, anzuzeigen und zu verbreiten. Mit dieser Lizenz erteilen Sie uns die Erlaubnis, Ihre Inhalte weltweit verfügbar zu machen und dies auch Dritten zu ermöglichen. Sie bestätigen, dass Twitter mit

dieser Lizenz das Recht hat, die Dienste bereitzustellen, zu fördern und zu verbessern und die an oder über die Dienste übermittelten Inhalte gemäß unseren Nutzungsbedingungen anderen Unternehmen, Organisationen oder Einzelpersonen zur Verfügung zu stellen, die mit Twitter zwecks Syndizierung, Ausstrahlung, Verbreitung, Retweet, Werbung oder Veröffentlichung dieser Inhalte in anderen Medien und Diensten zusammenarbeiten.
Die von Ihnen im Rahmen der Dienste übermittelten, veröffentlichten, übertragenen oder anderweitig bereitgestellten Inhalte werden von Twitter oder anderen Unternehmen, Organisationen oder Einzelpersonen zusätzlich verwendet, ohne dass Ihnen hierfür eine Vergütung gezahlt wird, da die Nutzung der Dienste durch Sie hiermit als ausreichende Vergütung für die Inhalte und die Einräumung von Rechten hierin vereinbart wird.
Twitter verfügt über Regeln, die kontinuierlich weiterentwickelt werden und in denen die Art und Weise festgelegt ist, wie Netzwerkpartner mit Ihren Inhalten auf den Diensten umgehen dürfen. Anhand dieser Regeln soll ein offenes Netzwerk unter Berücksichtigung Ihrer Rechte ermöglicht werden. Sie erkennen an, dass wir Ihre Inhalte ändern oder anpassen können, da diese von uns und unseren Partner verbreitet, syndiziert, veröffentlicht oder ausgestrahlt werden, und/oder Änderungen an Ihren Inhalten vorgenommen werden können, um die Inhalte an verschiedene Medien anzupassen.
Sie sichern zu und gewährleisten, dass Sie über alle Rechte, Lizenzen, Zustimmungen, Erlaubnisse, Vollmachten und/oder Befugnisse verfügen oder erhalten haben, die erforderlich sind, um die hierin eingeräumten Rechte an den von Ihnen an, auf oder durch die Dienste über mittelten, veröffentlichten oder dargestellten Inhalten zu gewähren. Sie stimmen zu, dass solche Inhalte kein urheberrechtlich oder anderweitig geschütztes Material enthalten wird, es sei denn Sie haben die erforderliche Erlaubnis oder sind anderweitig rechtlich berechtigt, dieses Material zu veröffentlichen und Twitter daran die obengenannte Rechte zu gewähren.«[44]

x
YouTube

Und hier noch die Bedingungen von YouTube x:

»Von Ihnen gewährte Rechte
Sie behalten Ihre Rechte als Urheber und alle bestehenden gewerblichen Schutzrechte an Ihren Inhalten. Kurz gesagt: Was Ihnen gehört, bleibt auch Ihres. Es ist jedoch erforderlich, YouTube und anderen Nutzern des Dienstes bestimmte, nachfolgend beschriebene Rechte zu gewähren.

Lizenz an YouTube
Durch das Einstellen von Inhalten in den Dienst räumen Sie YouTube und seinen verbundenen Unternehmen (unter anderem YouTube LLC, Google LLC und Google Commerce Limited) das weltweite, nicht-exklusive, kostenfreie Recht ein, diese Inhalte zu nutzen (einschließlich ihres Hosting, ihrer öffentlichen Zugänglichmachung, Vervielfältigung, Verbreitung, Änderung, Anzeige und Wiedergabe, jeweils unter Beachtung der Urheberpersönlichkeitsrechte), ausschließlich zum Zweck der Erbringung und Verbesserung des Dienstes (auch durch die Inanspruchnahme von Dienstleistern) und lediglich in dem dafür nötigen Umfang.

Lizenz an andere Nutzer
Sie gewähren auch jedem anderen Nutzer des Dienstes das weltweite, nicht-exklusive, kostenfreie Recht, im Rahmen des Dienstes auf Ihre Inhalte zuzugreifen und diese nutzen zu können (einschließlich der Vervielfältigung, Verbreitung, Änderung, Anzeige und Wiedergabe, jeweils unter Beachtung der Urheberpersönlichkeitsrechte), soweit dies erforderlich ist und durch Funktionen des Dienstes ermöglicht wird.

Laufzeit der Lizenz
Die Laufzeit der von Ihnen gewährten Lizenzen dauert fort, bis die Inhalte wie nachfolgend beschrieben entfernt werden. Nach dem Entfernen endet die Laufzeit der Lizenzen, es sei denn, Sie haben die weitere Nutzung von Inhalten nach der Entfernung erlaubt oder das Gesetz erfordert etwas anderes. Wenn Sie Inhalte entfernen, ist YouTube beispielsweise nicht dazu verpflichtet, (a) Inhalte zurückzurufen, die von anderen Nutzern im

> Rahmen einer eingeschränkten Offlinewiedergabe des Dienstes verwendet werden, oder (b) Kopien zu löschen, die wir aus rechtlichen Gründen aufbewahren müssen.«[45]

Es wird deutlich, dass diejenigen Lizenzvereinbarungen, die mit der Anmeldung zur jeweiligen Plattform geschlossen bzw. mit ihrer Nutzung akzeptiert werden, nicht nur die Funktionalität des Plattformdienstes sichern, sondern darüber hinaus auch die Interessen Dritter gewährleisten sollen; das können Werbeträger sein, sonstige Kooperationspartner des Anbieters oder auch andere User.

Der etwas saloppe Grundsatz »there is no free lunch« – es gibt nichts umsonst – gilt im »digitalen Kapitalismus« x[46] ungebrochen fort. Mit vorgefertigten Lizenzvereinbarungen der oben dargestellten Art ermöglicht es der Urheber den Plattformanbietern, seine Werke in jeder denkbaren Hinsicht zu kapitalisieren, ohne dass er hierfür eine Nutzungsentschädigung (Lizenzgebühr) beanspruchen darf. Auf diese Weise kontrolliert im kommerziellen Internet und in den neuen Medien eine sehr kleine Zahl sehr großer Unternehmen einen wichtigen Zugang zu Gütern, Dienstleistungen und Infrastruktur. Immer wieder wird darauf hingewiesen, dass die großen »Metaplattformen« zu »Gatekeepern« des kommerziellen digitalen Raums geworden sind, an denen mittlerweile weder private Nutzer noch Unternehmen oder sogar Regierungen vorbeikommen. Dadurch ist eine Machtkonzentration entstanden, die Herrschaftsstrukturen aufbaut[47]. Nutzungsbedingungen der oben zitierten Art sind eine wesentliche Voraussetzung für diese Entwicklung. 52

x
Digitaler Kapitalismus
Die Akzeptanz der Nutzungsbedingungen sog. Metaplattformen trägt zu neuen Herrschaftsstrukturen bei. Sie bedeutet i. d. R. die prakt sche Freigabe aller Verwertungsrechte für jedermann.

Verletzung des geistigen Eigentums

Designer (und alle anderen Inhaber exklusiver Rechte) sind keineswegs schutzlos, wenn ihr geistiges Eigentum gefährdet ist oder wenn in ihr exklusives Nutzungsrecht eingegriffen wird. Der Gesetzgeber hat das juristische Instrumentarium zugunsten der Inhaber für alle Schutzrechte weitgehend vereinheitlicht, so dass nachstehend eine zusammenfassende Darstellung erfolgen kann. Darüber hinaus sind besonders schwerwiegende und sozialschädliche Handlungen auch dem öffentlichen Strafrecht unterworfen. 53

Verletzungshandlungen

54 Selbstverständlich sind der Phantasie des Menschen keine Grenzen gesetzt, wenn es darum geht, seinen eigenen Vorteil zu Lasten anderer zu verfolgen. Immerhin hat das Gesetz für alle Schutzrechte bestimmte typische oder rechtspolitisch unerwünschte Verletzungshandlungen normiert und Rechtsfolgen an ihre Verwirklichung geknüpft.

x Urheberrecht

55 Für das Urheberrecht x gibt das Gesetz keinen bestimmten Katalog vor, sondern betont in § 97 Abs. 1 UrhG lediglich, dass jede Verletzung des Urheberrechts Folgen nach sich zieht. In Betracht kommen alle Eingriffe in die absoluten Berechtigungen des Urhebers selbst oder des ausschließlich Nutzungsberechtigten.

— Der Urheber kann in seinem Urheberpersönlichkeits recht verletzt sein, indem ihm die Urheberschaft abgesprochen wird, er nicht als Urheber genannt wird (§ 13 UrhG), oder indem sein Werk entstellt wird (§ 14 UrhG).
— Der Urheber kann in seinen gem. § 15 ff. UrhG definierten Verwertungsrechten verletzt sein. In Betracht kommen bspw. eine unberechtigte Veröffentlichung oder eine nicht genehmigte Bearbeitung seines Werkes.
— Der Urheber kann dadurch geschädigt werden, dass eingeräumte Nutzungsrechte (Lizenzen, §§ 31 ff. UrhG) in Art und Umfang überschritten werden – z. B. die gewerbliche Nutzung einer nicht-kommerziellen CC-Lizenz.
— Der ausschließlich Nutzungsberechtigte wird in seinen Nutzungsmöglichkeiten dadurch behindert, dass andere – möglicherweise sogar der Urheber selbst – ebenfalls noch Verwertungen aus dem Werk ziehen, § 31 Abs. 3 UrhG.

x Eingetragenes Design

56 Für das eingetragene Design x definiert § 38 DesignG, welche Verletzungshandlungen gesetzlich sanktioniert sind. Ein eingetragenes Design schützt seinen Inhaber exklusiv. Ohne Genehmigung des Inhabers sind untersagt:

— die Herstellung eines Designs;
— das Anbieten eines Designs;
— das Inverkehrbringen eines Designs;

- Einfuhr und Ausfuhr eines Designs;
- der Gebrauch eines Erzeugnisses, in das das eingetragene Design aufgenommen oder bei dem es verwendet wird, und
- sogar schon der Besitz eines solchen Erzeugnisses zu den oben genannten Zwecken.

57 Auch das MarkenG definiert, vor welchen Verletzungshandlungen der Inhaber eines geschützten Kennzeichens bewahrt werden soll. Da das Markenrecht x auf die Kennzeichnungsfähigkeit und Unterscheidbarkeit von Waren und Dienstleistungen im Markt zielt, steht hier vor allem die Vermeidung von Verwechslungsgefahren im Vordergrund.

x Markenrecht

Der Inhaber einer eingetragenen Registermarke oder einer nicht eingetragenen Benutzungsmarke wird gem. § 14 MarkenG geschützt vor:

- der Benutzung eines Zeichens für Waren oder Dienstleistungen, die mit denjenigen identisch sind, für die die Marke Schutz genießt (Identität);
- der Benutzung eines Zeichens, wenn das Zeichen mit einer Marke identisch oder ihr ähnlich ist und für Waren oder Dienstleistungen benutzt wird, die mit denjenigen identisch oder ihnen ähnlich sind, die von der Marke erfasst werden, und für das Publikum die Gefahr einer Verwechslung besteht, die die Gefahr einschließt, dass das Zeichen mit der Marke gedanklich in Verbindung gebracht wird (Verwechslungsgefahr);
- der Benutzung eines mit der Marke identischen Zeichens oder eines ähnliches Zeichens für Waren oder Dienstleistungen, wenn es sich bei der Marke um eine im Inland bekannte Marke handelt und die Benutzung des Zeichens die Unterscheidungskraft oder die Wertschätzung der bekannten Marke ohne rechtfertigenden Grund in unlauterer Weise ausnutzt oder beeinträchtigt (Ausnutzung/Beeinträchtigung).

Der Inhaber einer geschäftlichen Bezeichnung (z.B. des Namens eines Unternehmens) wird gem. § 15 Abs. 2 MarkenG geschützt vor:

— der unbefugten Benutzung der geschäftlichen Bezeichnung oder eines ähnlichen Zeichens im geschäftlichen Verkehr in einer Weise, die geeignet ist, Verwechslungen mit der geschützten Bezeichnung hervorzurufen.

Außerdem schützt § 15 Abs. 3 MarkenG die Inhaber »inlandsweit« bekannter Marken auch vor der Ausnutzung ihrer »Sogwirkung«:

— Die Benutzung ist untersagt, wenn zwar keine Gefahr von Verwechslungen besteht, aber soweit die Benutzung des Zeichens dennoch die Unterscheidungskraft oder die Wertschätzung der geschäftlichen Bezeichnung ohne rechtfertigenden Grund in unlauterer Weise ausnutzt oder beeinträchtigt.

Ansprüche

x
Ansprüche
Das Gesetz gewährt verschiedene Anspruchsgrundlagen, mit deren Ermächtigung der Verletzte gegen den Verletzer vorgehen kann.

58 Kann derjenige, der in seinen Rechten verletzt wurde, diesen Verstoß darlegen und nachweisen, stehen ihm verschiedene Ansprüche x gegen den Verletzer zur Seite. Diese Ansprüche kann der Verletzte entweder nach einem freiwilligen Anerkenntnis durch den Anspruchsgegner oder aber nach rechtskräftiger Feststellung (bspw. durch Gerichtsurteil) durchsetzen. Dies geschieht mit Hilfe der staatlichen Vollstreckungsorgane. Ansprüche sind also zivilrechtliche Folgen einer Verletzungshandlung. Sie sind im Bereich des geistigen Eigentums ziemlich einheitlich ausgestaltet.

x
Beseitigungsanspruch
Der fortdauernde störende Zustand der Rechtsverletzung muss beseitigt werden. Auf ein Verschulden kommt es nicht an.

59 In jedem Fall hat der in seinen Rechten Verletzte einen Anspruch auf Beseitigung x der Beeinträchtigung gegen den Verletzer. Beseitigt werden muss der »fortdauernde störende Zustand«, so der BGH[48]. Eine bestimmte Maßnahme kann allerdings nicht verlangt werden, allein das Ergebnis zählt. Der Beseitigungsanspruch besteht unabhängig vom Verschulden. Auch der »völlig Ahnungslose« muss den rechtswidrigen Zustand unverzüglich beseitigen. Der Beseitigungsanspruch richtet sich übrigens nicht nur gegen den unmittelbar Handelnden. Er richtet sich auch gegen den sogenannten Störer. Ein Störer ist jemand, »der in irgendeiner Weise willentlich und adäquat kausal an der Herbeiführung oder Aufrechterhaltung einer rechtswidrigen Beeinträchtigung (Störung) mitwirkt, sofern es ihm tatsäch-

lich und rechtlich möglich und zumutbar ist, die konkrete Rechtsverletzung zu verhindern«, so der BGH[49]. Auch die Störerhaftung auf Beseitigung setzt kein Verschulden voraus!

- Im Urheberrecht ergibt sich der Beseitigungsanspruch aus § 97 Abs. 1 UrhG. Der Anspruch auf Vernichtung, Rückruf und Überlassung von rechtswidrig hergestellten Vervielfältigungsstücken gem. § 98 UrhG ergänzt den allgemeinen Beseitigungsanspruch.
- Der Inhaber eines eingetragenen Designs kann Beseitigung der Störung gem. 42 Abs. 1 DesignG verlangen.
- Wer sich auf ein geschütztes Zeichen im Schutzbereich des MarkenG berufen kann, stützt sich für die Beseitigung auf § 18 MarkenG. Das Gesetz geht mit einer differenzierten Regelung davon aus, dass zur Beseitigung[50] umfassende Vernichtungs- und Rückrufansprüche benötigt werden.

Besteht eine Wiederholungsgefahr der Beeinträchtigung, kann der in seinen Rechten Verletzte die zukünftige Unterlassung ˣ verlangen. Dieser Anspruch ist für alle Schutzrechte »das Fundament der Schadensbeseitigung und Verhinderung künftiger Rechtsverletzungen im Kernbereich«[51]. Eine Wiederholungsgefahr wird vermutet, wenn bereits eine Rechtsverletzung stattgefunden hat[52], was nachvollziehbar ist. Ein Unterlassungsanspruch kann aber auch dann bestehen, wenn eine Zuwiderhandlung erstmalig droht, vgl. bspw. § 97 Abs. 1 Satz 2 UrhG. In diesem Fall muss die Erstbegehungsgefahr aber »konkret drohen«, so der BGH[53]. Die Wiederholungsgefahr gilt als beseitigt, sobald der Verletzer eine Unterlassungserklärung abgibt. Hierzu vgl. unten Rn 69. 60

x
Unterlassungsanspruch
Dieser Anspruch soll zur Schadensbeseitigung beitragen und zukünftige Rechtsverletzungen verhindern. Auf ein Verschulden kommt es nicht an.

- Im Urheberrecht ergibt sich der Unterlassungsanspruch aus § 97 Abs. 1 UrhG.
- Im DesignG ist § 42 Abs. 1 DesignG einschlägig.ww
- Im MarkenG ist der Unterlassungsanspruch in § 14 Abs. 5 MarkenG normiert.

Weil der in seinen Rechten Verletzte das Ausmaß der Verletzung in aller Regel gar nicht einschätzen kann, hat er ein Recht auf Auskunft ˣ[54]. Während eine Unterlassungserklärung schnell abgegeben ist und auch eine Beseitigung der Störung meist noch überschaubar veranlasst werden kann, ist der harmlos klingende Auskunftsanspruch häufig ein scharfes Schwert. Der Anspruch dient zur Vorbereitung von 61

x
Auskunftsanspruch
Der Verletzer schuldet umfassende Auskunft über Art und Umfang der Verletzungshandlungen. Auf ein Verschulden kommt es nicht an.

Schadensersatz- und Bereicherungsansprüchen. Der Verletzer muss mithin alle Auskünfte erteilen, die zur Durchsetzung dieser Ansprüche erforderlich sind, und sich damit quasi selbst ans Messer liefern. Hierzu gehören z.B. Namen und Anschriften am Verstoß Beteiligter (Hersteller, Lieferanten, Abnehmer, Nutznießer etc.), Mengen und Preise von Vervielfältigungsstücken, Geschäftsunterlagen, die sich auf den Verstoß beziehen, Angaben zum Hergang und zu relevanten Zeiträumen etc. Diese Auskünfte können relativ schnell im Wege der einstweiligen Verfügung gem. §§ 935, 940 ZPO durchgesetzt werden. Die nachgelagerte Vollstreckung erfolgt in der Regel durch Zwangsgeld und Zwangshaft[55]; es kommt aber auch eine Einsicht in die Geschäftsunterlagen durch Sachverständige, bspw. Wirtschaftsprüfer in Betracht[56]. Die Auskunftsansprüche des Verletzten sind mithin umfassend und können den Verletzer mit ganz erheblichen Kosten belasten.

— Im Urheberrecht besteht ein solcher Auskunftsanspruch gem. § 101 UrhG jedenfalls dann, wenn der Rechtsverstoß ein »gewerbliches Ausmaß« angenommen hat[57]. Daneben wird aber auch ein allgemeiner Auskunftsanspruch aus § 242 BGB abgeleitet[58].
— Gem. § 46 DesignG kann der Verletzte den Verletzer auf unverzügliche Auskunft über die Herkunft und den Vertriebsweg der rechtsverletzenden Erzeugnisse in Anspruch nehmen. Bei »gewerblichem Ausmaß« (s.o.) besteht der Anspruch auch gegen Dritte, die mit dem rechtsverletzenden Design gewerblich in Kontakt gekommen sind, § 46 Abs. 2 DesignG.
— Auch der Inhaber eines nach dem MarkenG geschützten Zeichens kann gemäß § 19 MarkenG den Verletzer auf unverzügliche Auskunft über die Herkunft und den Vertriebsweg widerrechtlich gekennzeichneter Waren oder Dienstleistungen in Anspruch nehmen. Und auch hier besteht der Anspruch gegen Dritte, die mit den rechtsverletzenden Waren bzw. Dienstleistungen gewerblich in Kontakt gekommen sind, § 19 Abs. 2 MarkenG.

x **Schadensersatzanspruch**
Dieser Anspruch soll möglichst denjenigen Zustand wiederherstellen, der ohne Verletzungshandlung bestünde. Er kann jedoch nur dann geltend gemacht werden, wenn der Verletzer schuldhaft gehandelt hat.

62 Die Ansprüche auf Unterlassung, Beseitigung und Auskunft werden ergänzt durch einen Schadensersatzanspruch x des Verletzten. Im Gegensatz zu den vorstehenden Sanktionen setzt der Schadensersatzanspruch ein Verschulden des Verletzers voraus. Die Anspruchsgrund-

lagen stehen systematisch dem § 823 BGB nahe (Delikt), da die Schutzrechte ein geschütztes Rechtsgut des § 823 Abs. 1 BGB sind[59].

Soll ein Schaden ersetzt werden, ist zunächst zu prüfen, ob ein Eingriff in die Rechte vorliegt, die vom Gesetz geschützt werden. Diese Prüfung dürfte in den allermeisten Fällen bereits abgeschlossen sein, da sie schon für die Geltendmachung eines Beseitigungs- und Unterlassungsverlangens (s. o.) benötigt wurde. Für die haftungsbegründende Kausalität, also die Zurechnung der Rechtsverletzung zum Verletzer, gelten die allgemeinen Regeln von Äquivalenz, Adäquanz und Zurechnungszusammenhang[60]. Der Verletzer muss den Schaden kausal verursacht haben und er muss ihm auch zuzurechnen sein (er darf z. B. nicht außerhalb jeder Lebenserfahrung eingetreten sein). Die Rechtswidrigkeit des Verstoßes wird dann gesetzlich vermutet (»indiziert«), es obliegt dem Verletzer, eventuelle Rechtfertigungsgründe vorzutragen[61]. Für das Verschulden gelten ebenfalls die allgemeinen Regeln: die Rechtsverletzung muss also zumindest fahrlässig begangen worden sein[62]. Fahrlässig handelt im Bereich der Schutzrechte, wer hätte wissen können und müssen, dass er eine Rechtsverletzung begeht.

— Im Urheberrecht ist der Schadensersatzanspruch in § 97 Abs. 2 UrhG enthalten.
— Im Designrecht ist § 42 Abs. 2 DesignG die Anspruchsgrundlage.
— Das Markenrecht normiert den Schadensersatzanspruch in § 14 Abs. 6 f. und § 15 Abs. 5 f. MarkenG.

Unterschiede zwischen den Schutzrechten gibt es allerdings beim Umfang des Schadensersatzes ˣ. Zunächst gelten die allgemeinen Grundsätze zur haftungsausfüllenden Kausalität sowie die §§ 249 ff. BGB[63]: Der Zustand, der ohne Rechtsverletzung bestünde, ist wiederherzustellen. Da diese »Naturalrestitution« aber häufig nicht möglich sein wird (bspw. wurde die geschützte Grafik bereits veröffentlicht, das Design auf den Markt gebracht etc.), läuft der Schadensersatz im Urheberrecht regelmäßig auf eine Geldzahlung gem. § 251 Abs. 1 BGB hinaus. Der Verletzte hat die Wahl, den Schaden entweder selbst zu berechnen oder ihn (unter Angabe der wesentlichen Grundlagen hierfür) der Schätzung des Gerichts gem. § 287 ZPO anheimzustellen. 63

x
Schadensumfang
Grundsätzlich werden nur materielle Schäden ersetzt.

Das deutsche Zivilrecht ersetzt grundsätzlich nur materielle Schäden (Vermögensminderung), vgl. § 253 Abs. 1 BGB. Immaterielle Schäden sind nur in denjenigen Fällen auszugleichen, in denen der Gesetzgeber dies ausdrücklich angeordnet hat (z.B. beim Schmerzensgeld, § 253 BGB). Unter dieser Prämisse gilt für Schäden bei der Verletzung geistigen Eigentums Folgendes:

x
Materieller Schadensersatz
Hierfür gibt es drei alternative Berechnungsmethoden.

Die Rechtsprechung zum Urheberrecht hat für den materiellen Schadensanteil x drei Berechnungsarten herausgearbeitet, die mittlerweile auch über das Urheberrecht hinaus Bedeutung erlangt haben[64]:

> Variante 1:
> Ersatz der erlittenen Vermögenseinbuße einschließlich des entgangenen Gewinns (§§ 249 ff. BGB);
>
> Variante 2:
> Zahlung einer angemessenen Lizenz im Nachhinein;
>
> Variante 3:
> Herausgabe des Gewinns, den der Verletzer mit der Rechtsverletzung erzielt hat.

Vgl. insoweit auch § 97 Abs. 2 Satz 2 f. UrhG, § 42 Abs. 2 Satz 2 f. DesignG und § 14 Abs. 6 Satz 2 f. bzw. § 15 Abs. 5 MarkenG. Das Wahlrecht des Verletzten, welche der drei Varianten er seinem Schadensausgleich zugrunde legen möchte, erlischt erst, wenn der Verletzer den Anspruch nach einer der drei Berechnungsarten erfüllt hat[65].

x
Immaterieller Schadensersatz
Dieser kann nur im Urheberrecht und auch nur bei ganz erheblichen Verstößen gefordert werden.

Im Urheberrecht – aber nur dort – hat der Gesetzgeber auch den Ersatz des immateriellen Schadens x zugelassen, vgl. § 97 Abs. 2 Satz 4 UrhG. Zusätzlich zu den drei vorgenannten Varianten kommt dort auch die Zahlung eines angemessenen Geldbetrags in Betracht, wenn eine Verletzung des Urheberpersönlichkeitsrechts (UPR) vorliegt. Ein derartiges »Schmerzensgeld« rechtfertigt der BGH allerdings nur bei schwerwiegenden und nachhaltigen Verstößen. Das betrifft vor allem solche Fälle, in denen eine Beseitigung der Beeinträchtigung den Schaden nicht wiedergutmachen kann oder zu spät kommt[66].

Durchsetzung der Ansprüche

Zwischen Recht haben und Recht bekommen gibt es in der Praxis bekanntlich einige Hürden. Wie nun kann sich der Designer helfen, wenn er der Überzeugung ist, sein Urheberrecht, sein Design oder seine Marke seien verletzt worden? Wenn nicht schon ein Antrag zum DPMA in Frage kommt, bietet sich zunächst eine Art vorgeschaltetes »freundliches« Verfahren an, die Abmahnung. Ergänzend dazu steht staatliche Hilfe zur Verfügung, und zwar in Form der einstweiligen Verfügung, des Klageverfahrens und der Zwangsvollstreckung. Ist der Verstoß strafbewehrt, kann sogar die Staatsanwaltschaft eingeschaltet werden. Im Einzelnen: 64

Wie oben bereits dargestellt, kommt für eine Vielzahl möglicher Verstöße das Antragsverfahren vor dem DPMA [x] in Betracht, eine relativ zügige und kostengünstige Maßnahme. Hier noch einmal die wesentlichen Voraussetzungen: 65

x **Antragsverfahren vor dem DPMA**
In Design- und Markenstreitigkeiten ist dieses Verfahren ein guter und günstiger Rechtsschutz, der viele denkbare Fälle abdeckt.

— Bestehen Bedenken gegen die Rechtmäßigkeit der Eintragung eines Designs, kann durch den »richtigen« Inhaber (oder bei absoluten Eintragungshindernissen auch durch Dritte) ein Nichtigkeitsverfahren gem. § 33 ff. DesignG beim DPMA eingeleitet werden. Dies kann jederzeit geschehen, eine besondere Frist hat der Gesetzgeber hierfür nicht vorgesehen (vgl. oben Rn 30).
— Bestehen Bedenken gegen die Rechtmäßigkeit der Eintragung einer Marke, kann durch den »richtigen« Inhaber, der sich auf »relative Schutzhindernisse« berufen kann, ein Widerspruchsverfahren gem. § 42 ff. MarkenG beim DPMA eingeleitet werden. Zu beachten ist hierbei allerdings die Frist des § 42 Abs. 1 MarkenG: Der Widerspruch muss schriftlich und innerhalb einer Frist von drei Monaten nach der Veröffentlichung der Eintragung erhoben werden (vgl. oben Rn 43).

Erstes Mittel der Wahl ist für den Verletzten in der Regel die Abmahnung [x], also die Aufforderung an den Anspruchsgegner, die Rechtsverletzung zu unterlassen. Sie wird dann benötigt, wenn ein Antrag zum DPMA nicht möglich ist, 66

x **Abmahnung**
Mit der Abmahnung beginnt meist die streitige Auseinandersetzung um Schutzrechte

ggf. aber auch ergänzend hierzu – wenn bspw. das fehlerhaft eingetragene Design schon auf dem Markt verwendet wird oder wenn das Urheberrecht verletzt wurde.

Zweck der Abmahnung ist der außergerichtliche Interessenausgleich, der regelmäßig günstiger und kurzfristiger zu erreichen ist als mit gerichtlicher Hilfe. Im Urheberrecht soll die Abmahnung gem. § 97a UrhG immer durchgeführt werden, bevor ein Gerichtsverfahren eingeleitet wird[67]. Die Abmahnung ist nach dieser Vorschrift zwar keine Prozessvoraussetzung (»soll«); allerdings können den Anspruchsteller die Kosten des gerichtlichen Verfahrens treffen, falls er keine Abmahnung betrieben hat und sein Gegner im gerichtlichen Verfahren sofort »anerkennt« (§ 93 ZPO). Die Abmahnung muss den Vorwurf des rechtswidrigen Verhaltens ihres Adressaten enthalten sowie korrekte Angaben zu Gläubiger und Schuldner des Anspruchs; sie muss geltend gemachte Zahlungsansprüche als Schadenersatz- und Aufwendungsersatzansprüche aufschlüsseln und sie soll die Aufforderung, eine strafbewehrte Unterlassungserklärung zur Beseitigung der Wiederholungsgefahr abzugeben, einschließen. Eine hierfür gesetzte Frist muss angemessen sein, was von der konkreten Rechtsverletzung abhängt. Häufig wird eine Frist von ein bis zwei Wochen genannt. § 97a Abs. 3 Satz 2 UrhG gewährt dem Verletzten, der berechtigterweise abmahnt, den Ersatz der hierfür erforderlichen Kosten, insbesondere des Rechtsanwaltshonorars. Erfahrungsgemäß ist die Höhe dieser Kosten regelmäßig Anlass zum Streit. Der Gesetzgeber hat daher reagiert; die nun geltende gesetzliche Höchstgrenze für private Urheberrechtsverstöße von 1.000,00 EUR Gegenstandswert einerseits und die Verpflichtung des Anspruchstellers, die Abwehrkosten bei einer ungerechtfertigten Abmahnung selbst zu tragen, mildern das Konfliktfeld etwas ab[68].

§ 97a Abs. 2 UrhG normiert für das Urheberrecht die Mindestanforderungen an den Inhalt einer Abmahnung:

> (2) Die Abmahnung hat in klarer und verständlicher Weise
> 1. Name oder Firma des Verletzten anzugeben, wenn der Verletzte nicht selbst, sondern ein Vertreter abmahnt,
> 2. die Rechtsverletzung genau zu bezeichnen,
> 3. geltend gemachte Zahlungsansprüche als Schadensersatz- und Aufwendungsersatzansprüche aufzuschlüsseln und

4. wenn darin eine Aufforderung zur Abgabe einer Unterlassungsverpflichtung enthalten ist, anzugeben, inwieweit die vorgeschlagene Unterlassungsverpflichtung über die abgemahnte Rechtsverletzung hinausgeht.

Eine Abmahnung, die nicht Satz 1 entspricht, ist unwirksam.

Für das Urheberrecht sind einerseits viele verschiedene mögliche Verletzungshandlungen denkbar; aufgrund der Schranken des Urheberrechts ist aber andererseits auch nicht jede Verletzung rechtlich zu beanstanden. Deshalb sollte möglichst anwaltliche Hilfe bei der Abfassung einer Abmahnung in Anspruch genommen werden. Sofern der Designer als Urheber ohne anwaltliche Hilfe abmahnen möchte, folgt hier ein Formulierungsvorschlag für die in der Abmahnung geforderte Unterlassungsverpflichtung (Ziff. 4 des vorzitierten Gesetzestextes):

67
Mustertext zur Unterlassungserklärung im Urheberrecht

Hiermit verpflichtet sich +++ [Anspruchsgegner] +++ gegenüber +++ [Designer als Urheber] +++, es bei Meidung einer für jeden Fall der Zuwiderhandlung fälligen Vertragsstrafe von +++ EUR zu unterlassen, die folgende Urheberrechtsverletzung zu begehen:

+++ [genaue Beschreibung) +++

[Beispiel: Verbreitung meiner ohne Genehmigung abfotografierten Zeichnung »Satyr mit Nymphe« – wie nachstehend abgebildet – auf dem privat und geschäftlich genutzten Instagram-Account »megadesignfee2000«.]

Im Designschutz besteht eine gesetzliche Aufforderung zur Durchführung einer Abmahnung nicht; gebräuchlich ist die Abmahnung aber auch dort. Da im Designrecht das DPMA bekanntlich keine Prüfung durchführt, ob die Schutzvoraussetzungen gegeben sind (vgl. Rn 27), empfiehlt es sich, vor einer formellen Abmahnung noch eine »Berechtigungsanfrage« an den mutmaßlichen Verletzer zu richten. Mit dieser Anfrage wird der Adressat noch ohne weitere Forderungen oder Androhungen aufgefordert darzulegen, warum er sich zur Benutzung des Schutzrechtes berechtigt glaubt – seine Benutzung könnte ja bspw. Priorität haben oder von den Schranken des Schutzrechtes gedeckt sein. Eine in diesem Fall ungerechtfertigte

Praxishinweis
Im Design- und Markenrecht sollte vor der Abmahnung eine Berechtigungsanfrage an den Verletzer gerichtet werden.

Abmahnung kann den vermeintlich Verletzten seinerseits zum Schadensersatz verpflichten[69]. Ist eine Abmahnung aber tatsächlich veranlasst, kann z. B. folgender Text für die vorzuformulierende Unterlassungserklärung verwendet werden:

68 Mustertext zur Unterlassungserklärung im Designrecht

Hiermit verpflichtet sich +++ [Anspruchsgegner] +++ gegenüber +++ [Designer als Designinhaber] +++, es bei Meidung einer für jeden Fall der Zuwiderhandlung fälligen Vertragsstrafe von +++ EUR zu unterlassen, das Design +++, das die folgenden Eigenarten aufweist

- +++ [Gestaltungsmerkmal] +++
- +++ [Gestaltungsmerkmal] +++
- +++ [Gestaltungsmerkmal] +++

zum Zwecke +++ [herzustellen / anzubieten / zu verbreiten etc.] +++, insbesondere wenn es sich um das Design der folgenden Abbildungen handelt:

+++ Fotos / Zeichnungen / Abbildungen +++

Für das Markenrecht heißt die Abmahnung streng genommen »Verwarnung«, ist allerdings ebenso wie im Designrecht nicht im Gesetz geregelt. Mit der Verwarnung wird ein bestimmter Adressat – der Verletzer – ernsthaft und endgültig aufgefordert, die Nutzung eines bestimmten Kennzeichens zu unterlassen[70]. Und auch im Markenrecht ist eine gewisse Vorsicht geboten, weil auch hier eine ungerechtfertigte Verwarnung den vermeintlich Verletzten zum Schadensersatz verpflichten kann (vgl. oben zum Designrecht, »Berechtigungsanfrage«)[71]. Im Markenrecht könnte die eingeforderte Unterlassungserklärung für eine Markenverletzung wie folgt formuliert werden:

Mustertext zur Unterlassungserklärung im Markenrecht

Hiermit verpflichtet sich +++ [Anspruchsgegner] +++ gegenüber +++ [Designer als Kennzeichen- bzw. Markeninhaber] +++, es bei Meidung einer für jeden Fall der Zuwiderhandlung fälligen Vertragsstrafe von +++ EUR zu unterlassen, die Marke

+++ [genaue Bezeichnung mit Abbildung] +++

im geschäftlichen Verkehr in Bezug auf

+++ [Waren oder Dienstleistungen gemäß Klassifikation genau bezeichnen] +++

[im Folgenden alternative Nennung gem. § 14 Abs. 2 MarkenG:]

- zu benutzen /
- zu benutzen, obwohl das Zeichen mit der vorgenannten Marke identisch [ähnlich] ist und für Waren oder Dienstleistungen benutzt wird, die mit den vorgenannten identisch [ähnlich] sind, die von der Marke erfasst werden, und obwohl für das Publikum die Gefahr einer Verwechslung besteht, die die Gefahr einschließt, dass das Zeichen mit der Marke gedanklich in Verbindung gebracht wird /
- ein mit der Marke identisches [ähnliches] Zeichen für Waren oder Dienstleistungen zu benutzen, obwohl es sich bei der Marke um eine im Inland bekannte Marke handelt und die Benutzung des Zeichens die Unterscheidungskraft oder die Wertschätzung der bekannten Marke ohne rechtfertigenden Grund in unlauterer Weise ausnutzt oder beeinträchtigt.

69
Der Umgang mit dem geistigen Eigentum anderer gehört für den Designer zur täglichen Routine. Es kann daher durchaus der Fall eintreten, dass sich der fleißige Designer plötzlich auf der Passivseite [x] wiederfindet und selbst Adressat einer Abmahnung wird. Dann ist zunächst eine kurze, aber gründliche und selbstkritische Überlegung angeraten: Könnte der behauptete Verstoß vielleicht doch zutreffen?

x
Passivverfahren
Der Adressat einer Abmahnung sollte in allen nicht offensichtlich begründeten Fällen einen Fachanwalt aufsuchen.

Wenn nun der angemahnte Verstoß nicht völlig offensichtlich ist, wenn er nicht schuldhaft begangen wurde oder wenn das Angebot des Abmahnenden zur Abgeltung des Schadens einschließlich der Kosten der Abmahnung nicht angemessen erscheinen, sollte in jedem Fall ein spezialisierter Rechtsanwalt zur Erstberatung aufgesucht werden – und zwar unbedingt innerhalb der genannten Frist zur Rückäußerung. Die eigenmächtige Abänderung der vorbereiteten Unterlassungserklärung oder der ungeprüfte Abschluss eines vorformulierten »Vergleichsvertrags« ist fast immer mit Rechtsnachteilen verbunden.

Sehr häufig muss zwar die vorbereitete Unterlassungserklärung abgegeben werden, da die Rechtsverletzung tatsächlich besteht (gerade bei Verstößen im Bereich der digitalen Medien); die weiteren geforderten Rechtsfolgen, insbesondere Schadensersatz einschließlich Rechtsanwaltshonorar, sind jedoch nicht selten unverschämt hoch. In solchen Fällen kann mit einem Gang zum Anwalt meist deutlich mehr Geld gespart werden, als die Erstberatung kostet.

Kurz gefasst: Die Abwehr von Unterlassungsverlangen sollte einem Rechtsanwalt übergeben werden.

70 Der Rat, einen Fachanwalt einzuschalten, gilt auch für die Einleitung aller gerichtlichen Verfahren. Meist herrscht aufgrund der gesetzlichen Bestimmungen ohnehin Anwaltszwang für die Abgabe der jeweiligen Erklärungen vor Gericht.

71 Streitigkeiten im Bereich der Urheberrechte oder der gesetzlichen Schutzrechte sind häufig eilbedürftig. Denn durch bestimmte Verletzungshandlungen können Rechtsverluste drohen, die später auch durch einen hohen Schadensersatz in Geld nicht mehr wiedergutzumachen sind. Hierfür sieht die Zivilprozessordnung (ZPO) die Möglichkeit der einstweiligen Verfügung x vor, §§ 935, 940 ZPO. Sie spielt vor allem für die vorläufige Durchsetzung von Unterlassungsansprüchen eine wichtige Rolle. In dem Antrag auf Erlass einer einstweiligen Verfügung hat der Anspruchsteller im Wesentlichen zwei Voraussetzungen darzulegen:

x **Einstweilige Verfügung** Mit diesem gerichtlichen Verfahren kann sehr schnell vorläufiger Rechtsschutz erlangt werden.

1) Verfügungsgrund x:
Hierfür muss die Eilbedürftigkeit bzw. Dringlichkeit der gerichtlichen Intervention dargelegt werden. Diese ist anzunehmen, »wenn zu besorgen ist, dass durch eine Veränderung des bestehenden Zustandes die Verwirklichung des Rechts einer Partei vereitelt oder wesentlich erschwert werden könnte« (§ 935 ZPO).

1. Voraussetzung: Verfügungsgrund; liegt vor bei Eilbedürftigkeit

2) Verfügungsanspruch x:
Ein solcher Anspruch ist begründet, wenn ein Rechtsverstoß nach dem UrhG vorliegt und deshalb eine Anspruchsgrundlage gegeben ist, also bspw. § 97 UrhG.

2. Voraussetzung: Verfügungsanspruch; entspricht Anspruchsgrundlage nach UrhG

Der Anspruchsteller muss sowohl den Verfügungsgrund als auch den Verfügungsanspruch »glaubhaft machen«. Hierfür hat er geeignete Unterlagen vorzulegen, die seine Darstellung belegen, ggf. Gutachten, Fotos, Werkstücke oder auch eidesstattliche Versicherungen von Zeugen. Es gilt § 294 ZPO.

Ist der Antrag auf Erlass einer einstweiligen Verfügung ausreichend glaubhaft gemacht, entscheidet das Gericht in der Regel im Eilverfahren – nötigenfalls auch innerhalb weniger Stunden und ohne den Anspruchsgegner anzuhören. Im Einzelfall hängt dies ab von der Dringlichkeit und der Schwere des drohenden Rechtsverlustes. Dem Antragsgegner wird dann, wie beantragt, eine bestimmte Handlungsweise untersagt oder es wird eine bestimmte Maßnahme bzw. Duldung angeordnet, wobei die Zuwiderhandlung mit erheblicher Strafe belegt wird (häufig über 100.000 EUR). Auch andere geeignete Maßnahmen kann das Gericht anordnen[72].

Ist die einstweilige Verfügung erlassen, wird sie »auf Betreiben der Partei« (und nicht von Amts wegen) gem. §§ 191, 166 Abs. 1 ZPO zugestellt, zumeist von Anwalt zu Anwalt. Nun kommt es darauf an: Sofern die einstweilige Verfügung gerechtfertigt ist, sollte ihr Empfänger von sich aus tätig werden und eine sogenannte Abschlusserklärung ˣ abgeben[73]. Denn aufgrund des vorläufigen Charakters der einstweiligen Verfügung kann diese nach einer gewissen Zeit (abhängig vom Einzelfall) wieder aufgehoben werden. Wenn der Empfänger der einstweiligen Verfügung also lediglich passiv bleibt, wird der Antragsteller nach einer angemessenen Wartefrist[74] von sich aus ein Abschlussschreiben ˣ versenden, um die von ihm beantragte Verfügung nicht der Gefahr der Wiederaufhebung auszusetzen. In dem Abschlussschreiben wird der Anspruchsgegner aufgefordert, auf seine Rechte gem. §§ 924, 926, 927 ZPO (d.h. auf sein Widerspruchsrecht und sein Recht, das Hauptsacheverfahren herbeizuführen) zu verzichten. Kommt er innerhalb angemessener Fristsetzung auch dieser Aufforderung nicht nach, wird der Anspruchsteller schließlich das Hauptsacheverfahren einleiten, um seinen Anspruch auf Einhaltung des UrhG endgültig zu sichern. Das Abschlussschreiben löst übrigens erhebliche zusätzliche Kosten für den Empfänger der einstweiligen Verfügung aus[75], weshalb dieser in eindeutigen Fällen besser von sich aus die Abschlusserklärung abgeben sollte.

x
Abschlusserklärung und Abschlussschreiben
Mit diesen förmlichen Erklärungen endet das einstweilige Verfahren. Geschieht dies nicht einvernehmlich, schließt sich ein Hauptsacheverfahren an.

x
Widerspruch
Ein begründeter Widerspruch kann die einstweilige Verfügung aufheben.

72 Legt der Empfänger einer einstweiligen Verfügung gegen diese Widerspruch x ein (§ 924 ZPO[76]), setzt das Gericht, das die Verfügung erlassen hat, eine mündliche Verhandlung an, in der über die Gründe des Widerspruchs verhandelt wird. Sind die Gründe gut genug, kann die einstweilige Verfügung aufgehoben oder abgeändert werden.

x
Klageverfahren
Entweder als Hauptsacheverfahren nach einer einstweiligen Verfügung oder als eigenständiges Verfahren entscheiden Gerichte mit spezieller Fachkenntnis endgültig über Ansprüche aus dem geistigen Eigentum.

73 Alternativ hierzu kann der Empfänger einer einstweiligen Verfügung auch das Hauptsacheverfahren x gem. § 926 ZPO erzwingen. In diesem Fall ordnet das Gericht an, dass innerhalb einer bestimmten Frist vom Antragsteller Klage zu erheben ist. Gegenüber dem bloßen Widerspruch hat diese Verfahrensweise den Vorteil, dass der Rechtsstreit endgültig geklärt ist (und nicht lediglich eine einstweilige Verfügung aufgehoben wird).

Wenn der in seinen Rechten Verletzte keine Eilbedürftigkeit begründen kann (also kein »Verfügungsgrund« besteht) oder wenn er sogleich eine endgültige Klärung anstrebt, kann er von vornherein Klage einreichen, ohne zuvor eine einstweilige Verfügung gegen den Verletzer zu beantragen. Voraussetzung hierfür ist natürlich, dass ein Rechtsverstoß vorliegt und deshalb eine »materiell-rechtliche« Anspruchsgrundlage gegeben ist. Auch eine Abmahnung des Gegners sollte zuvor erfolgt sein.

Für die möglichen Anspruchsgrundlagen infolge einer Verletzung des geistigen Eigentums bzw. der Beeinträchtigung von Schutzrechten vgl. oben Rn 58 ff.

Cases

74 Bestimmte Fallkonstellationen sorgen unter Designern (und nicht nur dort) immer wieder für Ärger. Die nachstehende Zusammenstellung typisierter Fälle soll helfen, Unsicherheiten und häufig gestellte Fragen zu beantworten.

75 Teamwork und Blockade

Es ist das letzte Semester im Bachelor-Studium. Die Studentin A arbeitet zusammen mit den Studenten B und C an der Entwicklung eines Oberflächendesigns für eine

App. Dabei übernimmt jeder einmal abwechselnd alle Arbeitsschritte, denn das ist Sinn der Übung. Zwar handelt es sich nur um eine »Kursarbeit«, aber alle denken dabei natürlich auch an ihre berufliche Zukunft. In der Tat schafft B es ein Jahr später, seinen ersten Arbeitgeber für dieses Design zu interessieren und der Arbeitgeber möchte die Nutzungsrechte für 12.000 EUR erwerben. Das ist viel Geld. B trifft sich daraufhin mit seinen alten Kommilitonen A und C. Während A und B für die Verwertung stimmen, ist C dagegen. Er hält das Design im Nachhinein für minderwertig und möchte damit nicht mehr in Verbindung gebracht werden. Darf B nun trotzdem mit der Mehrheit der Stimmen die Nutzungsrechte übertragen und 4.000 EUR an jeden auszahlen?

Nein, das darf B nicht. Einschlägig ist das Urheberrecht. Bei dem Oberflächendesign handelt es sich um ein Werk i.S.d. § 2 UrhG. A, B und C sind Urheber des Werkes, § 7 UrhG. Allerdings haben sie das Werk gemeinsam geschaffen, ohne dass sich ihre Anteile gesondert verwerten ließen – das macht sie zu Miturhebern gem. § 8 UrhG. Und damit fangen die Probleme an. Denn das Recht zur Veröffentlichung und zur Verwertung des Werkes steht den Miturhebern nur »zur gesamten Hand« zu; das bedeutet, dass sich alle drei stets einig sein müssen, die Mehrheit genügt nicht. Zwar darf ein Miturheber seine Einwilligung zur Veröffentlichung, Verwertung oder Änderung nicht wider Treu und Glauben verweigern, § 8 Abs. 2 Satz 2 UrhG. Ob ein solcher Verstoß gegen Treu und Glauben vorliegt, entscheidet aber auch nicht einfach die Mehrheit, es muss vielmehr eine Interessenabwägung vorgenommen werden – ggf. gerichtlich. Dabei sind in erster Linie die Ziele und Zwecke zu berücksichtigen, die die Urheber mit der gemeinschaftlichen Werkschöpfung verfolgt haben. Ein Recht zur Verweigerung der Einwilligung kann sich vor allem aus einer Verletzung des Urheberpersönlichkeitsrechts des Betroffenen ergeben[77]. In unserem Fall wurde das gemeinschaftliche Werk als Teil des Studiums geschaffen, es diente mithin der Ausformung der Fähigkeiten der Studierenden. Wenn C nun ein solches »Trainingswerk« unter seinem Namen zur Verwertung und Veröffentlichung auf dem Markt als ungeeignet ansieht, ist dies zu respektieren. Denn die gemeinsame Schöpfung im Kurs richtete sich eben nicht in erster Linie auf eine Verwertung.

Wie wäre dieses Ergebnis zu vermeiden gewesen? Schon während der Entwicklung des Designs hätten A, B und C miteinander vereinbaren können, dass über die Urheberrechte, insbesondere die spätere Veröffentlichung und Verwertung, mit der Mehrheit entschieden wird. Eine solche Vereinbarung ist zulässig, auch wenn sie vom Grundgedanken des § 8 UrhG abweicht. Denn sozusagen um die gesetzlich verordnete Gesamthandsgemeinschaft des Urheberrechts herum können die Miturheber eine Gesellschaft des bürgerlichen Rechts (GbR) setzen, die zusätzliche Regeln ihrer Innen- und Außenbeziehungen trifft. Auf diese GbR sind dann die §§ 705 ff. BGB anwendbar[78], eine Mehrheitsentscheidung hätte vereinbart werden dürfen. In diesem Fall hätte C dann auch überstimmt werden können. Aber selbst wenn eine solche »Verwertungs-GbR« zunächst versäumt wurde, kann später noch eine Vereinbarung getroffen werden. A und B könnten C bspw. vorschlagen, den Ertrag aus der Übertragung der Nutzungsrechte zwar im Innenverhältnis zu dritteln, gleichzeitig aber dafür zu sorgen, dass C als Miturheber im Außenverhältnis nicht in Erscheinung tritt und mit seinen »Jugendsünden« also nicht mehr in Verbindung gebracht wird. Kann dies für die gesamte Verwertung zuverlässig garantiert werden, könnte eine fortgesetzte Weigerung des C dann sogar gegen Treu und Glauben verstoßen.

76 Der Showroom

Der engagierte Student S befindet sich bereits im Masterstudium. Auf mehreren Plattformen im Internet und den sozialen Medien betreibt er einen virtuellen Showroom, in den er seine bisherigen Entwürfe und Arbeiten einstellt. Er möchte sich schon mal am Markt bekannt machen und für seine Qualitäten werben. Nun passieren drei Ereignisse, die ihn etwas ratlos machen:

a) S stellt fest, dass ein Tattoo-Design, das er auf Instagram gepostet hat, von einer anderen Instagram-Nutzerin in ihrem Profil ebenfalls abgebildet wird. Einfach geklaut!
b) S erhält eine Abmahnung von einem amerikanischen Studio, weil er Fantasy-Figuren aus ein paar Filmen auf T-Shirts gezeichnet hat. Weshalb? War doch nur Fan-Fiction!

c) S enthält eine weitere Abmahnung von einer Designagentur, weil er auf der Website seines Showrooms keine Adresse und keine Telefonnummer veröffentlicht habe. Und außerdem besitze er nicht die Zustimmung der Nutzer seines Showrooms zu den von ihm verwendeten Cookies, denn hiernach werde beim Seitenaufruf nicht gefragt.

Zu a): Zweifellos ist S der Urheber des Tattoo-Designs, das als Werk geschützt ist. Damit hat ausschließlich S sämtliche Urheber- und Verwertungsrechte. Das Recht auf Veröffentlichung gem. § 19a UrhG hat S bereits ausgeübt, indem er es auf seinen Instagram-Account gestellt hat. Hätte die andere Instagram-Nutzerin das Design lediglich heruntergeladen und privat verwendet, wäre dies von den Schranken des Urheberrechts (§ 53 UrhG) und von der Rechtsprechung des BGH gedeckt gewesen (vgl. Rn 47). Die Veröffentlichung auf ihrem eigenen Instagram-Account hingegen steht dieser Instagram-Nutzerin nicht zu. Denn das Recht auf private Vervielfältigung schließt ihre Verbreitung und Veröffentlichung ausdrücklich nicht ein, vgl. § 53 Abs. 6 UrhG: »Die Vervielfältigungsstücke dürfen weder verbreitet noch zu öffentlichen Wiedergaben benutzt werden.« Eine bislang noch nicht entschiedene Frage ist, ob möglicherweise die Nutzungsbedingungen von Instagram etwas an dieser Rechtslage ändern. Bei Auslegung dieser Bedingungen nach dem heutigen Stand (07/2021) ist es aber wohl nur Instagram gestattet, die hochgeladenen Inhalte anzuzeigen, um seine Plattform bestimmungsgemäß zu betreiben, nicht jedoch anderen Nutzern. Das kann sich möglicherweise noch ändern, vgl. die AGB von Twitter (»Retweeten«). S könnte die andere Instagram-Nutzerin also nach derzeitiger Rechtslage zur Unterlassung auffordern.

Zu b): S hat das Urheberrecht (und möglicherweise auch Design- und Markenrechte) des amerikanischen Studios verletzt. »Fan-Fiction« ist nach der Definition von Wikipedia die Bezeichnung für Werke, die von Fans eines literarischen oder trivialliterarischen Originalwerks (z. B. eines Films, einer Fernsehserie, von Büchern, Computerspielen usw.) oder auch real existierender Menschen (z. B. von bekannten Schauspielern, Musikern oder Sportlern) erstellt werden, welche die Protagonisten und/oder die Welt dieses Werkes bzw. die jeweiligen Personen in einer neuen, fortgeführten oder alternativen Handlung darstellen[79] – sehr gerne auch im pornographischen Umfeld. Fan-Fiction ist in der Regel keine sogenannte »freie Benutzung« des Originalwerks gem. § 24 UrhG, auch wenn dies im Internet immer wieder gern behauptet wird. Vielmehr handelt es sich um eine erlaubnispflichtige Bearbeitung gem. § 23 UrhG, da es ja gerade der Sinn von Fan-Fiction ist, die Originalfiguren des Vorbilds, die Story, das Setting oder die Ästhetik bzw. das Design erkennbar zu benutzen. Eine erlaubnisfreie Benutzung müsste aber so viel Abstand zum Original halten, dass dieses zur bloßen Anregung verblasst und seine individuellen Züge völlig in den Hintergrund treten. Damit wäre es keine Fan-Fiction mehr. Unser Student S darf also für seinen Privatgebrauch gem. § 23 UrhG Fan-Fiction zeichnen, soviel er möchte; die Grenze zum widerrechtlichen Handeln ist jedoch mit der Veröffentlichung und Verbreitung der Bearbeitungen bzw. Zeichnungen ohne Erlaubnis des Urhebers der Originalwerke überschritten, vgl. auch § 23 Satz 1 UrhG. Eine gewerbliche Nutzung ist damit selbstverständlich ebenfalls ausgeschlossen. Die Abmahnung des Studios ist berechtigt! Dabei muss betont werden, dass die massenhafte Veröffentlichung von Fan-Fiction im Internet auf privaten oder sogar gewerblichen Accounts nichts an der Rechtslage ändert. Es gibt einige Urheber, die die Verstöße nicht verfolgen, weil sie sich sogar geschmeichelt fühlen oder Fan-Fiction als kostenlose Werbung betrachten. Andere Rechteinhaber und Urheber beauftragen aber durchaus Anwaltskanzleien mit der Verfolgung. Meist ist bei kommerzieller Verwertung oder pornographischen Veränderungen (§ 14 UrhG!) diese Schwelle überschritten.

Zu c): Die Abmahnung der Werbeagentur zielt im ersten Teil auf die Impressumspflicht des Studenten S. Nahezu jede Online-Präsenz – auch eine App für ein Mobile Device – benötigt Angaben über ihren Betreiber; für den Bereich des E-Commerce sind diese zwingend und ausführlich geregelt[80]. In unserem Fall stellt sich in diesem Zusammenhang zunächst die Frage, ob der Showroom des Masterstudenten schon als »geschäftsmäßig« anzusehen ist. Denn ist er das nicht, genügen die reduzierten Angaben gem. § 1 Abs. 4 TMG i.V.m. § 55 Abs. 1 RStV[81]. Diese Vorschrift erfasst Anbieter von Telemedien, die zwar nicht ausschließlich persönlichen oder familiären Zwecken dienen, jedoch keinen geschäftsmäßigen Charakter haben. »Geschäftsmäßig« bedeutet in der Regel »gegen Entgelt«, betrifft also insbesondere

Bezahldienste und Handelsplattformen im E-Commerce. Aber auch ein Telemedium, das als »Einstieg« genutzt wird, um Kunden zum eigentlichen Geschäftsbereich zu leiten (z.B. die Informationsseite eines Rechtsanwalts) kann als »geschäftsmäßig« angesehen werden[82]. Das wäre auch bei S der Fall, wenn er sich bereits beruflich betätigen würde oder unmittelbar vor der Eröffnung seiner eigenen Agentur stünde. Ganz so weit ist es hier aber noch nicht. S hat daher nicht die verschärften Bestimmungen des § 5 TMG zu beachten, sondern nur die reduzierten Angaben gem. § 1 Abs. 4 TMG i.V.m. § 55 Abs. 1 RStV zu leisten, Name und Anschrift genügen. Immerhin hätte in unserem Fall die abmahnende Agentur teilweise Recht: seine Adresse müsste S veröffentlichen. Seine Rufnummer allerdings nicht.

Im zweiten Teil ihrer Abmahnung zielt die Werbeagentur auf § 3 i.V.m. § 3a UWG. Diese Vorschrift des Gesetzes gegen den unlauteren Wettbewerb besagt, dass unlauter handelt, »wer einer gesetzlichen Vorschrift zuwiderhandelt, die auch dazu bestimmt ist, im Interesse der Marktteilnehmer das Marktverhalten zu regeln, und der Verstoß geeignet ist, die Interessen von Verbrauchern, sonstigen Marktteilnehmern oder Mitbewerbern spürbar zu beeinträchtigen«. Wer also im Wettbewerb bei der Nutzung elektronischer Medien gegen ein gesetzliches Verbot verstößt, handelt wettbewerbswidrig und darf von seinen Mitbewerbern abgemahnt werden. Cookies[83] verstoßen gegen die DSGVO, wenn kein Erlaubnistatbestand des Art. 6 DSGVO nachgewiesen werden kann, insbesondere keine Einwilligung des Nutzers einer Website[84]. Wer also über Cookies auf seiner Website noch nicht einmal informiert, handelt rechtswidrig. S verstößt damit gegen den Datenschutz. Dennoch kann er die Abmahnung der Werbeagentur erfolgreich zurückweisen. Denn mit seinem Showroom nimmt er als Student (noch) nicht am Wettbewerb teil, insoweit gilt dieselbe Argumentation wie bei der Nichtanwendung des § 5 TMG (s.o.). Das UWG ist daher auf S nicht anwendbar, es fehlt an der »geschäftlichen Handlung« des § 1 UWG. Und als »allgemeine Polizei« darf die Werbeagentur nicht abmahnen, denn hoheitliche Aufgaben zur Ahndung der (tatsächlich vorliegenden) Rechtsverletzung sind ihr nicht übertragen worden. Für die Verfolgung von Verstößen gegen die DSGVO ist die jeweilige Aufsichtsbehörde zuständig (vgl. unten Rn 131).

77 Priorität? Was ist das?

Die Designerin D fährt oft Zug. Und wie viele andere Geschäftsreisende arbeitet sie dabei gern am Laptop. Ihr Gerät lässt sich sogar zu einem Tablet umklappen, so dass sie damit komfortabel Designs bearbeiten kann. Bei ganz neuen Ideen ist sie allerdings sehr vorsichtig und benutzt erst einmal nur Stift und Papier. Denn wer weiß schon, was mit den Daten passieren kann ... Heute hat sie auf der Bahnfahrt lange an einem Design für Stoffe gezeichnet, mit dem Gartenmöbel bespannt werden können. – Ein halbes Jahr später hat D die ausschließlichen Nutzungsrechte für dieses Design an einen Hersteller verkauft und diesen auch zur Eintragung des Designs auf seinen Namen beim DPMA ermächtigt. Kurz darauf stellt sich heraus, dass exakt das verkaufte Design bereits vor vier Monaten beim DPMA angemeldet und eingetragen wurde. So eine Frechheit! Der eingetragene Inhaber beruft sich gegenüber D und ihrem Kunden auf Priorität. Die Zeichnungen von D lässt er nicht gelten. Die könnten ja auch von seinem Design abgezeichnet worden sein. Kommt er damit durch?

Ja, so ungerecht das sein mag: der eingetragene Inhaber des Designs könnte damit durchkommen. Für uns ist aufgrund des Sachverhalts völlig klar: D ist Urheberin des Designs und ihr stehen damit alle Rechte zu. Sie konnte daher auch die ausschließlichen Nutzungsrechte gem. § 31 Abs. 3 UrhG auf den Hersteller übertragen und ihn zur Anmeldung des Designs beim DPMA auf seinen Namen ermächtigen. Hier geht es aber nun um eine unerlaubte Handlung: Irgendjemand muss auf der Bahnfahrt das Design von D fotografiert haben, was dann zu der Anmeldung des Designs durch einen Unberechtigten beim DPMA geführt hat. Das DPMA prüft bekanntlich nicht, ob Rechte Dritter der Anmeldung entgegenstehen (vgl. Rn 27), weshalb dort zunächst einmal die Vermutung gilt, dass der anmeldende Inhaber auch der »richtige« Inhaber ist. D (oder der Hersteller als ausschließlich Nutzungsberechtigter) müsste im Nichtigkeitsverfahren §§ 33 ff. DesignG (vgl. Rn 30) nachweisen, dass der eingetragene Inhaber keine Priorität genießt und dass die Eintragung unberechtigt war. In unserem Fall lässt sich der Nachweis aber nicht so einfach erbringen. D hat auf der Bahnfahrt nicht mit ihrem Tablet gearbeitet, so dass für dieses Design kein »digitaler Zeitstempel« existiert; ihre Papierskizzen sind sozusagen zeitlos. Und zu dem Zeitpunkt, als D dem Hersteller das Design übertrug, war es bereits vier Monate lang beim DPMA auf einen anderen Inhaber registriert. Sollte D keinen klaren Nachweis erbringen können, dass sie das Design bereits zwei Monate vor der Eintragung beim DPMA gezeichnet hatte, genießt die Eintragung Priorität und D wird das Nichtigkeitsverfahren verlieren. Recht muss man nicht nur haben, man muss es auch nachweisen können, um es durchzusetzen.

Wie hätte sich dieses wenig befriedigende Ergebnis vermeiden lassen? Bei Werken, die für die Verwertung im Markt geschaffen wurden, sollte der Urheber so bald wie möglich ein Design oder eine Marke anmelden, damit jedenfalls ein Nachweis für den Zeitrang (Priorität) erbracht werden kann. Hätte D bald nach der Bahnfahrt 60,00 EUR für die Anmeldung ihres Designs investiert, wäre der Akt der Piraterie nicht mehr so einfach gewesen. Eine Eintragung durch den »Piraten« wäre zwar auch dann nicht verhindert worden (das DPMA prüft die Berechtigung ja nicht), hätte aber leicht wieder beseitigt werden können, da D die Priorität ihres Originaldesigns aufgrund ihrer eigenen Anmeldung ohne Zweifel hätte nachweisen können. Dieser Nachweis wäre auch eine klare Grundlage für die Verfolgung aller weiteren unberechtigten Verwertungen des Designs im Markt. Aus Sicht des Herstellers, also eines potentiellen Kunden, ist ein mit Schutzrechten gesichertes Design aus den vorgenannten Gründen wertvoller, es kann einen höheren Preis erzielen. Im Übrigen sollte D natürlich auch ihre Arbeitsweise in der Bahn überdenken – es ist erstaunlich und bestürzend, wie viele Geschäftsgeheimnisse und sensible Daten täglich von Bahnreisenden bei lautstarken Telefonaten, geöffneten Laptops, ausgebreiteten Unterlagen und »lockeren Gesprächen« offenbart werden.

Datenschutz betrifft auch das berufliche Umfeld der Gestaltung.

Personenbezogene Daten sind zur Ware geworden. Sie sind zwar grundrechtlich geschützt, nicht selten verzichten aber die Betroffenen auf diesen Schutz, indem sie mehr oder weniger wahllos Einwilligungen erteilen. Mit der Einführung der DSGVO gilt in Deutschland seit 2018 eine neue Rechtslage, die in den kommenden Jahren erst noch eingeübt werden muss.

Mit welchen Daten darf der Designer noch umgehen und was muss er dabei beachten? Wie kann sich der Designer selbst gegen den Missbrauch seiner personenbezogenen Daten zur Wehr setzen?

Auf den folgenden Seiten werden die wichtigsten Fragen beantwortet, praktische Hinweise gegeben und Mustertexte zur Verfügung gestellt.

78 Unsere Fähigkeit, Informationen über Personen zu erfassen, zu verarbeiten und zu speichern, steigert sich seit einigen Jahren rasant. Wir sind technisch nicht mehr weit von der Totalität der Digitalisierung unseres Alltags entfernt. In den zurückliegenden Jahren hat vor allem die Leistungssteigerung der Prozessoren, ihre Miniaturisierung, die Skalierung der Speichermöglichkeiten in Cloudsystemen und die Verringerung des Energieverbrauchs von digitalen Prozessen diese Entwicklung erheblich beschleunigt. Wir treten ein in eine Welt des »Ubiquitous Computing«[85], des allgegenwärtigen Rechnens.

Gerade im Alltag unterziehen wir uns damit sozusagen einer freiwilligen Permanentüberwachung; digitale Navigationssysteme und das Smartphone sind kaum noch wegzudenken und auch das »intelligente« SmartHome mit vernetzten Gebrauchsgegenständen gewinnt an Bedeutung. Standortbezogene digitale Assistenten produzieren einen ständigen Strom personenbezogener Daten, der weltweit in vernetzten Clouds analysiert wird. Viele Funktionen dieses Ubiquitous Computing laufen bereits automatisiert und im Hintergrund ab, so dass sie uns gar nicht mehr auffallen oder präsent sind. Gerade diese »Beiläufigkeit« macht die Dienste attraktiv – uns wird geholfen, ohne dass wir uns dafür noch sonderlich bemühen müssten. Allerdings hinterlassen wir auf diese Weise eine breite Datenspur im Netz, die eine nahe-zu vollständige Abbildung und Auswertung unseres »Real Life« – unserer analogen Lebenswirklichkeit – in ihrem digitalen Spiegelbild ermöglicht.

Es wäre naiv anzunehmen, dass wir noch Herren unserer digitalen Signatur wären. Mehr oder weniger freiwillig gestatten wir es einer Vielzahl privater Unternehmen im In- und Ausland, unseren »Datenstrom« für eigene Zwecke auszuwerten und zu nutzen. Darüber hinaus wächst auch das Bedürfnis nach staatlicher Kontrolle und Auswertung, insbesondere aus Furcht vor terroristischen, feindlichen oder schwerwiegenden kriminellen Handlungen. In dem gleichen Maße, wie sich personenbezogene Daten zur Ware (oder zu einer Währung[86]) entwickeln, versucht der Staat, seine hoheitlichen Aufgaben auch im digitalen Bereich wahrzunehmen.

Datenschutz ist daher geprägt von drei wesentlichen Faktoren:

1. Ein technikbegeistertes, zukunftsgläubiges, häufig sorgloses und wenig reflektiertes Nutzerverhalten, das breite Signaturen personenbezogener Datenströme im Netz hinterlässt.
2. Eine rasante technische Entwicklung, getragen von privaten, weltweit agierenden Unternehmen, deren erklärtes Ziel die Maximierung ihres eigenen Profits ist (»Shareholder Value«).
3. Staatliche Kontrolle, aber auch staatlicher Schutz unter Berücksichtigung der Grundrechte, insbesondere der informationellen Selbstbestimmung, des Fernmeldegeheimnisses und des Grundrechts auf Gewährleistung der Vertraulichkeit und Integrität informationstechnischer Systeme.

Die professionelle Ausübung einer gestalterischen Tätigkeit ist ohne die Nutzung digitaler Arbeitsprozesse praktisch nicht mehr möglich. Für Designer ist es daher zwingend, sich mit der Frage auseinanderzusetzen, wie ihre eigenen personenbezogenen Daten geschützt werden können und wie sie den Schutz ihrer Kundendaten und beruflichen Kontakte sicherstellen können.

Europäische Entwicklung

Der Datenschutz ist gut im internationalen und nationalen 79
Rechtsrahmen verankert. Das erste Datenschutzgesetz überhaupt war erstaunlicherweise das hessische Datenschutzgesetz von 1970[87]. Der grenzüberschreitende Handel und die beginnende Globalisierung ˣ machten den Datenschutz dann allerdings früh zu einem internationalen Thema, das maßgeblich von der OECD und dem Europarat vorangetrieben wurde. Die UNO hat das Thema seit etwa 1990 aufgegriffen, spricht bislang aber lediglich Empfehlungen aus, insbesondere zum »Recht auf Privatheit«[88]. Auf europäischer Ebene schützt Art. 8 Abs. 1 der Europäischen Menschenrechtskonvention (EMRK) das Recht auf Achtung des Privatlebens und der Korrespondenz. Darunter fällt auch der Schutz personenbezogener Daten[89]; jede Erhebung,

x
Globalisierung
Datenschutz ist ein internationales Thema. Sowohl die UNO als auch die EU stellen Empfehlungen und Regelungen zur Verfügung.

Speicherung, Weitergabe oder sonstige Verarbeitung personenbezogener Daten stellt einen Eingriff dar, der gerechtfertigt werden muss. Zu beachten ist allerdings, dass Menschenrechte und Grundrechte primär den Einzelnen vor Übergriffen hoheitlicher Gewalt schützen, sie sind ursprünglich liberale, bürgerliche Abwehrrechte gegen den Staat. Im Gleichordnungsverhältnis zwischen privaten Bürgern oder zwischen privaten Verbrauchern und Unternehmen entfalten diese Rechte nur indirekte Wirkung und dienen nicht als Anspruchsgrundlage. Dieser Grundsatz gilt auch für die deutschen Grundrechte.

x
Grundgesetz (GG)
Das Recht auf informationelle Selbstbestimmung, das Fernmeldegeheimnis und das Recht auf Gewährleistung der Vertraulichkeit und Integrität informationstechnischer Systeme sind als Grundrechte geschützt.

Das Grundgesetz (GG) x enthält das Recht auf informationelle Selbstbestimmung im Art. 2 Abs. 1 i. V. m. Art. 1 Abs 1 GG. Diese Ableitung aus dem allgemeinen Persönlichkeitsrecht wurde vom Bundeverfassungsgericht (BVerfG) in seinem Volkszählungsurteil von 1983[90] entwickelt. Sein Schutzbereich umfasst jede Form der Erhebung personenbezogener Daten. In neueren Entscheidungen hat das BVerfG deutlich gemacht, dass diesem Grundrecht drittschützende Wirkung zukommt. Diese Wirkung verpflichtet den Staat, Privatpersonen gegenüber Datenschutzgefährdungen durch andere Privatpersonen oder Unternehmen zu schützen[91]. Datenschutz im privaten Umgang der Bürger miteinander und im privatwirtschaftlichen Verkehr ist damit hoheitliche Aufgabe. Das Fernmeldegeheimnis des Art. 10 Abs. 1 Var. 3 GG schützt den technischen Vorgang der Kommunikation. Danach sind Verkehrsdaten und alle weiteren Informationen während des Kommunikationsvorgangs mit ihrem Inhalt und auch hinsichtlich der Kommunikationsumstände geschützt[92]. In diesem Bereich ist insbesondere noch die Frage der Vorratsdatenspeicherung aufgrund staatlicher Weisung bei Telekommunikationsdienstleistern umstritten[93]. Das BVerfG hat die beiden vorstehenden Grundrechte in 2008 noch durch ein drittes Grundrecht auf Gewährleistung der Vertraulichkeit und Integrität informationstechnischer Systeme ergänzt, das ebenfalls auf das allgemeine Persönlichkeitsrecht des Art. 2 Abs. 1 i. V. m. Art. 1 GG gestützt wird. Dieses weitere Grundrecht wurde im Zuge der Überprüfung von Online-Durchsuchungen entwickelt, auch angesichts der gerichtlichen Erkenntnis, dass der Einzelne mittlerweile zu seiner Persönlichkeitsentwicklung auf die Nutzung informationstechnischer Systeme angewiesen sei und diesen daher zwangsläufig seine personenbezogenen Daten anvertrauen müsse[94].

Der Gesetzgeber ist daher seit mindestens 40 Jahren berufen, einen rechtlichen Rahmen für den Datenschutz bereitzustellen, der die Vorgaben der geschilderten Grundrechte gewährleistet und umsetzt.

80 Die ersten Datenschutzgesetze der Bundesländer mündeten daher 1977 in das Gesetz zum Schutz vor Missbrauch personenbezogener Daten bei der Datenverarbeitung (Bundesdatenschutzgesetz ˣ, BDSG). Zentraler Grundsatz des BDSG 1977 war ein grundsätzliches Verbot der Verarbeitung personenbezogener Daten mit einzelnen Zulässigkeitstatbeständen, insbesondere der Einwilligung des Betroffenen. Unterschieden wurde zwischen öffentlichen und nichtöffentlichen Stellen mit unterschiedlichen Befugnissen. Neben einem recht umfangreichen Katalog von Betroffenenrechten gab es auch Straf- und Bußgeldvorschriften. Mit gewissen Modifikationen 1990 und 2009/10 hat sich das BDSG 1977 bis zur grundlegenden Neuordnung in 2018 gehalten.

x
Bundesdatenschutzgesetz (BDSG)
Seit 1970 wurden in Deutschland verschiedene Landesdatenschutzgesetze erlassen. Seit 1977 war das BDSG die deutschlandweite Grundlage, um die Vorgaben des Grundgesetzes und der internationalen Gemeinschaft umzusetzen

Mit der Datenschutzrichtlinie 95/46/EG von 1995 ˣ gab es auch auf europäischer Ebene ein maßgebliches Ergebnis von Harmonisierungsanstrengungen, die bereits unter der Europäischen Wirtschaftsgemeinschaft (EWG) begonnen worden waren und dann von der Europäischen Gemeinschaft (EG) fortgeführt wurden.

x
Datenschutzrichtlinie 95/46/EG
Die erste europäische Datenschutzrichtlinie wurde 1995 veröffentlicht.

Zur Ergänzung der Datenschutzrichtlinie 1995 trat 2002 die erste E-Privacy-Richtlinie ˣ der Europäischen Union (EU) in Kraft, die Datenschutzrichtlinie für elektronische Kommunikation (EDSRL). Ihr Ziel ist der Schutz der Privatsphäre im Bereich der Telekommunikation, der technologieneutral gewährleistet werden soll. Deutschland hat diese Richtlinie (verspätet) mit dem Telekommunikationsgesetz (TKG) 2004 umgesetzt. Bereits geplant ist eine neue E-Privacy-Verordnung (vgl. Rn 101), die möglicherweise noch 2022 die EDSRL ablösen soll.

x
EDSRL
Die erste europäische E-Privacy-Richtlinie EDSRL wurde 2002 veröffentlicht.

Die rasanten technologischen Entwicklungen, massive Sicherheitsverstöße und erhebliche Veränderungen im Nutzerverhalten machten aus Sicht der EU ab 2010 eine umfassende Reform des Datenschutzrechtes notwendig. Diese Reform mündete schließlich in die Europäische Datenschutzgrundverordnung (DSGVO) ˣ[95], die 2016 erlassen wurde und ab dem 25.05.2018 unmittelbare Geltung in allen

x
DSGVO
Die Datenschutzrichtlinie wurde 2018 von der Europäischen Datenschutzgrundverordnung DSGVO abgelöst. Sie ist geltendes Recht.

Mitgliedstaaten erfuhr. Neben der DSGVO gelten weiterhin nationale Datenschutzgesetze, auch das deutsche BDSG, denen nun aber eine veränderte Funktion im Sinne von Ausführungsbestimmungen für nationale Besonderheiten zukommt.

Grundstruktur der DSGVO

x
Grundsatz der DSGVO
Datenverarbeitung ist verboten. Sie darf nur mit Erlaubnis durchgeführt werden und der Betroffene muss umfassend informiert werden.

81 Um den Grundsatz der DSGVO [x] sehr vereinfachend vorwegzunehmen: Wer personenbezogene Daten verarbeiten möchte, benötigt hierfür eine Erlaubnis. Und er muss die betroffene Person hiervon umfassend informieren.

Die DSGVO hat einen strukturierten Aufbau:

- Vorangestellt sind 173 sogenannte Erwägungsgründe, die zwar keine bindende Wirkung haben, jedoch als Motive und Begründungen bei der Auslegung und Anwendung der DSGVO helfen sollen.
- Es folgen 11 Kapitel mit verbindlichen Regelungen und Verfahrensvorschriften.
- In Kapitel I werden allgemeine Definitionen und Bestimmungen festgehalten.
- Kapitel II gibt die Grundsätze der Datenverarbeitung vor.
- Kapitel III listet die Rechte der betroffenen Personen auf.
- In Kapitel IV werden die Pflichten der Verantwortlichen und der Auftragsverarbeiter festgehalten.
- In den weiteren Kapiteln folgen Ausführungen zu Drittlandsübermittlungen, Aufsichtsbehörden, europäischer Zusammenarbeit, Rechtsbehelfen, Bußgeldern und Strafen sowie zu besonderen Verarbeitungssituationen.

x
Personenbezogene Daten
Dies sind alle Informationen über eine natürliche Person, mit denen diese Person identifiziert wird oder werden kann.

82 Die DSGVO ist nur anwendbar, wenn personenbezogene Daten [x] betroffen sind, was eine natürliche Person als »Betroffenen« voraussetzt.

Beispiel:

Eine Designagentur erfasst Kontaktdaten ihrer Kundin, der A-GmbH, in ihrer EDV. Dazu gehören auch Informationen über den Gesellschaftergeschäftsführer A.

> Die A-GmbH ist nicht nach der DSGVO geschützt. Insoweit ist die Erfassung gem. DSGVO unbeachtlich. A hingegen ist natürliche Person und geschützter Betroffener. Für seinen Datensatz ist die DSGVO anwendbar.

Dieser Personenbezug in Art. 4 Nr. 1 DSGVO ist weit gefasst, er bezieht grundsätzlich alle Informationen über eine Person ein, mit denen diese Person identifiziert wird oder werden kann. Dabei spielt es keine Rolle, woher die Information stammt, auf welche Weise sie gewonnen wurde, wie sie vermerkt oder gespeichert ist oder welchen Aussagegehalt sie hat.

> Beispiele:
>
> Personenbezogene Informationen können insbesondere sein: Name, Adresse, Geburtsdatum, Geburtsname, körperliche Merkmale (biometrische Daten, Geschlecht, Größe, Augenfarbe, etc.), Gesundheitsdaten, Porträtbilder, Kommunikationsdaten, standortbezogene Daten und Bewegungsprofile, Bankdaten, Zahlungsverhalten und Vermögensverhältnisse, rechtliche Verhältnisse, Informationen über Beziehungen zu Dritten, aber auch Informationen über Meinungen, die politische Einstellung, Zitate etc.

Eine Person ist identifiziert, wenn ihre Identität unmittelbar aus der Information hergeleitet werden kann (z. B. aus dem Namen). Lediglich identifizierbar ist eine Person dann, wenn ihre Identifikation durch die Verknüpfung der betreffenden Information mit anderen Informationen gelingt. Für die Anwendbarkeit der DSGVO ist es nicht entscheidend, ob eine Person bereits identifiziert ist oder es sich nur um identifizierbare Informationen handelt: beide Kategorien werden gleich behandelt.

Beide Fälle sind z. B. denkbar bei der IP-Adresse ˣ. Die IP-Adresse ist eine Adresse in Computernetzen, die auf dem technischen Internetprotokoll (IP) basiert. Sie wird Geräten zugewiesen, die an das Netz angebunden sind, und macht die Geräte so adressierbar und damit erreichbar[96]. Für sich genommen besagt die Zahlenkombination der Adresse nichts, kann aber von den eingebundenen kommunikationstechnischen Dienstleistungsunternehmen 83

x
IP-Adresse
Wenn die IP-Adresse mit identifizierenden Informationen verknüpft werden kann, handelt es sich um personenbezogene Daten.

unter Umständen mit einem Namen und einer Adresse verknüpft werden, z. B. über ein Benutzerkonto[97]. Dann handelt es sich auch bei der IP-Adresse um personenbezogene Daten.

x
Cookies
Wenn die Cookies mit identifizierenden Informationen verknüpft werden können, handelt es sich um personenbezogene Daten.

84 Ebenso verhält es sich mit den sogenannten Cookies x, also Informationen, die im Browser auf dem Computer des Betrachters jeweils zu einer besuchten Website gespeichert werden[98]. Sobald das Nutzerverhalten des Betroffenen eine Zusammenführung der (technisch neutralen) Cookies mit seinen personenbezogenen Daten zulässt (z. B. über einen Nutzeraccount wie bei Amazon oder dem Google-Konto), handelt es sich auch bei Cookies um personenbezogene Informationen. Für Cookies hat der EuGH erst kürzlich entschieden, dass das Setzen von Cookies, die nicht unbedingt erforderlich sind, der aktiven Einwilligung des Internetnutzers bedarf[99].

x
Verarbeitung
Hierunter versteht man jeden Vorgang, der mit personenbezogenen Daten in Verbindung steht, insbesondere die Erhebung, Bearbeitung und Speicherung von Daten.

85 Damit die DSGVO Anwendung findet, muss es sich außerdem um eine Verarbeitung x personenbezogener Daten handeln, Art. 4 Abs. 2 DSGVO. Auch der Begriff der Verarbeitung ist sehr weit zu verstehen. Es handelt sich letztlich um jeden Vorgang, der mit personenbezogenen Daten in Verbindung steht.

Beispiele:

Als Verarbeitung gelten insbesondere das Erfassen der Daten (Aufschreiben, Aufnehmen, Auslesen, Fotografie ren etc.), das Sortieren, Ordnen, Katalogisieren, Abgleichen, die Veränderung, Kommentierung, die Nutzung, die Verwendung in der Kommunikation (Übermittlung an Dritte, Offenlegung, Veröffentlichung, Bereitstellung etc.), die Aufbewahrung, Speicherung, Archivierung und schließlich die Vernichtung oder Löschung.

Praxishinweis
Die DSGVO ist nicht nur auf den digitalen Bereich beschränkt! Sie kann auch analoge Vorgänge erfassen, wenn diese z. B. strukturiert aufbewahrt werden.

Die DSGVO ist grundsätzlich technologieneutral, da sie auch zukünftige Technologien erfassen soll. Es muss sich bei der Verarbeitung daher nicht notwendigerweise um einen digitalen Prozess handeln. Allerdings gilt die Verordnung vor allem für ganz oder teilweise automatisierte Verarbeitungen und bei nicht automatisierter Verarbeitung nur für solche Formen, die in einem Dateisystem gespeichert sind oder dort gespeichert werden sollen.

Beispiel:

Ein Fotostudio führt neben dem elektronischen Auftragssystem auch Auftragsmappen aus Papier, in die bei Kundengesprächen und Ortsterminen handschriftliche Eintragungen vorgenommen werden.

Sofern diese handschriftlichen Eintragungen personen bezogene Informationen enthalten (z.B. Telefonnummern oder E-Mail-Adressen), ist die DSGVO auch hierfür einschlägig. Denn die Papierakten, die in einem Register oder zumindest geordnet aufbewahrt werden und auch in sich geordnet geheftet sind, werden als Dateisystem aufgefasst, d.h. als strukturierte Sammlung, die nach bestimmten Kriterien[100] zugänglich ist.

Wer nicht beruflich mit der Verarbeitung personenbezogener Daten befasst ist, sollte die sogenannte Haushaltsausnahme x des Art. 2 Abs. 2 lit. c) DSGVO kennen. Bei der Ausübung ausschließlich persönlicher oder familiärer Tätigkeiten ist die DSGVO für die dabei durchgeführte Datenverarbeitung nicht anwendbar. Der Erwägungsgrund 18 definiert etwas genauer, um welchen Bereich es sich dabei handelt: 86

x
Haushaltsausnahme
Die DSGVO ist nicht anwendbar, wenn die Datenverarbeitung ausschließlich bei persönlichen oder familiären Tätigkeiten durchgeführt wird.

»Diese Verordnung gilt nicht für die Verarbeitung von personenbezogenen Daten, die von einer natürlichen Person zur Ausübung ausschließlich persönlicher oder familiärer Tätigkeiten und somit ohne Bezug zu einer beruflichen oder wirtschaftlichen Tätigkeit vorgenommen wird. Als persönliche oder familiäre Tätigkeiten könnten auch das Führen eines Schriftverkehrs oder von Anschriftenverzeichnissen oder die Nutzung sozialer Netze und Online- Tätigkeiten im Rahmen solcher Tätigkeiten gelten. Diese Verordnung gilt jedoch für die Verantwortlichen oder Auftragsverarbeiter, die die Instrumente für die Verarbeitung personenbezogener Daten für solche persönlichen oder familiären Tätigkeiten bereitstellen.«

Der erste wesentliche Vorgang der Verarbeitung ist in der Regel die Erhebung von Daten x. Hierbei handelt es sich um die gezielte Beschaffung von Daten über die betroffene Person zu einem bestimmten Zweck[101], z.B. zur Vervollständigung einer Kundendatei. Auf diesen Zweck ist dann auch 87

x
Datenerhebung und -erfassung
Die Erhebung ist die gezielte Beschaffung von Informationen über eine bestimmte Person. Als Erfassung hingegen bezeichnet man die kontinuierliche Aufzeichnung eines Datenstroms.

für die Beurteilung der Rechtmäßigkeit abzustellen. Es gilt der Grundsatz, dass Daten direkt beim Betroffenen erhoben werden sollen. Davon zu unterscheiden ist die Erfassung personenbezogener Daten, die sich auf die kontinuierliche Aufzeichnung eines Datenstroms bezieht, bspw. durch eine Überwachungskamera. Zufällige Wahrnehmungen oder aufgedrängte Informationen sind hingegen keine Erhebungen oder Erfassungen.

88 »Gegenspieler« des Betroffenen ist der Verantwortliche. Er verarbeitet die personenbezogenen Daten des Betroffenen und hat für die Rechtmäßigkeit dieses Vorgangs geradezustehen. Er ist sogar strafrechtlich verantwortlich, wenn er den Rahmen des gesetzlich Zulässigen überschreitet. Verantwortlicher x ist gem. Art. 4 Nr. 7 DSGVO derjenige, der allein oder gemeinsam mit anderen über die Zwecke und Mittel der Verarbeitung von personenbezogenen Daten entscheidet. Ihn treffen die Rechte und vor allem die Pflichten der DSGVO. Nicht entscheidend ist, dass der Verantwortliche die Daten selbst erhebt oder verarbeitet. Es ist vielmehr immer danach zu fragen, wem das Handeln zuzurechnen ist.

x
Verantwortlicher
»Datenherr« ist derjenige, der über die Zwecke und Mittel der Verarbeitung von personenbezogenen Daten entscheidet.

Der Verantwortliche als »Datenherr« kann sich bei der Verarbeitung der Hilfe Dritter bedienen, die dann als »Auftragsverarbeiter« x angesehen werden. Sie tragen keine Eigenverantwortlichkeit bzgl. der Datenherrschaft und keine Entscheidungsbefugnis über ihre reine Hilfsfunktion hinaus, vgl. Art. 4 Nr. 8 DSGVO. Grundlage für die Zusammenarbeit mit dem Verantwortlichen als Datenherr ist ein Auftragsverarbeitungsvertrag gem. Art. 28 DSGVO. Sollte der Auftragsverarbeiter allerdings seine Befugnisse als »Werkzeug« überschreiten, wird er insoweit selbst Verantwortlicher und haftet auch entsprechend. Seit der Geltung der DSGVO hat der Auftragsverarbeiter die Bestimmungen der DSGVO in gleichem Umfang zu wahren wie der Verantwortliche und steht hierfür insbesondere gegenüber dem Betroffenen in der Pflicht.

x
Auftragsverarbeitung
Der Verantwortliche kann sich für alle Verarbeitungsprozesse der vertraglichen Hilfe Dritter bedienen. Er trägt allerdings weiterhin die Verantwortung.

Beispiel:

Typische Auftragsverarbeiter sind Rechenzentren, Cloud-Anbieter, Dienstleister für die Systemwartung, Lettershops oder auch Aktenvernichtungsunternehmen.

Die gesamte vorstehend dargestellte Verarbeitung personenbezogener Informationen ist in der EU grundsätzlich verboten, Art. 5 Abs. 1 lit. a) Var. 1 DSGVO. 89

Erlaubt ist die Verarbeitung nur ausnahmsweise, nämlich dann, wenn einer der sechs in Art. 6 DSGVO normierten Erlaubnistatbestände [x] erfüllt ist:

x **Erlaubnistatbestände**
Nur wenn einer der sechs in der DSGVO normierten Erlaubnistatbestände erfüllt ist, darf eine Datenverarbeitung durchgeführt werden.

1. Die betroffene Person hat ihre Einwilligung zu der Verarbeitung der sie betreffenden personenbezogenen Daten für einen oder mehrere bestimmte Zwecke gegeben (Einwilligung, Art. 6 Abs. 1 lit. a) DSGVO).
2. Die Verarbeitung ist für die Erfüllung eines Vertrags, dessen Vertragspartei die betroffene Person ist, oder zur Durchführung vorvertraglicher Maßnahmen erforderlich, die auf Antrag der betroffenen Person erfolgen (Vertragserfüllung, Art. 6 Abs. 1 lit. b) DSGVO).
3. Die Verarbeitung ist zur Erfüllung einer rechtlichen Verpflichtung erforderlich, der der für die Verarbeitung Verantwortliche unterliegt (rechtliche Verpflichtung, Art. 6 Abs. 1 lit. c) DSGVO).
4. Die Verarbeitung ist erforderlich, um lebenswichtige Interessen der betroffenen Person oder einer anderen natürlichen Person zu schützen (Schutz lebenswichtiger Interessen, Art. 6 Abs. 1 lit. d) DSGVO).
5. Die Verarbeitung ist für die Wahrnehmung einer Aufgabe erforderlich, die im öffentlichen Interesse liegt oder in Ausübung öffentlicher Gewalt erfolgt, die dem für die Verarbeitung Verantwortlichen übertragen wurde (öffentliche Aufgabenerfüllung, Art. 6 Abs. 1 lit. e) DSGVO).
6. Die Verarbeitung ist zur Wahrung der berechtigten Interessen des Verantwortlichen oder eines Dritten erforderlich, sofern nicht die Interessen oder Grundrechte und Grundfreiheiten der betroffenen Person, die den Schutz personenbezogener Daten erfordern, überwiegen, insbesondere dann, wenn es sich bei der betroffenen Person um ein Kind handelt (berechtigtes Interesse, Art. 6 Abs. 1 lit. f) DSGVO).

Andere als diese sechs Erlaubnistatbestände gibt es nicht; jegliche Verarbeitung personenbezogener Informationen muss sich an ihnen messen lassen.

x
Erlaubnistatbestand der Einwilligung
Art. 6 Abs. 1 lit a) DSGVO
Die Einwilligung kann vom Betroffenen nur informiert und freiwillig abgegeben werden. Eine bestimmte Form ist nicht notwendig.

90 Schon aus Gründen der Rechtssicherheit ist es erstrebenswert, eine Einwilligung der betroffenen Person(en) x gem. Art. 6 Abs. 1 lit. a) DSGVO zu erhalten. Gemäß Art. 4 Nr. 11 DSGVO ist als Einwilligung jede freiwillig für den bestimmten Fall, in informierter Weise und unmissverständlich abgegebene Willensbekundung in Form, einer Erklärung oder sonstigen eindeutigen bestätigenden Handlung zu verstehen, mit der die betroffene Person signalisiert, dass sie mit der Verarbeitung der sie betreffenden personenbezogenen Daten einverstanden ist.

Beispiele:

- Die Unterzeichnung einer Einwilligungserklärung auf einem Informationsblatt, das über alle Umstände der Datenverarbeitung im beabsichtigten Fall informiert.
- Die Bestätigung durch Setzen eines Häkchens im Internet bei der Anlage eines Nutzeraccounts, wobei sämtliche Umstände der Datenverarbeitung im beabsichtigten Fall erläutert werden und über Links abrufbar sind.
- Das Posieren auf einem Gruppenfoto des Kegelvereins im Rahmen der Siegerehrung.

Die Einwilligung erfordert ein aktives Tun des Betroffenen. Sogenannte »Opt-out«-Situationen sind hierfür nicht geeignet; bspw. sind voreingestellte Häkchen im elektronischen Geschäftsverkehr, die der Betroffene erst wegklicken muss, wenn er nicht einverstanden ist, nicht zulässig für eine Einwilligung[102]. Die Einwilligung bedeutet immer »Opt-in«: Das Häkchen muss durch den Betroffenen aktiv gesetzt werden. Ebenso besteht ein Koppelungsverbot. Von einer freiwilligen Einwilligung kann nicht die Rede sein, wenn die Erfüllung einer Leistung oder eines Vertrags davon abhängig gemacht wird, dass Daten verarbeitet werden, die hierfür gar nicht notwendig sind (»Bezahlen mit Daten«, vgl. z.B. Rn 124). Der Verantwortliche muss die Einwilligung des Betroffenen nachweisen können, vgl. Art. 7 DSGVO, er trägt hierfür die Beweislast. In dieser Beweislast liegt das eigentliche Problem für den Verantwortlichen: Zwar kann die Einwilligung gem. Art. 6 Abs. 1 lit. a) DSGVO formlos erteilt werden (z.B. durch Gesten, mündlich, telefonisch o.ä.), der Verantwortliche wird in diesen Fällen die wirksame Einwilligung aber häufig nicht mehr nachweisen können, wenn er sich später rechtfertigen möchte.

Der Betroffene kann seine Einwilligung jederzeit widerrufen, Art. 7 Abs. 3 DSGVO. Hiervon hat der Verantwortliche den Betroffenen noch vor Abgabe der Einwilligung in Kenntnis zu setzen. Der Widerruf der Einwilligung muss so einfach wie die Erteilung der Einwilligung selbst sein – idealerweise sollte er im selben Medium erfolgen. Für spezifische Fragestellungen zur Einwilligung im Bereich der Gestaltung vgl. unten Rn 105.

91 Ein weiterer wichtiger gesetzlicher Erlaubnistatbestand ist die Vertragserfüllung [x] gem. Art. 6 Abs. 1 lit. b) DSGVO. Wohlgemerkt: Hierfür muss der Betroffene nicht eigens einwilligen. Die Datenverarbeitung ist von Gesetzes wegen erlaubt. Der Erlaubnistatbestand gilt nicht nur für die Durchführung von Verträgen, deren Partei die betroffene Person ist, sondern auch schon für die Datenverarbeitung im Vorfeld des Vertrags, sofern diese auf Anfrage des Betroffenen erfolgt.

x
Erlaubnistatbestand der Vertragserfüllung
Art. 6 Abs. 1 lit. b) DSGVO
Gilt für die Anbahnung und Durchführung von Vertragsverhältnissen, an denen der Betroffene als Partei beteiligt ist.

Beispiel:

Die Erhebung der personenbezogenen Daten eines Users durch Instagram zur Eröffnung eines Accounts, mit dem die Standard-Programmfunktionen der sozialen Plattform freigeschaltet werden, ist durch Art. 6 Abs. 1 lit. b) DSGVO gedeckt.

Nicht gedeckt durch diesen Erlaubnistatbestand ist die Verarbeitung der Daten für programmfremde Zwecke, bspw. zur Weitergabe an Dritte zum Zwecke der personalisierten Werbung.

Wenn Instagram eine derartige Verarbeitung durchführen möchte, ist eine gesonderte Einwilligung durch das aktive Setzen eines Häkchens (o.ä.) notwendig, Art. 6 Abs. 1 lit. a) DSGVO[103].

92 Ein nützlicher, aber rechtlich anspruchsvoller Erlaubnistatbestand ist derjenige des berechtigten Interesses [x] gem. Art. 6 Abs. 1 lit. f) DSGVO. Die Vorschrift ist als eine Art Auffangtatbestand gedacht, der vor allem zwischen Verbrauchern und Unternehmern einen sachgerechten Interessenausgleich herstellen soll. Immerhin sind Situationen oder Umstände denkbar, in denen das Schutzbedürfnis des Betroffenen nach informationeller Selbstbestimmung relativ

x
Erlaubnistatbestand des berechtigten Interesses
Art. 6 Abs. 1 lit. f) DSGVO
Unter bestimmten Umständen kann das Interesse des Verantwortlichen an einer Datenverarbeitung höher sein als das Schutzbedürfnis des Betroffenen.

gering ist, das Interesse des Verantwortlichen an einer Verarbeitung der personenbezogenen Daten des Betroffenen aber berechtigt und damit höher erscheint. Damit ein Interessenausgleich geschehen kann, müssen die beiderseitigen Interessen sorgfältig gegeneinander abgewogen werden. Das führt regelmäßig zu einer gewissen Rechtsunsicherheit, denn häufig können die Beteiligten diese Abwägung nicht oder nur teilweise einschätzen. Andererseits ist eine derartige Vorschrift notwendig, da der Katalog des Art. 6 keine Ausnahmen zulässt und daher im Übrigen wenig flexibel ist.

Der Erwägungsgrund 47 zur DSGVO gibt die Absichten des Gesetzgebers wieder:

> »Die Rechtmäßigkeit der Verarbeitung kann durch die berechtigten Interessen eines Verantwortlichen, auch eines Verantwortlichen, dem die personenbezogenen Daten offengelegt werden dürfen, oder eines Dritten begründet sein, sofern die Interessen oder die Grundrechte und Grundfreiheiten der betroffenen Person nicht überwiegen; dabei sind die vernünftigen Erwartungen der betroffenen Person, die auf ihrer Beziehung zu dem Verantwortlichen beruhen, zu berücksichtigen. Ein berechtigtes Interesse könnte beispielsweise vorliegen, wenn eine maßgebliche und angemessene Beziehung zwischen der betroffenen Person und dem Verantwortlichen besteht, z.B. wenn die betroffene Person ein Kunde des Verantwortlichen ist oder in seinen Diensten steht. Auf jeden Fall wäre das Bestehen eines berechtigten Interesses besonders sorgfältig abzuwägen, wobei auch zu prüfen ist, ob eine betroffene Person zum Zeitpunkt der Erhebung der personenbezogenen Daten und angesichts der Umstände, unter denen sie erfolgt, vernünftigerweise absehen kann, dass möglicherweise eine Verarbeitung für diesen Zweck erfolgen wird. Insbesondere dann, wenn personenbezogene Daten in Situationen verarbeitet werden, in denen eine betroffene Person vernünftigerweise nicht mit einer weiteren Verarbeitung rechnen muss, könnten die Interessen und Grundrechte der betroffenen Person das Interesse des Verantwortlichen überwiegen. Da es dem Gesetzgeber obliegt, per Rechtsvorschrift die Rechtsgrundlage für die Verarbeitung personenbezogener Daten durch die Behörden zu schaffen, sollte diese Rechtsgrundlage nicht für Verarbeitungen durch Behörden gelten, die diese in Erfüllung

> ihrer Aufgaben vornehmen. Die Verarbeitung personenbezogener Daten im für die Verhinderung von Betrug unbedingt erforderlichen Umfang stellt ebenfalls ein berechtigtes Interesse des jeweiligen Verantwortlichen dar. Die Verarbeitung personenbezogener Daten zum Zwecke der Direktwerbung kann als eine einem berechtigten Interesse dienende Verarbeitung betrachtet werden.«

Wird die Datenverarbeitung auf diesen Erlaubnistatbestand gestützt, muss der Verantwortliche die betroffene Person ausdrücklich über die berechtigten Interessen informieren, die er für sich in Anspruch nimmt, Art. 13 Abs. 1 lit. d) DSGVO. Der Betroffene hat dann ein Widerspruchsrecht, auf das er ebenfalls vom Verantwortlichen bei der ersten Kommunikation hinzuweisen ist, Art. 21 Abs. 2 DSGVO.

Die Interessenabwägung im Rahmen dieses Erlaubnistatbestandes wird sicherlich noch zu einer Vielzahl von Einzelfallentscheidungen führen, an denen sich in den nächsten Jahren eine gewisse, dann auch öffentlich bekannte Einschätzung herausbilden wird. Für spezifische Interessenabwägungen im Bereich der Gestaltung vgl. unten Rn 125.

Bereits das BDSG kannte umfassende Rechte der betroffenen Person [x] als Folge einer Verarbeitung der auf sie bezogenen Informationen. Die DSGVO hat diese Rechte im Wesentlichen beibehalten und ergänzt. Der Betroffene soll in der Lage sein, zu erkennen, ob und wie Informationen über ihn verarbeitet werden und ob dies rechtmäßig ist. Außerdem soll er in der Lage sein, rechtswidriges und missbräuchliches Verhalten zu unterbinden. 93

x
Betroffenenrechte
In den Art. 13 ff. DSGVO werden den Betroffenen umfangreiche Rechte eingeräumt, insbesondere die Rechte auf Information, Auskunft und Löschung der Daten.

Die Rechte der betroffenen Personen sind in den Art. 13 ff. DSGVO festgehalten. Es besteht ein Recht

- auf Information, Art. 13 und 14 DSGVO,
- auf Auskunft, Art. 15 DSGVO,
- auf Berichtigung, Art. 16 DSGVO,
- auf Löschung, Art. 17 DSGVO,
- auf Einschränkung, Art. 18 DSGVO,
- auf Datenübertragbarkeit, Art. 20 DSGVO,
- auf Widerspruch, Art. 21 DSGVO und
- auf eine nichtautomatisierte Entscheidung, Art. 22 DSGVO.

x
Transparenzgebot
Alle Informationen müssen aktiv, in einfacher und verständlicher Form übermittelt werden. Die Ausübung der Betroffenenrechte ist unentgeltlich zu gewährleisten.

Grundsätzlich muss der Verantwortliche die betroffene Person sehr transparent x (Art. 5 Abs. 1 lit. a) DSGVO) und von sich aus über diese Rechte informieren – und selbstverständlich auch über die Verarbeitung an sich. Der Verantwortliche hat die betreffenden Informationen »in präziser, transparenter, verständlicher und leicht zugänglicher Form in einer klaren und einfachen Sprache zu übermitteln«. Dies hat in der Regel schriftlich oder in anderer Form, ggf. auch elektronisch zu geschehen. Die Ausübung ihrer Rechte soll den Betroffenen so einfach wie möglich gemacht werden; das ist gleichermaßen als Behinderungsverbot und Erleichterungsgebot zu verstehen. Alle Informationen und auch die Ausübung der Rechte hat der Verantwortliche grundsätzlich unentgeltlich zu gewährleisten.

94 Schon die gleich zu Anfang genannten Informationspflichten des Verantwortlichen gem. Art. 13 und 14 DSGVO können nichtprofessionelle »Datenherren« vor erhebliche Probleme stellen.

x
Informationspflichten Art. 13 und 14 DSGVO
Worüber der Verantwortliche den Betroffenen informieren muss, ist in den Katalogen der genannten Normen aufgelistet.

Werden personenbezogene Informationen direkt bei der betroffenen Person erhoben (das ist der Idealfall), gilt der Informationskatalog x des Art. 13 Abs. 1 DSGVO:

Praxishinweis
Aufgrund der Fülle und der nachträglichen Beweisbarkeit sollten als Best Practice alle Informationen schriftlich vor der Datenverarbeitung übermittelt und vom Betroffenen gegengezeichnet werden.

- Namen und die Kontaktdaten des Verantwortlichen sowie ggf. seines Vertreters;
- ggf. die Kontaktdaten des Datenschutzbeauftragten;
- die Zwecke, für die die personenbezogenen Daten verarbeitet werden sollen, sowie die Rechtsgrundlage für die Verarbeitung;
- wenn die Verarbeitung auf Art. 6 Abs. 1 lit. f) DSGVO beruht, die berechtigten Interessen, die von dem Verantwortlichen oder einem Dritten verfolgt werden;
- ggf. die Empfänger oder Kategorien von Empfängern der personenbezogenen Daten;
- ggf. die Absicht des Verantwortlichen, die personenbezogenen Daten an ein Drittland oder eine internationale Organisation zu übermitteln, sowie das Vorhandensein oder das Fehlen eines Angemessenheitsbeschlusses der Kommission oder im Falle von Übermittlungen gemäß Art. 46 oder Art. 47 oder Art. 49 Abs. 1 Unterabsatz 2 DSGVO einen Verweis auf die geeigneten oder angemessenen Garantien und die Möglichkeit, wie eine Kopie von ihnen zu erhalten ist, der wo sie verfügbar sind;

- die Dauer, für die die personenbezogenen Daten gespeichert werden oder, falls dies nicht möglich ist, die Kriterien für die Festlegung dieser Dauer;
- das Bestehen eines Rechts auf Auskunft seitens des Verantwortlichen über die betreffenden personenbezogenen Daten sowie auf Berichtigung oder Löschung oder auf Einschränkung der Verarbeitung oder eines Widerspruchsrechts gegen die Verarbeitung sowie des Rechts auf Datenübertragbarkeit;
- falls die Verarbeitung auf Art. 6 Abs. 1 lit. a) oder Art. 9 Abs. 2 lit. a) DSGVO beruht (Einwilligung), das Bestehen eines Rechts, die Einwilligung jederzeit zu wider rufen, ohne dass die Rechtmäßigkeit der aufgrund der Einwilligung bis zum Widerruf erfolgten Verarbeitung berührt wird;
- das Bestehen eines Beschwerderechts bei einer Aufsichtsbehörde;
- ob die Bereitstellung der personenbezogenen Daten gesetzlich oder vertraglich vorgeschrieben oder für einen Vertragsabschluss erforderlich ist, ob die betroffene Person verpflichtet ist, die personenbezogenen Daten bereitzustellen, und welche mögliche Folgen die Nichtbereitstellung hätte;
- das Bestehen einer automatisierten Entscheidungsfindung einschließlich Profiling gemäß Art. 22 Abs. 1 und 4 und – zumindest in diesen Fällen – aussagekräftige Informationen über die involvierte Logik sowie die Tragweite und die angestrebten Auswirkungen einer derartigen Verarbeitung für die betroffene Person.

Es ist leicht einsichtig, dass dieser Informationsgehalt im Grunde nur schriftlich oder elektronisch zur Verfügung gestellt werden kann. Dies muss gemäß Art. 13 Abs. 3 DSGVO zum Zeitpunkt der Erhebung bzw. Erfassung [x] selbst passieren. Diese Informationspflicht kann ausnahmsweise dann entfallen, wenn die betroffene Person bereits über alle notwendigen Informationen verfügt, Art. 13 Abs. 4 DSGVO.

x
Zeitpunkt
Spätestens zum Zeitpunkt der Datenerhebung bzw. -erfassung muss der Betroffene informiert werden.

Werden die Informationen nicht bei der betroffenen Person erhoben, sondern indirekt bei Dritten (etwa bei der Einholung von Kreditauskünften), treffen den Verantwortlichen noch etwas weiter gehende Pflichten – schließlich war der Betroffene selbst an der Erhebung nicht beteiligt und kann den Vorgang daher nicht gut einschätzen. So ist der Verantwortliche hier gem. Art. 14 Abs. 1 lit. d) DSGVO auch verpflichtet, die Kategorien der personenbezogenen Daten zu nennen. 95

x
Unverhältnismäßiger Aufwand Art. 14 Abs. 5 DSGVO
Bei Abwägung der beiderseitigen Interessen kann das Informationsbedürfnis des Betroffenen in bestimmten Situationen erheblich reduziert oder nicht vorhanden sein.

In diesem Fall gibt es eine durchaus praxisrelevante Ausnahme zur Informationspflicht x in Art. 14 Abs. 5 DSGVO: Die Ausnahme soll gelten, wenn »die Erteilung dieser Informationen sich als unmöglich erweist oder einen unverhältnismäßigen Aufwand erfordern würde; [...] oder soweit die in Absatz 1 des vorliegenden Artikels genannte Pflicht voraussichtlich die Verwirklichung der Ziele dieser Verarbeitung unmöglich macht oder ernsthaft beeinträchtigt. In diesen Fällen ergreift der Verantwortliche geeignete Maßnahmen zum Schutz der Rechte und Freiheiten sowie der berechtigten Interessen der betroffenen Person, einschließlich der Bereitstellung dieser Informationen für die Öffentlichkeit.« Vor allem das Tatbestandsmerkmal »unverhältnismäßiger Aufwand« kann einschlägig sein, etwa bei einer hohen Anzahl betroffener Personen. Hierzu unten mehr, vgl. bspw. Rn 112 und Rn 151.

Praxishinweis
Mustertexte zur Einwilligung und zu den Informationspflichten sind im letzten Buchteil abgedruckt.

96 Um eine gewisse Hilfe bei diesen Anforderungen zur Verfügung zu stellen, sind im Schlussteil Mustertexte für die Einwilligung und die Informationspflichten abgedruckt, die zwar vor allem auf den Bereich der Gestaltung zugeschnitten sind, allerdings von anderen Berufsgruppen mit leichten Abwandlungen ebenfalls verwendet werden können, vgl. Rn 161 f.

97 Schon aus eigenem Interesse sollte der Verantwortliche seine Datenverarbeitungsprozesse sehr gut dokumentieren. Denn er trägt stets die Beweislast, dass die Datenverarbeitung in jeder Hinsicht rechtmäßig war. Art. 5 Abs. 2 DSGVO verordnet dem Verantwortlichen daher eine Rechenschaftspflicht. Ein wichtiger Bestandteil dieser Pflicht ist das sogenannte Verarbeitungsverzeichnis x, vgl. Art. 30 DSGVO.

x
Verarbeitungsverzeichnis Art. 30 DSGVO
Dieses Verzeichnis ist Grundlage der Rechenschaftspflicht des Verantwortlichen. Sein Inhalt ist gesetzlich vorgeschrieben.

Das Gesetz gibt den folgenden Inhalt vor:

a) Name und Kontaktdaten des Verantwortlichen und ggf. des gemeinsam mit ihm Verantwortlichen, des Vertreters des Verantwortlichen sowie eines etwaigen Datenschutzbeauftragten;
b) Zwecke der Verarbeitung;
c) eine Beschreibung der Kategorien betroffener Personen und der Kategorien personenbezogener Daten;
d) die Kategorien von Empfängern, gegenüber denen die personenbezogenen Daten offengelegt worden sind oder

noch offengelegt werden, einschließlich Empfängern in Drittländern oder internationalen Organisationen;

e) ggf. Übermittlungen von personenbezogenen Daten an ein Drittland oder an eine internationale Organisation, einschließlich der Angabe des betreffenden Drittlands oder der betreffenden internationalen Organisation, sowie bei den in Art. 49 Abs. 1 Unterabsatz 2 DSGVO genannten Datenübermittlungen die Dokumentierung geeigneter Garantien;
f) wenn möglich, die vorgesehenen Fristen für die Löschung der verschiedenen Datenkategorien;
g) wenn möglich, eine allgemeine Beschreibung der technischen und organisatorischen Maßnahmen gemäß Art. 32 Abs. 1 DSGVO.

Die Führung eines solchen Verzeichnisses bedeutet einerseits einen erheblichen »bürokratischen« Aufwand. Andererseits handelt es sich dabei um genau diejenigen Angaben, mit denen sich der Verantwortliche im Zweifelsfall entlasten kann, wenn ihm ein rechtswidriges Verhalten vorgeworfen wird. Die DSGVO verpflichtet zur Führung des Verarbeitungsverzeichnisses eigentlich erst ab einer Betriebsgröße von 250 Mitarbeitern, »es sei denn die von ihnen vorgenommene Verarbeitung birgt ein Risiko für die Rechte und Freiheiten der betroffenen Personen, die Verarbeitung erfolgt nicht nur gelegentlich oder es erfolgt eine Verarbeitung besonderer Datenkategorien gemäß Artikel 9 Absatz 1 bzw. die Verarbeitung von personenbezogenen Daten über strafrechtliche Verurteilungen und Straftaten i. S. d. Artikels 10«. Damit ist faktisch allerdings jedes Unternehmen gehalten, ein Verarbeitungsverzeichnis zu führen, denn mittlerweile sind außer kleinsten Unternehmen kaum noch Betriebsformen denkbar, in denen eine Datenverarbeitung »nur gelegentlich« erfolgt. Eine Art Mindestverzeichnis für die gestalterische Praxis findet sich unter Rn 168.

98 Die DSGVO war von vornherein als robustes Recht konzipiert, sollte also Sanktionen ˣ erhalten, die auch abschreckende Wirkung haben. Das ist gelungen. Mit der Einführung der DSGVO wurden die möglichen Bußgelder ganz erheblich erhöht und können Unternehmen die Existenzgrundlage entziehen. Hinzu kommen nationale Strafvorschriften.

x
Sanktionen
Die abschreckende Wirkung ist beabsichtigt.

x
Schadensersatzanspruch
Art. 82 DSGVO gewährt den Betroffenen Ersatz ihrer materiellen und immateriellen Schäden aufgrund von rechtswidrigen Datenverarbeitungen.

99 Da es im Kern um die Wahrung der Persönlichkeitsrechte des Betroffenen geht, gewährt die DSGVO in Art. 82 einen Schadensersatzanspruch des Betroffenen x gegen den Verantwortlichen bzw. Auftragsverarbeiter, sofern diese Rechte verletzt wurden:

> »(1) Jede Person, der wegen eines Verstoßes gegen diese Verordnung ein materieller oder immaterieller Schaden entstanden ist, hat Anspruch auf Schadenersatz gegen den Verantwortlichen oder gegen den Auftragsverarbeiter.
> (2) Jeder an einer Verarbeitung beteiligte Verantwortliche haftet für den Schaden, der durch eine nicht dieser Verordnung entsprechende Verarbeitung verursacht wurde. Ein Auftragsverarbeiter haftet für den durch eine Verarbeitung verursachten Schaden nur dann, wenn er seinen speziell den Auftragsverarbeitern auferlegten Pflichten aus dieser Verordnung nicht nachgekommen ist oder unter Nichtbeachtung der rechtmäßig erteilten Anweisungen des für die Datenverarbeitung Verantwortlichen oder gegen diese Anweisungen gehandelt hat.«

Da es in den meisten Fällen keinen messbaren materiellen Schaden des Betroffenen i.S.d. § 249 BGB geben wird, sieht die DSGVO ausdrücklich auch immateriellen Schadensersatz vor (Ausnahmevorschrift i.S.d. § 253 Abs. 1 BGB)[104]. Bislang fehlen hierzu ausreichend gerichtliche Entscheidungen; es ist aber anzunehmen, dass deutsche Gerichte eher zurückhaltende Beträge zusprechen, vor allem dann, wenn es sich lediglich um Formalverstöße handelt (wie z.B. eine nicht rechtzeitige Information des Betroffenen)[105]. Es handelt es sich um eine Verschuldenshaftung mit der Möglichkeit des Entlastungsbeweises, vgl. Art. 82 Abs. 3 DSGVO:

> »Der Verantwortliche oder der Auftragsverarbeiter wird von der Haftung gemäß Absatz 2 befreit, wenn er nach weist, dass er in keinerlei Hinsicht für den Umstand, durch den der Schaden eingetreten ist, verantwortlich ist.«

Praktisch gesehen hat der individuelle Schadensersatzanspruch daher bei einzelnen Verstößen wenig Bedeutung. Es ist auch nicht zu erwarten, dass das Recht der Betroffenen insoweit gestärkt oder ausgebaut wird. Denn die Sanktionsziele sind auf Massenverstöße und strukturelle Gefährdung der Datenverarbeitung im Massengeschäft gerichtet.

Folgerichtig hat die Europäische Union in Art. 83 DSGVO erhebliche Bußgelder x vorgesehen, falls Verantwortliche oder Auftragsverarbeiter die rechtlichen Vorgaben der DSGVO verletzen. Die Höchstgrenze der Bußgelder liegt bei 20 Mio. EUR oder (bei Unternehmen) in Höhe von 4 % des Jahresumsatzes (Konzernumsatz weltweit – Umsatz, nicht Gewinn), Art. 83 Abs. 5 DSGVO. Bei leichteren Verstößen sind es »nur« 10 Mio. EUR oder 2 % des Jahresumsatzes, Art. 83 Abs. 4 DSGVO. Dieser Rahmen wird von den Behörden auch zunehmend beansprucht. Im Jahr 2019 wurden auf Basis der DSGVO 187 Bußgelder verhängt (Stand: Dezember 2019)[106]. Auch hohe Bußgelder sind darunter, so bspw. ein Bußgeld der Berliner Datenschutzbehörde in Höhe von 14,5 Millionen gegen ein Immobilienunternehmen, das es trotz Ermahnungen mit Löschungen nicht genau nahm, oder 9,6 Mio. EUR durch den Bundesdatenschutzbeauftragten gegen einen großen Mobilfunk- und Festnetzkonzern wegen Defiziten beim Schutz der Kundendaten – beide Bußgelder Ende 2019. 100

x
Öffentliche Verfolgung
Bei einer Verletzung des Datenschutzes können ganz erhebliche Bußgelder und auch Strafen verhängt werden.

Ergänzend sieht das BDSG in § 42 zwei Straftatbestände vor, die gesondert verfolgt werden können: Strafbar ist demnach, wer vorsätzlich und rechtswidrig personenbezogene Daten einer großen Zahl von Personen Dritten zugänglich macht (z. B. »Hacking von Kundendaten«) und die rechtswidrige Verarbeitung von personenbezogenen Daten in Bereicherungsabsicht, auch beim Erschleichen solcher Daten unter Vortäuschung unrichtiger Angaben.

E-Privacy

In der Darstellung der Europäischen Entwicklung (Rn 81) wurde bereits darauf hingewiesen, dass das materielle Datenschutzrecht schon früh von der ersten E-Privacy-Richtlinie zum Schutz der Privatsphäre im Bereich der Telekommunikation ergänzt wurde. Eine Bewertung dieser europäischen Datenschutzrichtlinie aus dem Jahr 2002 für die elektronische Kommunikation (E-Privacy-Richtlinie 2002/58/EG, EDSRL) hat nach Auffassung der Europäischen Kommission ergeben, dass technische und wirtschaftliche Entwicklungen eine Neuregelung erfordern. Die Kommission hat daher am 10.01.2017 bereits den Entwurf einer neuen E-Privacy-Verordnung vorgelegt[107], der allerdings immer noch von den Organen der EU, den Mitgliedstaaten und verschiedenen 101

Organisationen kontrovers diskutiert wird. Wie die DSGVO soll diese Verordnung schließlich unmittelbar und europaweit gelten. Es ist allerdings noch nicht klar, wann eine Einigung erfolgen wird – möglicherweise 2022.

x
Die E-Privacy-Richtlinie
2002/58/EG (EDSRL) ist immer noch geltende Rechtsgrundlage für die nationalen Gesetze zum Schutz der Telekommunikation.

Einstweilen gilt die Rechtslage aufgrund der alten E-Privacy-Richtlinie 2002/58/EG (EDSRL) ˣ, die Deutschland insbesondere im Telekommunikationsgesetz (TKG) aus dem Jahr 2004 umgesetzt hat.

Die E-Privacy-Richtlinie schützt nicht nur natürliche Personen (wie die DSGVO), sondern die gesamte elektronische Kommunikation einschließlich derjenigen mit juristischen Personen oder Behörden. Ziel ist die Vertraulichkeit und damit auch die Datensicherheit. Das betrifft Verkehrsdaten, Standortdaten[108] und auch die gesamte technische Umgebung der Kommunikation (z.B. Bluetooth-Geräte und den mit ihnen unterhaltenen Datenaustausch). Die E-Privacy-Richtlinie verpflichtet den Betreiber von Telekommunikationseinrichtungen, technische und organisatorische Maßnahmen für die Sicherheit ˣ seiner Infrastruktur und Dienste zu treffen, die auch durch staatliche Stellen kontrolliert werden dürfen (Art. 4 EDSRL). Die Richtlinie sieht bestimmte Verarbeitungsregeln und Zulässigkeitstatbestände vor (Art. 6 und 9 EDSRL) und sie verpflichtet auch die Mitgliedstaaten, Verstöße angemessen und in ausreichender Weise abschreckend zu ahnden (Art. 15a Abs. 1 EDSRL).

x
Schutzbereich
Die Vertraulichkeit und Datensicherheit für alle Telekommunikationseinrichtungen sollen gewährleistet werden.

x
Auslesen von Daten
Cookies und vergleichbare Technologien dürfen gem. EDS-RL nur nach ausdrücklicher Einwilligung des Nutzers eingesetzt werden.

Herauszuheben ist Art. 5 Abs. 3 EDSRL, mit dem das Auslesen von Daten aus dem Endgerät des Nutzers ˣ ermöglicht wird. Das betrifft vor allem Cookies, für die die Richtlinie schon seinerzeit eine Zulässigkeit nur dann angenommen hat, wenn der Nutzer vor ihrem Einsatz in jeder Hinsicht verständlich informiert wird und diesem Einsatz aktiv zustimmt (»Opt-in-Lösung«). Diese Vorgabe wurde jedenfalls in Deutschland sehr kontrovers diskutiert und vom Gesetzgeber nicht umgesetzt. In Deutschland hielt sich die »Opt-out-Lösung«, bei der der Nutzer lediglich informiert wurde und keine Zustimmung erteilen musste, aber den Einsatz von Cookies verhindern konnte, wenn er wollte. Erst das Urteil des EuGH vom 01.10.2019[109] hat dieser Praxis ein Ende gesetzt; die Bundesregierung hat bereits Ergänzungen des TKG angekündigt.

Die leider verspätete und auch nicht vollständige Umsetzung × der ersten E-Privacy-Richtlinie in das nationale deutsche Recht hat ihren Schwerpunkt in den §§ 95 ff. TKG. Auf eine Darstellung im Einzelnen soll an dieser Stelle verzichtet werden, die Regelung folgt mit wenigen Ausnahmen den bereits erläuterten Vorgaben der EDSRL. Im Verhältnis zur jüngeren DSGVO ist das TKG nur noch dann anzuwenden, wenn seine Vorschriften nicht durch Regelungen der DSGVO verdrängt werden. 102

×
Umsetzung
Mit dem Telekommunikationsgesetz (TKG) hat Deutschland die EDSRL fast vollständig in nationales Recht umgesetzt.

Die zukünftige E-Privacy-Verordnung × soll den Schutz im Bereich der elektronischen Kommunikation erweitern; künftig soll es nicht mehr auf eine Signalübertragung ankommen oder darauf, ob der Dienst überwiegend telekommunikative Funktionalitäten enthält. Vielmehr werden alle telemedialen Vorgänge technologieneutral der E-Privacy-Verordnung unterliegen. Zudem soll der Grundsatz der Vertraulichkeit verstärkt werden. So sollen der Abruf von persönlichen Informationen der Nutzer oder das Tracking (also die Verfolgung von Aktivitäten des Nutzers) nur noch mit seiner ausdrücklichen Einwilligung möglich sein (»Opt-in«). Weiterhin soll es Bestimmungen zur Information der Nutzer über Sicherheitsrisiken geben und Vorgaben zu verpflichtenden Sicherheitsstandards in bestimmten Bereichen, z. B. End-to-End-Verschlüsselungen. Schließlich ist beabsichtigt, auch die bislang in Europa sehr umstrittene Vorratsdatenspeicherung zur Gefahrenabwehr auf eine neue Grundlage zu stellen und zu vereinheitlichen. 103

×
E-Privacy-Verordnung
Der zukünftige rechtliche Rahmen der EU zum Schutz der telemedialen Kommunikation liegt im Entwurf bereits vor.

Designer als Datenschützer

Jede Verarbeitung personenbezogener Informationen muss zwingend nach der DSGVO beurteilt werden. Sofern die Verarbeitung nicht nur im Rahmen persönlicher oder familiärer Tätigkeiten erfolgt (»Haushaltsausnahme, vgl. Rn 87), benötigt der Verantwortliche eine Erlaubnis für die Verarbeitung und der Betroffene muss informiert werden – professionelle Designer sind daher stets auch Datenschützer. Diese Verantwortung kann sogar schon Studierende treffen oder »Freelancer« mit einem kleinen gestalterischen Nebenjob. 104

Was also bedeuten die vorstehenden Ausführungen zur DSGVO für typische Situationen im gestalterischen Umfeld?

Erlaubnistatbestände

x
Erlaubnis
Eine aktive Einwilligung des Betroffenen auf informierter Grundlage ist immer der beste Weg, um personenbezogene Daten zu verarbeiten.

105 Best Practice und der »Königsweg« ist eine aktive Einwilligung x des Betroffenen in die Verarbeitung seiner personenbezogenen Daten auf informierter Grundlage x, Art. 6 Abs. 1 lit. a) DSGVO, vgl. Rn 91. Dafür muss dem Designer allerdings zunächst einmal klar sein, dass er Verantwortlicher einer Datenverarbeitung ist. Gelingt (erstens) diese Erkenntnis und möchte er also eine Erlaubnis vom Betroffenen erhalten, hat der Designer (zweitens) alle nötigen Informationen des Katalogs gem. Art. 13 DSGVO zusammenzustellen und steht nun (drittens) vor der Herausforderung, den gesamten Vorgang dem nicht selten ahnungs- und kenntnislosen Betroffenen zu erläutern, um schließlich (viertens) dessen Einwilligung in nachweisbarer Form zu erhalten. Keine leichte Aufgabe.

Praxishinweis
Sehr viel mehr Arbeitsvorgänge enthalten personenbezogene Daten, als der erste Blick vermuten lässt.

Aus Vorsichtsgründen sollten Designer davon ausgehen, dass jeder professionelle Arbeitsvorgang auch einen personenbezogenen Verarbeitungsbestandteil enthält. Professionelle gestalterische Tätigkeit ohne Personenbezug ist kaum möglich.

Beispiele:

- Die Rückrufbitte eines möglichen Auftraggebers wird im EDV-Kalender der Agentur vermerkt.
- Die Recherche einer Assistentin bei vier verschiedenen Anbietern von Fotopapier nach Preisen und Konditionen wird dem Inhaber der Agentur mit Name, Telefonnummer und Mailadresse der Ansprechpartner auf den Tisch gelegt.
- Die Arbeitsergebnisse von mehreren Logo-Entwürfen werden unter dem Namen des Auftraggebers im Dateisystem des Agenturservers abgelegt.
- Auf dem Schreibtisch des Designstudenten befindet sich ein Karteikasten mit Visitenkarten, die alphabetisch und mit Farben für bestimmte Branchen gekennzeichnet sind – für spätere Bewerbungen[110].
- Nach einem Besuch auf der Frankfurter Buchmesse schreibt der Fotograf seine dort gewonnenen und flüchtig notierten Kontakte per Mail an, um seinen neuen Bildband zu verwirklichen.

— Ein Kommunikationsdesigner lädt Freunde und Bekannte per WhatsApp ein, sein neues Projekt über Urban Gardening auf Facebook zu liken.

Die tatsächliche Fülle möglicher personenbezogener Informationen sollte daher bei jedem Designer zu einer Art Automatismus führen: »Darf ich die Informationen überhaupt verarbeiten?« – Eine reflexhafte Frage, die sich immer dann einstellen sollte, wenn personenbezogene Daten im Arbeitsprozess berührt werden. Diese Frage gegenüber Kunden, Zulieferern und überhaupt allen möglichen Betroffenen zeugt von Professionalität, Respekt gegenüber dem Betroffenen und einer demonstrativen Aktualität des Workflows.

Praxishinweis
Wann immer personenbezogene Daten ins Spiel kommen, sollte reflexartig gefragt werden: »Darf ich verarbeiten? Muss ich informieren?«

Je früher die Frage nach einer Einwilligung in die Datenverarbeitung gestellt wird, desto besser wird der Wortlaut des Gesetzes erfüllt (Art. 13 Abs. 1 DSGVO: »zum Zeitpunkt der Erhebung«) und desto größer ist erfahrungsgemäß die Bereitschaft des Betroffenen, einzuwilligen.

Für den Designer gibt es im Wesentlichen drei Fallgruppen [x] 106
für die Datenverarbeitung:

A — Der Betroffene ist Kunde oder sonstiger Vertragspartner des Designers oder soll es werden.
B — Der Betroffene ist kein Vertragspartner, soll es vermutlich auch nicht werden, kann aber vom Designer individuell angesprochen werden (bspw. ein einzelner Besucher einer Ausstellung des Designers).
C — Der Betroffene ist kein Vertragspartner und kann vom Designer auch nicht individuell angesprochen werden (bspw. ein zu flüchtiges Ereignis oder zu viele Betroffene).

x
Fallgruppen
Die Fülle der möglichen Verarbeitungsprozesse kann in Fallgruppen eingeteilt werden, was den Umgang mit den Pflichten des Verantwortlichen erleichtert.

Für die Fallgruppe A wäre eine Einwilligung eigentlich nicht nötig, denn hier würde bereits der Erlaubnistatbestand der Vertragserfüllung gem. Art. 6 Abs. 1 lit. b) DSGVO genügen (s. o. Rn 92). Eine Einwilligung eröffnet allerdings einen Dialog über den Datenschutz, der verantwortungsvoller ist, werblich genutzt werden kann und der den Betroffenen nicht zum Objekt degradiert. In der Fallgruppe C kommt – wenn überhaupt – der Erlaubnistatbestand des berechtigten Interesses gem. Art. 6 Abs. 1 lit. f) DSGV in Betracht (vgl. oben Rn 93 und unten Rn 149 für Fotografen).

Fallgruppe A
Vertragspartner

Fallgruppe C
flüchtige Betroffene

Fallgruppe B
betroffen, aber kein Vertragspartner

Die Fallgruppe B ist diejenige, in der auch aus rechtlichen Gründen meist eine Einwilligung benötigt wird (weil kein anderer gesetzlicher Erlaubnistatbestand greift) und in der eine Einwilligung auch praktisch und pragmatisch erscheint.

Praxishinweis
Eine Einwilligung wird immer benötigt, wenn kein gesetzlicher Erlaubnistatbestand greift. Das ist vor allem dann der Fall, wenn keine Vertragsbeziehung besteht.

Beispiele:

- Ein Designer eröffnet eine Ausstellung mit seinen Werken. Während der Vernissage spricht er bestimmte Personen an und fragt sie, ob er ihnen zukünftig Informationen über seine Tätigkeit per E-Mail übersenden darf.
- Beim Spaziergang im Park beobachtet ein Designer einen gut gestalteten Eiswagen. Er fragt den Inhaber, ob er den Wagen für berufliche Zwecke dokumentieren darf, obwohl der Name des Inhabers und dessen Kontaktdaten gut sichtbar auf dem Wagen angebracht sind.
- Vor der Fahrt zu einem Kongress organisiert ein Hochschuldozent die Zugtickets und die Hotels für seine Kollegen über das Internet. Hierfür benötigt er die Namen und Anschriften der Mitreisenden.

Die vorstehenden Fälle haben beruflichen Bezug, fallen also nicht unter die »Haushaltsausnahme« (vgl. Rn 87). Eine Vertragserfüllung oder »berechtigte Interessen« kommen allerdings nicht in Frage, ebenso wenig wie einer der weiteren gesetzlichen Erlaubnistatbestände.

Praxishinweis
Wann immer dies praktisch möglich ist, sollte eine schriftliche Einwilligung eingeholt werden.

Sofern eine Situation besteht, in der eine schriftliche Erlaubnis erbeten werden kann, sollte diese Form unbedingt genutzt werden. Denn vor Erteilung der Erlaubnis muss der Betroffene ja auch informiert werden. Und dies ist schriftlich nicht nur sicherer, sondern auch weniger aufwendig (vgl. u. Rn 111). Im Schlussteil unter Rn 121 ist eine Musterformulierung für die schriftliche Erlaubnis abgedruckt. Ein solches Muster kann ausgedruckt vorgehalten werden, z.B. an Empfangstheken, im Besprechungszimmer, in der Arbeitstasche oder in Schubladen. Am besten gleich an all diesen Orten. Es genügt, wenn die Daten handschriftlich eingesetzt werden und das Formular unterzeichnet wird. Eine Versendung per E-Mail oder Post ist natürlich ebenfalls möglich. In diesen Fällen ist allerdings sicherzustellen, dass auch eine Antwort eintrifft und diese in beweisbarer Form dokumentiert wird. Das Absenden der Anfrage allein genügt nicht.

Sofern allerdings – innerhalb der Fallgruppe C – eine Situation besteht, in der keine schriftliche Erlaubnis erbeten werden kann (z.B. der »Spaziergang im Park«, s.o.), wird es schwieriger. Die Einwilligung selbst kann formfrei gegeben werden, d.h. auch mündlich und sogar durch bestätigende Gesten, also schlüssiges Verhalten. Allerdings müssen auch in diesem Fall zuvor die nötigen Informationen gem. Art. 13 DSGVO erteilt werden – eben mündlich. Was in praktischer Hinsicht bedeutet, dass der Designer alle Informationen vollständig im Kopf haben muss und sich dann auch die Zeit nimmt, sie in der fraglichen Situation zu erteilen.

Beispiel »Spaziergang im Park mit Eiswagen« (s.o.):

Designer:	Haben Sie etwas dagegen, wenn ich Ihren Wagen hier fotografiere und für mein Archiv dokumentiere, obwohl Ihre Daten lesbar sind?
Inhaber:	[Erkundigungen nach dem Warum und den weiteren Umständen]
Designer:	Also, mein Name ist ..., Sie können mich unter dieser Nummer / Adresse / etc. kontaktieren. Ich führe ein Archiv für meine Designagentur, in dem ich gute Beispiele, auf die ich zufällig stoße und die mich inspirieren, dokumentiere. Für dieses Archiv sind die Aufnahmen Ihres Eiswagens und meine Notizen dazu gedacht. Hierfür benötige ich auch nach der DSGVO Ihre Einwilligung. An Dritte werde ich Ihre Daten nicht weitergeben, ich werde sie höchstens meinen Kunden als Beispiel zeigen. Vermutlich werde ich Ihre Daten in meinem Archiv jahrelang nicht löschen. Es könnten auch 20 Jahre werden. Sie können sich aber jederzeit an mich wenden und Auskunft darüber verlangen, ob sie noch gespeichert sind und was damit passiert. Und Sie haben jederzeit das Recht, die Löschung Ihrer Daten aus meinem Archiv zu verlangen. Weitere Informationen zum Datenschutz erhalten Sie auf meiner Homepage. ...

Mit diesen Informationen würde eine Einwilligung des Inhabers des Eiswagens auf informierter Grundlage wirksam abgegeben werden können. Ein zugegebenermaßen etwas langatmiger Dialog im Park, aber ein gesetzlich notwendiger.

Praxishinweis
Wurden Informationen und Einwilligung mündlich erteilt, sollte der Designer unverzüglich eine schriftliche Dokumentation und Bestätigung nachsenden.

Der Designer trägt nun noch das Risiko, dass er die Einwilligung im Zweifelsfall nicht beweisen kann. Es ist ihm daher zu raten, nach seiner Rückkehr an den Schreibtisch unverzüglich eine schriftliche Dokumentation des Geschehens und eine Bestätigung dieser Einwilligung an den Betroffenen zu senden. Das ist zwar kein Beweis im eigentlichen Sinne, könnte seine Rechtsposition aber erheblich verbessern und ggf. zu einer faktischen Beweislastumkehr im Verfahren führen.

x
Erlaubnistatbestand der Vertragserfüllung
Dies ist die praktisch wichtigste gesetzliche Erlaubnis für den Fachbereich der Gestaltung.

107 Der Erlaubnistatbestand der Vertragserfüllung x gem. Art. 6 Abs. 1 lit. b) DSGVO (s. o. Rn 92) ist der praktisch wichtigste für professionelle Designer. Er betrifft die Fallgruppe A in Rn 106. Über diesen Tatbestand kann die gesamte professionelle Datenverarbeitung des Designers auch ohne ausdrückliche Einwilligung des Betroffenen abgewickelt werden. Denn in sicherlich 80–90% aller Fälle liegen den Datenverarbeitungen vertragliche Vereinbarungen zugrunde oder sie dienen der Anbahnung von solchen.

Beispiele:

- Personaldaten der Mitarbeiter der Agentur (Arbeitsverträge, vgl. auch § 26 BDSG i. V. m. Art. 88 DSGVO)
- Verzeichnis der Lieferanten (Kauf- und Werkverträge)
- Dienstleister für die Abwicklung der Designaufträge wie z. B. Fotografen, Druckereien oder auch IT-Wartungsunternehmen (Dienstleistungs- und Werkverträge)
- Kundendaten (Werkverträge)

Praxishinweis
Die Verarbeitung personenbezogener Daten im Vorfeld eines Vertrags ist bereits von der gesetzlichen Erlaubnis abgedeckt.

Sogar die Erhebung von Daten im Rahmen der Vertragsanbahnung ist bereits von Art. 6 Abs. 1 lit. b) DSGVO erfasst. Ruft also ein Interessent für eine Designleistung an, dürfen dessen Daten für einen Rückruf durch den Inhaber der Agentur auch ohne ausdrückliche Einwilligung erhoben und gespeichert werden – allerdings muss auch dieser Anrufer darüber informiert werden (s. u. Rn 110).

108 Der Erlaubnistatbestand des »berechtigten Interesses« x gem. Art. 6 Abs. 1 lit. f) DSGVO (vgl. Rn 93) ist heikel und sollte ohne gründliche Vorüberlegung bzw. Prüfung nicht herangezogen werden. Es handelt sich dabei um die Fallgruppe C in Rn 106, die für das professionelle Design glücklicherweise nicht häufig ist – mit Ausnahme des fotografischen Bereichs, vgl. hierzu Rn 149.

x
Berechtigtes Interesse
Auf diese gesetzliche Erlaubnis sollten sich nur rechtlich gut beratene Profis stützen. Die gebotene Abwägung ist schwierig und es gibt bisher kaum Rechtsprechung.

Beispiele:

- Ein Designer lässt durch seine Mitarbeiter im Internet 500 Adressen nach bestimmten Kriterien heraussuchen, um diese sodann im Rahmen einer Werbeaktion für seine Agentur per Post anzuschreiben.
- Eine Agentur feiert ihr 25-jähriges Bestehen. Der Geschäftsführer möchte seine Mitarbeiter aus diesem Anlass mit dem Besuch eines Rockkonzerts überraschen. Da der Veranstalter allerdings nur personalisierte Karten ausgibt, verwendet der Geschäftsführer hierfür ungefragt die Personaldaten seiner Mitarbeiter und übermittelt diese dem Veranstalter.

Im ersten Beispiel »Kaltakquise« wird das sogenannte Direktmarketing vom Erwägungsgrund 47 zur DSGVO ausdrücklich genannt: »Die Verarbeitung personenbezogener Daten zum Zwecke der Direktwerbung kann als eine einem berechtigten Interesse dienende Verarbeitung betrachtet werden.« Die Mitarbeiter durften also alle öffentlich zugänglichen Daten des Internets durchsuchen, ohne die Betroffenen personalisierter Datensätze um Erlaubnis zu fragen. Auch die nachgeordnete Verarbeitung dieser Daten, also das Speichern, Selektieren, Verarbeiten und die Weitergabe an einen Lettershop sind in diesem Fall vom Erlaubnistatbestand »berechtigtes Interesse« umfasst. Die Schwierigkeiten liegen in diesem Beispiel bei den Informationspflichten, vgl. unten Rn 115 »Szenario 3«, und bei den gesetzlichen Einschränkungen für die nachfolgenden Werbemaßnahmen, vgl. § 7 UWG.

Im zweiten Beispiel »Jubiläum« hätte der Geschäftsführer natürlich auch die Einwilligung der betroffenen Mitarbeiter einholen können. Dann allerdings wäre der gewollte Überraschungseffekt nicht mehr gewährleistet gewesen. Wie der Erwägungsgrund 47 zur DSGVO es vorgibt, ist hier also eine

Praxishinweis
Das »berechtigte Interesse« des Designers muss in jedem Einzelfall gegen das Interesse des Betroffenen auf informationelle Selbstbestimmung abgewogen werden.

Abwägung vom Geschäftsführer vorzunehmen: Überwiegen die Grundrechte und Grundfreiheiten der betroffenen Person? Oder ist ausnahmsweise die »unbekannte« Datenweitergabe vorrangig? Dabei sind die vernünftigen Erwartungen der betroffenen Person, die auf ihrer Beziehung zu dem Verantwortlichen beruhen, zu berücksichtigen.

x
Abwägungsbeispiel
Die beiderseitigen Interessen sind gegenüberzustellen und zu gewichten.

Positiv für den Geschäftsführer wirkt sich im Rahmen dieser Abwägung x eine Annahme des Erwägungsgrundes 47 zur DSGVO aus: »Ein berechtigtes Interesse könnte beispielsweise vorliegen, wenn eine maßgebliche und angemessene Beziehung zwischen der betroffenen Person und dem Verantwortlichen besteht, z.B. wenn die betroffene Person [...] in seinen Diensten steht«. Das ist in unserem Beispiel »Jubiläum« der Fall. Außerdem erfolgt die Datenweitergabe im wohlmeinenden Interesse zugunsten der Betroffenen und ist auf einen konkreten Einzelfall beschränkt. Dieser Einzelfall ist auch nicht geeignet, die Grundfreiheiten der Betroffenen erheblich einzuschränken. Eine »Belohnung« für treue Dienste liegt durchaus innerhalb der vernünftigen Erwartung von Arbeitnehmern. Insgesamt fällt damit die Abwägung zugunsten des Geschäftsführers aus. Anders könnte es z.B. dann sein, wenn der Konzertveranstalter sich das Recht einräumen ließe, alle personenbezogenen Daten zum Zwecke der Werbung an Dritte weiterzugeben. In diesem Fall könnte die »Personalisierung« der Tickets unwägbare Weiterungen haben, die von dem Erlaubnistatbestand des »berechtigten Interesses« zugunsten des Geschäftsführers der Agentur nicht mehr gedeckt wären.

Praxishinweis
Gesetzliche Erlaubnistatbestände müssen dokumentiert werden. Das ist auch im Verarbeitungsverzeichnis mit typisierten Fallgruppen und standardisierten Verfahren möglich.

Die gesetzlichen Tatbestände neben der Einwilligung, also insbesondere der Erlaubnistatbestand der Vertragserfüllung gem. Art.6 Abs. 1 lit. b) DSGVO und der Erlaubnistatbestand des »berechtigten Interesses« gem. Art. 6 Abs. 1 lit. f) DSGVO, sollten vom Verantwortlichen dokumentiert werden, sofern er sich auf sie berufen möchte. Praktischerweise erfolgt dies im Zusammenhang mit der Erfüllung seiner Informationspflichten (s. sogleich) und parallel im Verarbeitungsverzeichnis (Rn 97).

Informationspflichten

109

Wie bereits in Rn 94 ff. ausgeführt, treffen den Designer als Verantwortlichen einer zulässigen Datenverarbeitung umfangreiche Informationspflichten ˣ, die – konsequent angewendet – durchaus unpraktische bis skurrile Auswüchse annehmen können.

x
Pflicht zur Information
Bis auf sehr wenige Ausnahmen muss der Betroffene immer informiert werden.

Grundsätzlich hat der verantwortliche Designer jeden Betroffenen einer Datenverarbeitung über Art und Umfang derselben sowie über seine Rechte als Betroffener zu informieren ˣ. Handelt es sich um eine Datenerhebung direkt beim Betroffenen, hat dies schon im Zuge der Erhebung zu erfolgen (Art. 13 Abs. 1 DSGVO). Beim Bezug personenbezogener Daten über Dritte müssen die Informationen gem. Art. 14 Abs. 3 DSGVO wie folgt mitgeteilt werden:

x
Zeitpunkt der Information
Bei der Datenerhebung direkt beim Betroffenen: sofort
Bei der Erhebung über Dritte: spätestens innerhalb eines Monats.

a) unter Berücksichtigung der spezifischen Umstände der Verarbeitung der personenbezogenen Daten innerhalb einer angemessenen Frist nach Erlangung der personenbezogenen Daten, längstens jedoch innerhalb eines Monats;
b) falls die personenbezogenen Daten zur Kommunikation mit der betroffenen Person verwendet werden sollen, spätestens zum Zeitpunkt der ersten Mitteilung an sie, oder;
c) falls die Offenlegung an einen anderen Empfänger beabsichtigt ist, spätestens zum Zeitpunkt der ersten Offenlegung.

110

Best Practice ist – s.o. Rn 105 – die Weitergabe aller Informationen in schriftlicher Form ˣ vor einer ausdrücklichen schriftlichen Einwilligung des Betroffenen. Im Schlussteil unter Rn 122 ist eine Musterformulierung für diese schriftliche Information abgedruckt, die natürlich den Umständen des konkreten Falls angepasst werden muss. Entweder gibt es »typisierte« Datenverarbeitungsvorgänge (z.B. die Erfassung von Daten neuer Kunden), dann kann mit vorgefertigten Informationen gearbeitet werden, die dann auch als »Szenario« o.ä. im Verarbeitungsverzeichnis (Rn 97) festgehalten werden. Oder aber es handelt sich um Einzelfälle (z.B. bestimmte einzelne Designprojekte mit Sondersituationen), dann könnte ein Formular wie bspw. der Mustertext in Rn 122 auch handschriftlich ergänzt werden.

x
Art der Information
Grundsätzlich ist die Information auch mündlich möglich, hiervon ist jedoch abzuraten. Die schriftliche Form ist beweiskräftig und informativer.

Diese »Hinweise zur Datenverarbeitung« sollten möglichst auch dann genutzt werden, wenn die Einwilligung nur mündlich erteilt und dafür schon zusammenfassende mündliche Hinweise gegeben wurden. In diesem Fall kann die Information nachgesendet und ihr ein kurzer begleitender Satz vorangestellt werden, z.B.:

> »Sie haben uns am +++ bereits eine mündliche Einwilligung zur Verarbeitung Ihrer personenbezogenen Daten erteilt, nachdem Herr / Frau +++ Sie über die wesentlichen Umstände der Datenverarbeitung informiert hat. Hiermit möchten wir Sie noch einmal umfassend informieren: [...]«

x
Gesetzliche Erlaubnis
Gerade wenn eine Einwilligung des Betroffenen nicht nötig ist, gewinnt seine Information an Bedeutung, damit er ggf. seine Rechte wahren kann.

Auch und gerade in denjenigen Fällen, in denen die Verarbeitung nicht auf eine Einwilligung, sondern auf gesetzliche Erlaubnistatbestände x gestützt wird, ist die Information des Betroffenen notwendig, da er anderenfalls überhaupt nichts von der Verarbeitung seiner personenbezogenen Daten erfahren würde. Er könnte seine Rechte nicht verteidigen. Für die Information des Betroffenen kann in diesen Fällen immerhin mit denselben Hinweisen gearbeitet werden wie bei der Einwilligung (also auch mit dem Mustertext unter Rn 122). Allerdings ist zu beachten, dass bei einem »berechtigten Interesse« gem. Art. 6 Abs. 1 lit. f) DSGVO dem Betroffenen zusätzlich die berechtigten Interessen mitgeteilt werden müssen, die von dem Verantwortlichen oder einem Dritten verfolgt werden (Art. 13 Abs. 1 lit. d) DSGVO). Dies ist notwendig, damit der Betroffene sein spezielles Widerspruchsrecht für diesen Erlaubnistatbestand wahrnehmen kann.

x
Die Kehrseite der DSGVO
Es gibt einige praxisrelevante Szenarien, in denen sich die Vorgaben der DSGVO nicht durchhalten lassen.

111 Diese Informationserfordernisse können tatsächlich skurrile Situationen x und Dialoge auslösen.

Beispiel:

Eine ältere Dame ruft in der Designagentur an und möchte den Inhaber sprechen. Sie möchte aber nicht sagen, worum es geht.

Assistent: Es tut mir leid, Herr X ist nicht im Büro, er hat einen auswärtigen Termin.
Dame: Können Sie ihm etwas ausrichten?
Assistent: Aber selbstverständlich, gern.
Dame: Mein Name ist Maria Müller. Er möchte mich

bitte unter der Rufnummer 123456789 zurückrufen.

Assistent: Das richte ich ihm gerne aus. Dafür möchte ich Ihre Daten hier im System speichern.

Dame: Speichern? Nein. Das haben Sie falsch verstanden … Ich möchte nur einen Rückruf.

Assistent: Frau Müller, ich erfasse hier nur Ihren Namen und Ihre Rufnummer in der EDV, damit Herr X Sie dann anrufen kann.

Dame: Ach soo …, ja …

Assistent: Warten Sie bitte kurz. Bevor Sie zustimmen, muss ich Sie erst über ein paar Umstände informieren. Verantwortlich für Ihre Datenverarbeitung ist Herr X. Seine Adressdaten und Kontaktdaten sind diejenigen der Agentur, als Y-Straße in Z-Stadt, Rufnummer 987654321. Unsere Datenschutzbeauftrage ist Frau D, Sie erreichen sie unter der Rufnummer 9087654321 oder der E-Mail-Adresse …

Dame: Guter Mann, ich habe gar kein Mail. Was erzählen Sie mir denn da?

Assistent: Einen kurzen Augenblick noch, bitte. Ich möchte Ihren Namen und Ihre Rufnummer speichern und in unser Microsoft-Outlook-System eingeben, damit Sie Herr X zurückrufen kann …

Dame: Rückruf, ja, bitte! Den Rest können Sie weglassen!

Assistent: … die Rechtsgrundlage hierfür ist Ihre Einwilligung. Weitere Empfänger Ihrer Daten gibt es nicht, allerdings kann der Eintrag hier von allen Mitarbeitern gelesen werden.

Dame: Welcher Eintrag?

Assistent: Ihre Daten. Also Ihr Name und Ihre Rufnummer.

Dame: Die soll doch Herr X bekommen!

Assistent: Ja, bekommt er auch. Also – Wir haben nicht vor, Ihre Daten an Dritte weiterzugeben. Die Speicherung im System erfolgt zwar vorübergehend, Ihr Datensatz kann aber mindestens zwei Jahre ausgelesen werden. Erst wenn wir ältere Outlook-Daten löschen, wird auch Ihre Anfrage gelöscht. Sie haben ein Recht auf Auskunft seitens des Verantwortlichen, also Herrn X, über Ihre bei uns gespeicherten personenbezogenen Daten sowie auf Berichtigung oder

	Löschung sowie ein Recht auf Datenübertragbarkeit. Haben Sie das verstanden?
Dame:	Nein. Also, hören Sie, junger Mann ...
Assistent:	Sie haben auch das Recht, Ihre Einwilligung jederzeit zu widerrufen, ohne dass die Rechtmäßigkeit der aufgrund der Einwilligung bis zum Widerruf erfolgten Verarbeitung berührt wird.
Dame:	Bitte ...!
Assistent:	UND Sie haben ein Beschwerderecht bei einer Aufsichtsbehörde, in unserem Fall ist das +++. Haben Sie das alles verstanden? Und möchten Sie uns nun auf dieser Grundlage Ihre Einwilligung erteilen?
Dame:	Welche Einwilligung? Was? Ich möchte Herrn X sprechen! Bitte! Meine Rufnummer haben Sie! Auf Wiederhören!

Dieser Dialog ist leider nicht übertrieben. Die DSGVO verpflichtet zu ebendieser Vorgehensweise. Eine Ausnahme für diesen Fall gibt es nicht. Es hätte dem Assistenten auch nicht geholfen, wenn er hätte annehmen dürfen, es handle sich um einen neuen Auftrag (was er hier nicht durfte). Denn auch bei einer gesetzlichen Erlaubnis anstelle einer Einwilligung hätte die Betroffene bei der Erhebung ihrer Daten genauso informiert werden müssen. Und was in diesem Beispiel wirklich schlimm ist: Versteht die Betroffene die Information nicht, ist ihre Einwilligung unwirksam. Denn man kann nur in etwas einwilligen, was man versteht.

Was nun also tun in solchen Fällen, die sicher auch im Berufsfeld der Designer nicht selten sind? Eine DSGVO-konforme Lösung, die praktikabel ist, gibt es eigentlich nicht. Hier drei Empfehlungen für den Telefondienst:

a) Geduldig erklären, bis der Betroffene verstanden hat, was man meint und dass das Procedere gesetzlich vorgeschrieben ist. Das Gespräch kurz dokumentieren und die Hinweise zur Datenverarbeitung in Schriftform hinterhersenden (dafür sollte möglichst auch die E-Mail-Adresse erfragt werden). Risiko: Das kann sehr lange dauern und für beide Seiten frustrierend sein.
b) Die Daten nicht aufnehmen, sondern auf ein Kontaktformular für solche Fälle auf der Homepage verweisen. Risiko: Der Anrufer fühlt sich zurückgewiesen oder scheut die Mühe und meldet sich nicht mehr.

c) Tatsächlich nur mit handgeschriebenen Notizzetteln arbeiten, die danach auch nicht geordnet oder digital abgelegt werden – die personenbezogenen Daten des Betroffenen werden eben erst dann im Sinne einer Datenverarbeitung erhoben, wenn es hierfür gesetzliche Erlaubnistatbestände gibt, z.B. die Vertragserfüllung gem. Art. 6 Abs. 1 lit. b) DSGVO.

So bliebe auch dem Assistenten in unserem vorstehenden Beispiel nur der Ausweg, seinen handgeschriebenen Schmierzettel auf den Tisch von Herrn X zu legen, auf den unvermeidlichen Rüffel zu warten und dann zu erklären.

112 Nicht selten wird in Foren oder unter Kollegen mit verschwörerischer Miene auf die »Ausnahme« des unverhältnismäßigen Aufwands [x] in Art. 14 Abs. 5 DSGVO verwiesen (vgl. Rn 95). Diese Ausnahme ist für Designer in der Tat praxisrelevant, allerdings vor allem im Bereich der Fotografie (vgl. unten Rn 151). Im normalen Praxisalltag wird diese Ausnahmevorschrift allerdings kein Grund sein können, auf die Information des Betroffenen zu verzichten. Sie ist ja ohnehin in allen Fällen ausgeschlossen, in denen die personenbezogenen Daten direkt vom Betroffenen erhoben werden. Zu beachten ist dabei: Im Grundsatz ist personenbezogene Datenverarbeitung verboten. Sie darf nur ausnahmsweise durchgeführt werden, wenn einer der Erlaubnistatbestände des Art. 6 DSGVO vorliegt und wenn der Betroffene korrekt informiert wird. Mit Blick auf dieses grundsätzliche Verbot wird die zukünftige Rechtsprechung Ausnahmen nur sehr eingeschränkt zulassen, denn sie greifen ganz wesentlich in die Grundrechte der Betroffenen auf informationelle Selbstbestimmung ein. In der üblichen beruflichen Praxis der Gestaltung sind aber kaum Fälle denkbar, in denen der Betroffene nicht zeitnah über die Verarbeitung seiner Daten informiert werden kann bzw. in denen diese Information »sich als unmöglich erweist oder einen unverhältnismäßigen Aufwand erfordern würde« bzw. die Informationspflicht »voraussichtlich die Verwirklichung der Ziele dieser Verarbeitung unmöglich macht oder ernsthaft beeinträchtigt« (so die gesetzlichen Voraussetzungen). Es sind wirklich nur wenige Szenarien denkbar, in denen diese Ausnahmevorschrift im Bereich Design zum Tragen kommen könnte, wenn es nicht um Fotografie geht.

x
Unverhältnismäßiger Aufwand bei der Information
Diese Ausnahme ist nur möglich bei indirekter Datenerhebung und wird sehr zurückhaltend angewandt.

Beispiele:

- Der Leiter des Instituts für Designtheorie an der Hochschule M veröffentlicht eine Studie über das sinkende Niveau von Bachelorarbeiten im Fach Kommunikationsdesign in den letzten 15 Jahren und wertet hierfür 1.500 Arbeiten aus. In der Veröffentlichung selbst werden keine personenbezogenen Daten der einzelnen Verfasser preisgegeben.
- Eine Agentur führt eine Internetrecherche durch, wie oft der Name Max Mustermann tatsächlich existiert und ob er im Geschäftsleben verwendet wird. Das Ergebnis wird nur statistisch anonymisiert festgehalten.

In beiden Fällen würde der gesetzliche Erlaubnistatbestand des berechtigten Interesses gem. Art. 6 Abs. 1 lit. f) DSGVO greifen, eine Einwilligung der Betroffenen wäre nicht erforderlich. Und eine Information der Vielzahl Betroffener, die durch die jeweiligen Recherchen erfasst würden, wäre in der Tat ein »unverhältnismäßiger Aufwand«, zumal ihre personenbezogenen Daten im Endergebnis gar nicht mehr veröffentlicht würden.

Professioneller Datenschutz im Unternehmen

113 Die gute Nachricht ist: Mit einer Grundausstattung an Formularen und Verhaltensweisen kann auch der Designer relativ einfach einen professionellen Schutz der Daten in seinem Unternehmen gewährleisten.

114 In technischer Hinsicht gilt – unabhängig von der Größe des Unternehmens – ein erster Grundsatz, wonach der Unternehmer jederzeit wissen muss oder zumindest verlässlich nachvollziehen können muss, wo und wie die von ihm verantworteten personenbezogenen Daten gespeichert und verarbeitet werden [x].

x **Erster technischer Grundsatz** Der Designer muss jederzeit Aufschluss über das »Wie« und »Wo« der Datenverarbeitung geben können.

Beispiele:

- Ein Designer, der als Freelancer arbeitet, konzentriert sich gedanklich zunächst auf seinen Laptop-PC. Tatsächlich speichert und verarbeitet er aber personenbezogene Daten (bewusst und unbewusst) auch auf verschiedenen USB-Sticks und mobilen Festplatten,

auf seinem Tablet, auf seinem Smartphone und sogar auf dem Navigationsgerät seines Fahrzeugs.
- Eine größere Agentur nutzt die Vorteile von Datenverarbeitungsvorgängen in der Cloud mit der Folge, dass ihre personenbezogenen Daten weltweit an verschiedenen Orten gespeichert werden.

Die nötige Bestandsaufnahme dieser Speicher- und Verarbeitungsorte kann mit der Anfertigung des Verarbeitungsverzeichnisses erfolgen (vgl. Rn 97). Dieses Verzeichnis sollte regelmäßig aktualisiert werden, vor allem nach dem Einsatz neuer Technologien oder Clouddienste. Zudem ist eine gewisse Sparsamkeit und Professionalität im Umgang mit Speichermedien nötig, z.B. die Aufbewahrung aller mobilen Speichermedien an einem abgeschlossenen Ort, kein »Verleih« oder gemeinsame Nutzung nur halb gefüllter USB-Sticks, »weil gerade nichts anderes zur Hand ist«, keine Speicherung personenbezogener Daten in fremde Medien wie bspw. in das Navigationsgerät eines geliehenen Fahrzeugs etc.

115

Praxishinweis
Ein gut geführtes Verarbeitungsverzeichnis zwingt zur Selbstkontrolle und zur Überprüfung der technischen Verarbeitungsvorgänge

Der zweite technische Grundsatz zielt auf maximalmögliche Sicherheit der personenbezogenen Daten x während des Verarbeitungsprozesses. Natürlich hat der Designer keinen Einfluss auf die inneren Verarbeitungsroutinen der von ihm genutzten Dienstprogramme und die geräteeigene Firmware. Aber Verschlüsselungsmöglichkeiten und sonstige Schutzmaßnahmen sollten in jedem Falle eingesetzt werden.

x
Zweiter technischer Grundsatz
Der Designer muss die ihm maximal mögliche technische Sicherheit des Verarbeitungsprozesses gewährleisten.

Beispiele:

- Versand von E-Mails über verschlüsselnde Dienstprogramme;
- Verschlüsselung von E-Mail-Anhängen, sofern diese personenbezogene Daten enthalten;
- Bearbeitungen von Entwürfen nur mit Platzhaltern für personenbezogene Daten und Einsatz der tatsächlichen Daten erst in der finalen Version;
- Vorzug von Kommunikationsmedien, die aktuelle Verschlüsselungsmethoden zur Verfügung stellen (End-to-End-Verschlüsselung, SSL-Standards, Zertifikate, etc.);
- Vergabe komplizierter und zufällig generierter Passwörter und Verschlüsselung von Passwortspeichern;
- Einsatz von aktuellen und leistungsfähigen Schutzprogrammen wie Firewall-Technologie, Anti-Spy- und Anti-Phishing-Programme, Trojanerabwehr etc.

Sobald dies finanziell möglich ist, sollte sich der Unternehmer durch einen professionellen IT-Dienstleister, der ausreichend zertifiziert ist, technisch beraten lassen. Das betrifft natürlich vor allem die eingesetzte Hardware, aber auch die schützenden Dienstprogramme. Wenn möglich, sollte ausschließlich mit eigenen Servern oder einer rein deutschen Cloudlösung gearbeitet werden. Für Wartungsarbeiten u.ä. ist der IT-Dienstleister Datenverarbeiter und sollte entsprechend zertifiziert sein (vgl. Rn 89 und 119).

Praxishinweis
Kostenlose Programme, die tatsächlich mit personenbezogenen Daten Dritter »bezahlt« werden, dürfen vom Designer nicht eingesetzt werden.

Leider ist es immer noch die Regel, dass »kostenlos« angebotene Programme meist geringere Sicherheitsstandards aufweisen und – schlimmer noch – gerade mit der Nutzung personenbezogenen Daten »bezahlt« werden. Was für den Designer hinsichtlich seiner eigenen personenbezogenen Daten akzeptabel sein mag, das gilt aber keineswegs für die Daten Dritter, für die er die Verantwortung trägt.

> Beispiel:
>
> Beim Kauf eines neuen Smartphone-Modells aus den USA bietet der Store-Mitarbeiter an, die Daten des alten Gerätes komfortabel über die Hersteller-Cloud auf das neue Gerät zu übertragen.

Wenn nun personenbezogene Daten aus dem auch beruflich genutzten Kontaktverzeichnis des alten Gerätes mitübertragen werden, ist dies in der Regel unzulässig gemäß Art. 44 ff. DSGVO[111]. Auch wenn diese Daten nur für kurze Zeit in der USA-Cloud »geparkt« werden, wird das Gesetz verletzt. Denn die Daten können in dieser Zeitspanne nach US-amerikanischen Gesetzen, die nicht dem DSGVO-Standard genügen, ausgewertet und ggf. unbekannt verarbeitet werden. Im Übrigen müssten auch alle Betroffenen von dieser Zwischenspeicherung in einer außereuropäischen Cloud informiert werden.

x
Dritter technischer Grundsatz
Personenbezogene Daten sollten so wenig wie möglich verarbeitet und so kurz wie möglich gespeichert werden.

116 Der dritte technische Grundsatz ist derjenige der »Datensparsamkeit« x, der auch in Art. 5 Abs. 1 lit. c) DSGVO normiert ist (»auf das für die Zwecke der Verarbeitung notwendige Maß beschränkt«[112]), was nicht nur die Verarbeitungsweise, sondern auch die Löschung beinhaltet. Personenbezogene Daten dürfen nur »in einer Form gespeichert werden, die die Identifizierung der betroffenen Personen nur so lange ermöglicht, wie es für die Zwecke, für die sie verarbei-

tet werden, erforderlich ist«, Art. 5 Abs. 1 lit. e) DSGVO. Personenbezogene Daten sollten daher im Unternehmen möglichst zentral verarbeitet und gespeichert werden und auch nur mit möglichst wenig Programmen. Gerade mobile Endgeräte müssen besonders vor dem Zugriff Dritter geschützt sein. Denn solche Daten dürfen nur »in einer Weise verarbeitet werden, die eine angemessene Sicherheit der personenbezogenen Daten gewährleistet, einschließlich Schutz vor unbefugter oder unrechtmäßiger Verarbeitung und vor unbeabsichtigtem Verlust, unbeabsichtigter Zerstörung oder unbeabsichtigter Schädigung durch geeignete technische und organisatorische Maßnahmen (»Integrität und Vertraulichkeit«)«, Art. 5 Abs. 1 lit f) DSGVO. Dazu gehören Verschlüsselungstechniken und z.B. »Containerlösungen«[113] für mobile Geräte, die auch privat genutzt werden.

Jedes Unternehmen benötigt regelmäßige Routinen, um nicht mehr benötigte personenbezogene Daten zu löschen und diese Löschung zu dokumentieren. Das können Funktionen sein, die von den zur Verarbeitung genutzten Programmen zur Verfügung gestellt werden. Es können aber auch aktive Löschvorgänge sein, die bspw. quartalsweise durchgeführt werden. In jedem Fall müssen mobile Speichermedien und ausrangierte Computer sorgfältig gelöscht und schließlich vernichtet werden; es gibt Dienstleister, die sich auf solche Vorgänge spezialisiert haben.

Praxishinweis
Regelmäßige Löschungsroutinen für alle Speichermedien und Programme im Kalender terminieren.

Im Zusammenhang mit einer professionellen technischen 117
Verfahrensweise ist das Schlagwort »Privacy by Design« x gebräuchlich geworden. Es bedeutet »Datenschutz durch Technikgestaltung«. Denn, so die Ausgangsüberlegung, Datenschutz wird ganz wesentlich gefördert, wenn er technisch bereits in den Datenverarbeitungsvorgang selbst integriert ist. Darauf zielt auch Art. 25 DSGVO ab, der mittlerweile »Privacy by Design« und »Privacy by Default« gesetzlich normiert. Flankiert wird die Norm durch den Erwägungsgrund 78: Schon im Entwicklungsstadium von Hard- und Software soll sichergestellt werden, dass bspw. Voreinstellungen und transparente Verfahrensweisen zur Verfügung gestellt werden, die dem Verantwortlichen seine gesetzlichen Verpflichtungen erleichtern. In diesem Zusammenhang dürfte auch die geplante E-Privacy-Verordnung (vgl. Rn 102) noch weitere Vorgaben bringen.

x
Privacy by Design / Privacy by Default
Die DSGVO hat die Anregungen der Fachleute aufgegriffen und fordert die Integration des Datenschutzes bereits in der Hardware und bei der Programmierung.

Technische und organisatorische Maßnahmen (TOMs), die für den Einsatz besonders datenschutzfreundlicher Hard- und Software im Unternehmen des Designers sprechen, sind:

— weitgehende Verschlüsselung aller Prozesse;
— zufallsgenerierte Passwortvergabe;
— Pseudonymisierung der Daten (vgl. Art. 4 Nr. 5 DSGVO)
— ggf. Anonymisierung der Daten – dürfte im typischen Workflow des Designers aber kaum möglich sein;
— Nutzerauthentifizierung im digitalen Kommunikationsprozess;
— automatisierte Löschungsroutinen.

Im Grunde sind dies aber Spezialüberlegungen, die eher Hardwarehersteller und Softwareprogrammierer treffen. Designer dürften allenfalls im Zuge der Gestaltung von Benutzeroberflächen mit »Privacy by Design« konfrontiert sein. Übrigens gibt Art. 25 Abs. 3 DSGVO die Möglichkeit, die Einhaltung der Anforderungen aus Art. 25 DSGVO durch Zertifizierungen i.S.d. Art. 42 DSGVO nachzuweisen.

118 Für die tägliche Praxis des Datenschutzes sind allerdings der Einsatz von Formularen und die Einübung einiger weniger Verhaltensweisen in bestimmten Szenarien wesentlich relevanter.

Szenario 1
Kontakt ohne Vertragsbezug

Szenario 1

»Anfragen«: Es kommt ein Kontakt zustande, bei dem personenbezogene Daten telefonisch direkt vom Betroffenen mitgeteilt werden. Dieser ist jedoch kein Vertragspartner des Designers und es kann auch nicht unterstellt werden, dass er es werden möchte (vgl. oben Rn 107 und 112).

→ Die personenbezogenen Daten werden nicht verarbeitet oder gespeichert, sondern allenfalls handschriftlich festgehalten. Dies dient vor allem dazu, den Anwendungsbereich der DSGVO von vornherein zu vermeiden. In derartigen Fällen sind die umfangreichen Informationspflichten schlicht unpraktikabel bis hin zu geschäftsschädigend. Und im direkten Verkehr mit dem Betroffenen gelten keinerlei Ausnahmen.

Szenario 2

Szenario 2
Erfassung personenbezogener Daten im normalen Geschäftsbetrieb

»Normalbetrieb«: Die personenbezogenen Daten eines (zukünftigen) Kunden, Lieferanten, Dienstleisters oder sonstigen Vertragspartners werden erfasst.

→ Zumindest von Kunden sollte aus Höflichkeitsgründen eine Einwilligung eingeholt werden (vgl. Musterformulierung Rn 162), sie ist aber gesetzlich nicht notwendig. Es gilt der Erlaubnistatbestand der Vertragserfüllung gem. Art. 6 Abs. 1 lit. b) DSGVO (s. o. Rn 92 und Rn 107). In jedem Fall muss der Designer aber über die Datenverarbeitung informieren. Hierfür kann die Musterformulierung Rn 163 verwendet werden. Da diese Informationspflichten gerade im Geschäftsverkehr mit dienstleistenden Vertragspartnern oft übersehen werden, empfiehlt sich ein entsprechender E-Mail-Disclaimer (vgl. Musterformulierung Rn 164).

Beispiel:

Ein Kommunikationsdesigner bestellt eine neue Bildschirmkamera für Videochats per Mail.

Dies ist die Anbahnung eines Kaufvertrags gem. §§ 433 ff. BGB. Die Bestellung bei der allgemeinen Unternehmens-E-Mail-Adresse oder über ein Bestellportal ist noch kein Fall der DSGVO, da hierdurch keine personenbezogenen Daten gespeichert werden. Nun meldet sich aber ein namentlich ausgewiesener Sachbearbeiter der Verkäuferin per Mail und fragt an, ob eine Lieferverzögerung von fünf Wochen aufgrund von Engpässen akzeptiert wird. Damit werden im E-Mail-Programm des Designers personenbezogene Daten gespeichert und die DSGVO ist zu beachten. Ein Erlaubnistatbestand ist zwar unproblematisch erfüllt (Vertragserfüllung gem. Art. 6 Abs. 1 lit. b) DSGVO, s. o. Rn 92), insoweit ist also kein Handeln geboten. Aber hierüber informieren muss der Designer den Sachbearbeiter. Wenn die Agentur nun einen grundsätzlichen E-Mail-Disclaimer eingerichtet hat, geschieht dies mit der Antwort »automatisch«, ohne dass es vergessen wird.

Szenario 3
Direktmarketing nach Personendatenrecherche

Szenario 3

»Kaltakquise«: Es werden aus öffentlich zugänglichen Quellen Namen und Adressen von möglichen Auftraggebern herausgesucht, die sodann mit Werbung für den Designer und seine herausragende Tätigkeit angeschrieben werden sollen.

→ Die Erhebung dieser personenbezogenen Daten ohne Einwilligung ist zulässig, vgl. auch Rn 109. Beim Direktmarketing handelt sich um den gesetzlichen Erlaubnistatbestand des »berechtigten Interesses« gem. Art. 6 Abs. 1 lit. f) DSGVO. Der Designer muss die Betroffenen aber dennoch informieren. Das geschieht im ersten postalischen Werbebrief an die hoffentlich zukünftigen Auftraggeber, wofür wieder das Textmuster Rn 126 verwendet werden kann.

Kurz zur rechtlichen Einordnung: »Direktmarketing« ist im Erwägungsgrund 47 zur DSGVO ausdrücklich als Fall des »berechtigten Interesses« gem. Art. 6 Abs. 1 lit. f) DSGVO genannt. Es darf sich beim Anschreiben an die möglichen Kunden gem. § 7 UWG jedoch nur um einen Brief per Post handeln, da alle elektronischen Formen der Kaltakquise als belästigend untersagt sind[114]. Die Erhebung der Daten aus öffentlich zugänglichen Quellen ist unproblematisch, es handelt sich in diesem Fall sehr wahrscheinlich ausschließlich um sog. »Dritterhebungen«, die nicht bei der betroffenen Person selbst, sondern insbesondere in Internetplattformen und Suchmaschinen durchgeführt werden. In diesen Fällen muss die Information des Betroffenen gem. Art. 14 Abs. 3 lit. a) DSGVO spätestens einen Monat nach Erhebung erfolgen[115].

Szenario 4
Durchführung von Datenschutz-Audits und Datenschutzbeauftragter

Szenario 4

»Audit«: Die gesamte Datenverarbeitung im Unternehmen muss in regelmäßigen Abständen überprüft werden.

→ Designer und Agenturen, die es sich leisten können, sollten den gesamten Datenschutz in die Hände eines professionellen Datenschutzbeauftragten legen, der dann auch die regelmäßigen Überprüfungen (Audits) durchführt. Es gibt mittlerweile eine Reihe von guten Anbietern mit einer überschaubaren Vergütungsstruktur. Wer das nicht kann oder möchte, sollte mindestens einmal im Jahr selbst ein solches Audit durchführen. Sinn dieses Audits ist:

— die Überprüfung der Hard- und der Software: Gibt es kritische System- oder Programmeinstellungen, die angepasst werden müssen, bspw. weil ein neues Programm installiert wurde oder weil sich die Rechtsprechung geändert hat?
— die Überprüfung der internen Verfahrensweisen: Sind die bisherigen Szenarien noch angemessen? Ist ein neues dazugekommen?
— die Ergänzung des Verarbeitungsverzeichnisses (vgl. Rn 97)
— die Einweisung neuer Mitarbeiter und Mitarbeiterinnen und
— die Löschung nicht mehr benötigter Daten.

Hierbei ist eine Checkliste hilfreich, vgl. Muster in Rn 165.

Grundsätzlich ist ein Datenschutzbeauftragter erst zu benennen, wenn im Unternehmen mehr als neun Personen ständig mit der Verarbeitung personenbezogener Daten beschäftigt sind oder Zugriff auf diese Daten haben (§ 4 f Abs. 1 Satz 1 und 4 BDSG)[116]. Diese Grenze entfällt insbesondere dann, wenn ein bestimmtes Risiko vermutet wird, welches eine sofortige Bestellung erforderlich macht. Da jedoch das Thema Datenschutz immer umfangreicher wird und zunehmend Spezialkenntnisse voraussetzt, sollte auch bei kleineren Agenturen und Unternehmen überlegt werden, ob nicht die Qualifikation einer geeigneten Person Sinn macht (wenn nicht ohnehin ein externer Dienstleister beauftragt wird). Zum Datenschutzbeauftragten darf nur bestellt werden, wer die notwendige Fachkunde besitzt. Außerdem erfordert die nötige Zuverlässigkeit, dass kein Interessenkonflikt bei der Wahrnehmung der Funktion besteht – der Unternehmensinhaber oder der Geschäftsführer selbst können daher nie Datenschutzbeauftragter sein! 119

Zum professionellen Datenschutz im Unternehmen gehört auch die Überlegung, welche Auftragsverarbeitungsverhältnisse [x] gem. Art. 28 DSGVO vorliegen (vgl. Rn 89) und welche vertraglichen Vereinbarungen hierfür ggf. abgeschlossen werden müssen. 120

x
Auftragsverarbeitung
Dieser Vorgang findet mittlerweile sehr häufig statt, oft unreflektiert und ohne nötige Prüfung.

Die Auslagerung von Datenverarbeitungsprozessen ist ein mittlerweile alltäglicher Vorgang. Die Nutzung cloudbasierter Softwarelösungen und die Wartung der EDV durch einen Dienstleister werden durchaus als selbstverständlich angesehen. Maßgeblich für eine Auftragsverarbeitung ist die Weisungsgebundenheit. Wenn der Agenturinhaber als Verantwortlicher seiner Kundendaten einen IT-Anbieter beauftragt, diese Daten auf dessen Servern zu hosten, also zu speichern und zu verarbeiten, geschieht dies ausschließlich auf Wunsch und Weisung des Agenturinhabers. Es liegt damit eine klare Auftragsverarbeitung vor. Dem IT-Anbieter kommt insoweit keine Eigenverantwortlichkeit und Entscheidungsbefugnis über die Zwecke und Mittel der Datenverarbeitung zu.

Beispiele für Auftragsverarbeitung:

— Hosting oder Speicherung der Agenturprogramme bei einem IT-Dienstleister
— Fernwartung der Programme durch einen spezialisierten Dienstleister
— Einbindung eines externen Datenschutzbeauftragten
— Beauftragung eines Programmierers, um die vom Designer gestaltete Website des Kunden online zu bringen
— Nutzung von Messengerdiensten oder Social-Media-Plattformen für die Kommunikation mit Kunden
— Alle Softwarelösungen, die cloudbasiert sind, also nicht mehr auf dem lokalen Rechner installiert werden (sofern damit personenbezogene Daten bearbeitet werden)

Praxishinweis
Die Betroffenen müssen von einer Auftragsverarbeitung nicht informiert werden.

Auftragsdatenverarbeitung ist keine »Übermittlung« oder mitteilungspflichtige Offenlegung der Daten gegenüber Dritten; anders ausgedrückt: Die Betroffenen müssen von einer Auftragsdatenverarbeitung als solche nicht informiert werden (ungeachtet der ohnehin bestehenden Informationspflichten, wohlgemerkt). Die Auswahl des Auftragsverarbeiters muss vom »Datenherr«, also dem Auftraggeber, sorgfältig erfolgen. Erwägungsgrund 8 zur DSGVO stellt dabei insbesondere auf das Fachwissen, die Zuverlässigkeit und die Ressourcen des Auftragsverarbeiters ab, sowie natürlich auf die Sicherheit der Verarbeitung. Da Designer das nicht unbedingt immer zuverlässig beurteilen können, bietet sich ein Zertifikat des Auftragsverarbeiters als Kriterium an, das dieser gem. Art. 28 Abs. 5 und Art. 42 DSGVO erwerben kann und auch erwerben wird, wenn er sich am Markt behaupten möchte. Zudem sind auch regelmäßige Überprüfungen angebracht.

Eine wirksame Auftragsverarbeitung setzt eine verbindliche Vereinbarung [x] mit dem Auftragsverarbeiter voraus, die schriftlich erfolgen muss, Art. 28 Abs. 9 DSGVO. Das kann ein ausdrücklicher Vertrag sein oder auch nur die Zustimmung zu vorgefertigten Vertragsbedingungen, bspw. in Form von Allgemeinen Nutzungsbedingungen auf Plattformen im Internet. Gemäß Art. 28 DSGVO muss diese Vereinbarung detaillierte Regelungen zur Beschreibung der Verarbeitung enthalten, Pflichten und Rechte des Verantwortlichen, Ausführungen zur Weisungsbefugnis, zur Vertraulichkeit, zur Sicherheit, zu etwaigen Unterauftragsverarbeitungsverhältnissen, zu Unterstützungspflichten und zur Rückgabe bzw. Löschung der Daten. Selbstverständlich dürfen auch die Informations- und Kontrollbefugnisse nicht fehlen.

x
Vereinbarung über die Auftragsverarbeitung
Diese Voraussetzung muss in jedem Fall schriftlich dokumentiert sein.

In den allermeisten Fällen präsentieren Auftragsverarbeiter dem Designer eigene Vertragsentwürfe oder Geschäftsbedingungen, die bei zertifizierten Dienstleistern auch ohne weiteres den Anforderungen der DSGVO genügen. Für alle anderen Fälle ist unter Rn 115 ein Vertragsmuster zum Anpassen abgedruckt.

Mit den vorstehenden Ausführungen wird deutlich, dass Datenschutz in der täglichen Praxis zu bewältigen ist – vorausgesetzt, das Thema wird ernst genommen und organisiert. Anderenfalls drohen Unannehmlichkeiten, die nicht selten aufgrund von Anfragen irritierter oder erboster Betroffener bei den Aufsichtsbehörden ausgelöst werden. Diese »Kehrseite der Medaille« betrifft natürlich auch den Designer, wenn er selbst Betroffener eines rechtswidrigen Umgangs mit Daten ist, siehe nachstehende Ausführungen.

Designer als Betroffene

121 Selbstverständlich sind die personenbezogenen Daten des Designers ebenfalls geschützt, unabhängig davon, auf welche Weise und in welchem Zusammenhang sie erhoben und verarbeitet werden.

Reichweite der Einwilligung

x
Einwilligung
Die DSGVO sieht die freiwillige Einwilligung auf informierter Grundlage als Ausdruck der informationellen Selbstbestimmung.

122 Die Einwilligung des Designers in die Verarbeitung seiner personenbezogenen Daten ist eigentlich unproblematisch x. Willigt der Designer ein, sollte er wissen, was er tut und was mit seinen Daten geschieht. Denn die DSGVO geht davon aus, dass er diese Einwilligung auf informierter Grundlage und freiwillig erteilt. Das ist sicher auch häufig der Fall. Allerdings empfiehlt sich gerade im Bereich der sozialen Medien eine sorgfältige Prüfung der Allgemeinen Nutzungsbedingungen; insoweit wird sinngemäß auf die Ausführungen unter Rn 46 verwiesen. Es hilft nichts: Das »Kleingedruckte« muss man lesen, zumal es sich immer wieder ändert. Denn letztlich haben auch personenbezogene Daten ihren Gebrauchswert längst gesprengt, sind zu einer Art immaterieller Ware geworden, werden immer mehr mit Tauschwert aufgeladen und damit begehrtes Gut. Das Kleingedruckte trägt erheblich zur »Warenfähigkeit« der personenbezogenen Daten bei. Der Wert eines Datensatzes mit Name, Adresse und E-Mail-Adresse dürfte derzeit bei ca. 0,25 EUR liegen.

x
Vorformulierte Einwilligungen
Bei solchen »Erleichterungen« muss geprüft werden, ob sie im konkreten Fall gegen die Datensparsamkeit verstoßen.

Nicht selten schießt eine erbetene oder vorformulierte Einwilligung x über den eigentlichen Bedarf der Erhebung und Verarbeitung hinaus und wird vom Betroffenen dennoch unreflektiert erteilt. Zum Beispiel können von Geschäftspartnern, Kunden und lokalen Dienstleistern Nutzungsarten oder Löschungsroutinen erbeten werden, die tatsächlich gar nicht nötig wären und daher gegen die Datensparsamkeit verstoßen. Derartige Fälle sind praktisch aber eher unbedeutend.

x
AGB und Nutzungsbedingungen
In diesen Bedingungen sind häufig Einwilligungen enthalten, die weit über die konkrete Dienstleistung hinausgehen, die der Nutzer eigentlich wünscht.

123 Gravierender sind Einwilligungen, die von großen Dienstleistungsunternehmen über die Anmeldung mit einem Nutzeraccount x generiert werden, insbesondere wenn die Dienstleistung als »kostenlos« wahrgenommen werden soll. Denn tatsächlich liegt in diesem Vorgang oftmals die Vergütung in Form eines Tauschgeschäftes: Es werden Dienstleistungen zur Verfügung gestellt im Austausch gegen die Einwilligung

in die Nutzung der personenbezogenen Daten, und zwar auch über den Bedarf der jeweiligen Dienstleistung hinaus. So genehmigt der Betroffene z.B. unbewusst die Weitergabe seiner Daten an Dritte und die dortige Verarbeitung zu Werbezwecken. Natürlich weisen große Anbieter an irgendeiner Stelle ihrer oft seitenlangen Nutzungsbedingungen auf diesen Umstand hin – der Betroffene muss diese Stelle aber erst einmal finden, lesen, verstehen und dann auch noch gegen den Vorteil der erwünschten Dienstleistung abwägen.

Beispiele (jeweils Zugriff 27.03.2020):

— Facebook (und ähnlich Instagram / WhatsApp):
»Wir verwenden die uns zur Verfügung stehenden Informationen (einschließlich deiner Aktivitäten außerhalb unserer Produkte, wie z.B. die von dir besuchten Websites und die Werbeanzeigen, die du siehst), um Werbetreibenden und anderen Partnern zu helfen, die Effektivität und Verbreitung ihrer Werbeanzeigen und Dienste zu messen und Aufschluss über die Arten von Personen zu erlangen, die ihre Dienste nutzen, sowie darüber, wie Personen mit ihren Websites, Apps und Diensten interagieren. So teilen wir Informationen mit diesen Partnern. [...]
Wir verwenden die uns zur Verfügung stehenden Informationen (u.a. von Forschungspartnern, mit denen wir zusammenarbeiten), um Forschung und Innovation zu Themen des sozialen Allgemeinwohls, des technologischen Fortschritts, des öffentlichen Interesses, der Gesundheit und des Wohlergehens durchzuführen und zu unterstützen. Beispielsweise analysieren wir die uns über Migrationsmuster in Krisensituationen zur Verfügung stehenden Informationen, um Hilfsmaßnahmen zu unterstützen. Mehr zu unseren Forschungsprogrammen.«

— Twitter:
»Wir beauftragen Dienstanbieter, für uns in den USA, in Irland und in anderen Ländern Funktionen auszuführen und Dienste bereitzustellen. Wir nutzen beispielsweise eine Vielzahl von Diensten Dritter, die uns dabei helfen unsere Dienste zu betreiben. Einige hosten beispielsweise unsere verschiedenen Blogs und Wikis, andere wie Google Analytics ermöglichen uns, die Nutzung unserer Dienste nachzuvollziehen. Wir können Ihre personenbezogenen Daten mit diesen

Dienstanbietern unter Einhaltung von Verpflichtungen, die mit dieser Datenschutzrichtlinie und anderen angemessenen Vertraulichkeits- und Sicherheitsmaßnahmen übereinstimmen und unter der Bedingung austauschen, dass die Drittanbieter Ihre personenbezogenen Daten nur in unserem Namen und gemäß unseren Anweisungen verwenden (Dienstanbieter sind berechtigt, andere nicht personenbezogene Daten zu ihrem eigenen Nutzen zu verwenden). Wir teilen Ihre Zahlungsinformationen den Anbietern von Zahlungsdienstleistungen mit, um Zahlungen zu verarbeiten; um Betrug und andere illegale Aktivitäten zu verhindern, zu erkennen und zu überprüfen; die Klärung etwaiger Unstimmigkeiten (etwa in Verbindung mit Rückbuchungen und Erstattungen) zu vereinfachen und um Anforderungen in Verbindung mit der Annahme von Kredit- und Kontokarten zu erfüllen. [...]«

— Amazon:
[Wir verwenden Ihre personenbezogenen Daten,] »um Features, Produkte und Dienstleistungen zu empfehlen, die Sie interessieren können, um Ihre Vorlieben herauszufinden sowie um Ihr Amazon-Erlebnis entsprechend zu personalisieren – auch mit dem Einblenden vonWerbeanzeigen, die für Sie interessant sein können. Um mehr über unsere interessenbezogenen Anzeigen herauszufinden, lesen Sie bitte unsere Hinweise zu interessenbasierter Werbung.«
»Wir arbeiten mit Drittanbietern wie Werbetreibenden, Publishern, Social-Media-Netzwerken, Suchmaschinen, Adserving-Unternehmen und Werbefirmen, die im eigenen Namen arbeiten, zusammen, um die Relevanz von Anzeigen, die wir schalten, zu verbessern. Beim Anbieten interessenbasierter Werbung verknüpfen wir Ihre Interaktionen mit nicht angegliederten Websites nicht mit Informationen, die einzelne Personen direkt identifizieren und Werbetreibende oder sonstige Dritte, die unsere personalisierten Anzeigen zeigen, erhalten von uns keine Informationen, die einzelne Personen direkt identifizieren. Werbetreibende und sonstige Dritte können jedoch davon ausgehen, dass Nutzer, die eine interessenbasierte Werbung oder personalisierten Inhalt an klicken oder damit interagieren, zu der Personengruppe gehören, auf welche die betreffenden Anzeigen oder der betreffende Inhalt abzielen (z.B. Nutzer aus einer Re-

gion, die klassische Musik gesucht oder gekauft haben). Es ist möglich, dass Dritte uns Informationen von Ihnen zur Verfügung stellen, die einzelne Personen nicht direkt identifizieren (z.B. demographische Angaben oder die Websites, auf denen Ihnen Anzeigen präsentiert wurden) und die sie durch Online- oder Offline-Quellen bezogen haben. Diese werden von uns u.U. eingesetzt, um Ihnen relevantere und nützlichere Werbung anzuzeigen.«

Sehr viele der vorgenannten Verarbeitungsprozesse wären von den gesetzlichen Erlaubnistatbeständen der DSGVO nicht mehr gedeckt. Sie dürfen nur durchgeführt werden, weil der Betroffene bei seiner »Anmeldung« auf der Plattform oder im Nutzungsportal mehr oder weniger unreflektiert einwilligt. Hier sind wir an einem schwierigen Punkt: Einerseits ist es zentrale Aufgabe des Staates, die Grundfreiheiten zu gewähren und ihre Einhaltung zu kontrollieren. Dazu zählt natürlich auch das Recht auf informationelle Selbstbestimmung. Was aber ist andererseits die Folge, wenn der Einzelne diese Freiheit gar nicht in Anspruch nehmen möchte oder ihr gar bewusst und systematisch zuwiderhandelt? Kritik an den Umständen der Einwilligung [x] wird daher immer wieder geäußert, aus verschiedenen Richtungen[117]. 124

x
Kritik an den Umständen der Einwilligung
Ist im Bereich der sozialen Medien die Einwilligung tatsächlich noch freiwillig?

Bei Monopoldienstleistern der sozialen Kommunikation droht soziale Isolierung, wenn ihre Bedingungen nicht akzeptiert werden.

- Kann bspw. noch von einer freiwilligen Einwilligung die Rede sein, wenn es um Monopoldienstleister geht, die Milliarden von Menschen miteinander verbinden? Ist der Einzelne dann nicht gezwungen, zähneknirschend Exzesse gegen den Schutz seiner personenbezogenen Daten hinzunehmen, wenn er nicht sozial isoliert werden möchte? In diesem Zusammenhang steht z.B. ein Beschluss des Bundeskartellamtes vom 06.02. 2019, der Facebook diverse Analyse- und Verknüpfungsmöglichkeiten untersagt, in die der Nutzer bis dahin einwilligen musste, um einen Account eröffnen zu können[118].
- Ausgeprägt ist ein Zwang zur Einwilligung bei sogenannten Koppelungsgeschäften. Kann bspw. der Designer einen bestimmten Büroartikel beim Hersteller

Praxishinweis
Echte Koppelungsgeschäfte sind verboten, werden aber nicht selten aus Unkenntnis oder pragmatischen Gründen dennoch abgeschlossen.

schon technisch nicht online bestellen, ohne gleichzeitig in Werbeaktivitäten einzuwilligen (der Bestellvorgang kann nur mit dieser Einwilligung fortgesetzt werden), widerspricht dies dem Koppelungsverbot gem. Art. 4 Nr. 11 DSGVO. Häufig genug wird der Designer in einem solchen Fall aber dennoch bestellen, mit den Schultern zucken und den Fall leider nicht der Aufsichtsbehörde melden. Das führt natürlich dazu, dass derartige Praktiken erhalten bleiben[119].

Praxishinweis
Der Schutz Minderjähriger ist in der DSGVO und dem BGB unterschiedlich ausgestaltet. Dies führt zu Unsicherheit.

— Gerade bei Minderjährigen wird die Problematik sehr deutlich: Grundsätzlich ist die Einschränkung der Einwilligungsfähigkeit für Minderjährige im Erlaubniskatalog des Art. 6 DSGVO nicht vorgesehen. Auch Minderjährige können also einwilligen. Allerdings regelt Art. 8 Abs. 1 DSGVO, dass bei einem Angebot von Diensten der Informationsgesellschaft, das einem Kind direkt gemacht wird, die Verarbeitung der personenbezogenen Daten des Kindes nur dann rechtmäßig ist, wenn das Kind gem. Art. 6 Abs. 1 lit. a) DSGVO einwilligt und das 16. Lebensjahr vollendet hat oder die Einwilligung durch den Träger der elterlichen Verantwortung erteilt wird. Das gilt gem. Art. 8 Abs. 1 DSGVO ins besondere für das Erstellen und Nutzen von Benutzer profilen auf den Plattformen der sozialen Medien. Zivilrechtlich hingegen bedarf die Anmeldung eines Minderjährigen bei einer solchen Plattform auch bis zur Vollendung des 18. Lebensjahrs der Genehmigung durch die Eltern, da die Anmeldung zwar kostenlos ist, nicht jedoch »lediglich rechtlich vorteilhaft«. Jedenfalls dann nicht, wenn man personenbezogene Daten als Ware ansieht[120]. Nach dieser hier vertretenen Ansicht handelt es sich bei der Anmeldung tatsächlich um eine Art Tausch, also um einen Vertrag, der die Nutzung der angebotenen Dienste mit der Nutzung der personenbezogenen Daten auch für dienstfremde Verarbeitungen erkauft. Das jedoch ist Minderjährigen nur mit der Erlaubnis ihrer Erziehungsberechtigten gestattet, § 107 BGB[121].

Praxishinweis
Die positiven Folgen von Datenverarbeitungsexzessen können sehr bequem und faszinierend sein. Das reizt zur Preisgabe des Schutzes.

— Nicht wenige Nutzer lehnen eine kritische Auseinan dersetzung auch rundheraus ab oder sind überzeugt davon, mit ihrer prinzipiellen Einwilligung »in alles« das Richtige zu tun. Immerhin können personalisierte Werbeanzeigen, ortsbezogene Hinweise, Analysen des eigenen Verhaltens oder eine schrankenlose Vernetzung

> mit den Schnittstellen des »Internets der Dinge« auch von erheblichem persönlichem Vorteil sein. Es macht schon Spaß, wenn das Smartphone dem Designer noch beim Frühstück meldet, dass die Verkehrslage heute entspannt ist und er nur 15 Minuten bis in die Agentur benötigt. Auf dem Weg dahin erinnert es ihn daran, dass er noch einen Anruf machen wollte, und bietet ihm an, schon mal die Klimaanlage im Büro anzuschalten. Kaum sitzt der Designer am Schreibtisch, klingelt das Telefon und »Meiers Kopiershop« ist am Apparat: Das Gerät Nr. 3 in der Agentur habe Servicebedarf gemeldet, wann man vorbeikommen dürfe. Und das Papier gehe doch auch zur Neige? Dann folgt die Erinnerung an den Geburtstag der einzig wahren Frau aller Zeiten mit einer Auflistung der Geschenke vom letzten Jahr und Vorschlägen für das bevorstehende Jubelfest, einschließlich Blumen per Express und möglichen Tischreservierungen … Weitgehende Einwilligungen können das Leben also sehr vereinfachen. Hinzu kommen Warnungen der Branche, dass man bei geändertem Einwilligungsverhalten viele Dienste nicht mehr »kostenlos« anbieten könne oder gar Forschungsaufgaben in Gefahr seien, z. B. zur künstlichen Intelligenz[122].

Dieses Spannungsverhältnis zwischen Freiheit einerseits, staatlicher Kontrolle bzw. Regulierung andererseits und schließlich der kapitalistischen Interessen internationaler Monopolunternehmen ist mittlerweile auch Gegenstand vieler Forschungsschwerpunkte, Colloquien und Untersuchungen[123].

Nach alledem erscheint die Einwilligung leider nicht mehr ganz so unproblematisch.

Umgang mit den legalen Erlaubnistatbeständen

Aufmerksamkeit ist auch bei den gesetzlichen Erlaubnis- 125
tatbeständen zur Erhebung und Verarbeitung personenbezogener Daten geboten. Denn wenn ein solcher Tatbestand vorliegt, dürfen schließlich die Daten des Betroffenen sogar ohne dessen Einwilligung erhoben, gespeichert und verarbeitet werden (vgl. insbes. Rn 90 f. und 106 f.). Es ist »bereits geschehen«, bevor der Designer als Betroffener Kenntnis hiervon erlangt.

Im geschäftlichen Umfeld seiner digitalisierten Lebenswelt muss der Designer damit rechnen, dass ausnahmslos jeder Vertragspartner seine personenbezogenen Daten speichert und verarbeitet. Die gesetzliche Erlaubnis der Vertragserfüllung [x] gem. Art. 6 Abs. 1 lit. b) DSGVO (s. o. Rn 92) gestattet dies – und ohne diese Erlaubnis wäre die Funktionsfähigkeit des Waren- und Dienstleistungsverkehrs mittlerweile nicht mehr gewährleistet. Grundsätzlich muss der Designer als Betroffener über jeden dieser Verarbeitungsvorgänge auch informiert werden (bei »Dauerverarbeitungen« jedenfalls einmal zu Beginn, vgl. insbes. Rn 94 f. und 110 f.). Die geschuldete Information unterbleibt jedoch manchmal bzw. erfolgt auf eine Weise, die nicht so eindeutig und transparent ist, dass sie dem Designer ins Bewusstsein treten würde.

x
Gesetzliche Erlaubnis der Vertragserfüllung
Sie liegt stets im gesamten geschäftlichen Umfeld des Designers vor. Manchmal unterbleibt jedoch die notwendige Information.

Besonders diffus ist aus Sicht des Betroffenen die gesetzliche Erlaubnis des »berechtigten Interesses« [x] gem. Art. 6 Abs. 1 lit. f) DSGVO (vgl. Rn 93). Wie soll der Designer auch einschätzen können, ob irgendjemand ein Interesse daran haben darf, seine personenbezogenen Daten zu verarbeiten? Und zwar ein so »berechtigtes« Interesse, dass es schützenswerter ist als sein eigenes Interesse an informationeller Selbstbestimmung? Immerhin ist diese Selbstbestimmung ein Grundrecht im gleichen Rang wie Freiheit oder Eigentum! Die Einschränkung eines solchen Grundrechts mag zugunsten der öffentlichen Sicherheit und von Staats wegen vielleicht noch nachvollziehbar sein – aber zugunsten privater Personen und Unternehmen? Die DSGVO verpflichtet daher den Verantwortlichen in solchen Fällen, dem Betroffenen neben den »normalen« Informationen auch ebenjene angeblich berechtigten Interessen mitzuteilen, die von dem Verantwortlichen oder einem Dritten verfolgt werden (Art. 13 Abs. 1 lit. d) DSGVO). Der Betroffene kann auf dieser Basis ein besonderes Widerspruchsrecht ausüben. Aber selbst wenn (!) diese Information tatsächlich vorbildlich erfolgt, muss dem Betroffenen – in unseren Fällen also dem Designer – erst einmal bewusst werden, dass ein solcher Vorgang stattgefunden hat und er möglicherweise aktiv werden sollte. Man sieht nur, was man weiß: dieser alte Grundsatz gilt hier in besonderem Maß.

x
Berechtigtes Interesse
Über ein berechtigtes Interesse Fremder an der Verarbeitung der personenbezogenen Daten muss besonders informiert werden.

126 In welchen Fällen werden die vorstehenden Ausführungen relevant und wie erkennt das bspw. der Inhaber einer kleinen Agentur? Ein wesentlicher Indikator für gesetzliche Erlaubnistatbestände [x] ist der Empfang nicht erbetener Kommunikation von einem unbekannten Absender.

x
Nicht erbetene Kommunikation
Dies ist ein wesentlicher Indikator für gesetzliche Erlaubnistatbestände. In solchen Fällen sollte eine sorgfältige Prüfung durch den Designer erfolgen.

Beispiele:

- Zusendung eines Newsletters,
- Werbemails,
- Individualisierte Werbeanzeigen im Browserfenster,
- »Kaltakquise«-Post im Briefkasten,
- Mitteilung der Schufa, dass eine Eintragung vorgenommen wurde,
- Gehaltsmitteilung, die durch eine Steuerberaterkanzlei erstellt wurde.

In den meisten derartigen Fällen wird es sich um die Folgen einer (möglicherweise nicht durchdachten und nicht erinnerten) Einwilligung des Betroffenen selbst handeln, wie das bei Newslettern oder individualisierter Werbung oft der Fall ist, oder um die Auftragsverarbeitung durch einen dem Betroffenen unbekannten Dienstleister (z. B. Gehaltsmitteilung). Aber gerade unerbetene Werbung greift an Stelle einer Einwilligung regelmäßig auf das »berechtigte Interesse« des Direktmarketings zurück, vgl. oben das Szenario 3 in Rn 119. Zwar wird auch im Bereich des Marketings der Erlaubnistatbestand des Art. 6 Abs. 1 lit. f) DSGVO in den allermeisten Fällen gar nicht bemüht, da der Betroffene bei irgendeiner Gelegenheit in die Weitergabe seiner personenbezogenen Daten auch an »Werbepartner« eingewilligt hat. Aber die echte Kaltakquise benötigt das »berechtigte Interesse«. In diesem Zusammenhang dürfen zwei rechtliche Felder nicht verwechselt werden: Die vorstehenden Ausführungen beziehen sich auf die Erlaubnis zur Datenverarbeitung im Lichte der DSGVO. Davon zu unterscheiden ist die Frage, welche Formen des Marketings überhaupt erlaubt sind. Hierfür ist § 7 UWG einschlägig[124]. Danach ist jede Form von Werbung durch elektronische Post als unzumutbare Belästigung anzusehen. Digitale Werbung bedarf einer gesonderten Einwilligung gem. § 7 Abs. 3 UWG, die nicht mit der Einwilligung der DSGVO identisch ist.

Praxishinweis
Unerwünschte Werbung kann entweder an einer vergessenen Einwilligung liegen oder an einem behaupteten »berechtigten Interesse«. Bei Letzterem müsste allerdings informiert werden.

Wenn der Designer also von einem ihm unbekannten Absender eine Werbemail ohne weitere Informationen erhält, besteht die Vermutung, dass dies aufgrund 1. einer Einwilligung gem. DSGVO geschieht, die der Designer möglicherweise im Kleingedruckten eines anderen Unternehmens erteilt hat, er 2. dort auch bereits über die mögliche nachgelagerte Verarbeitung seiner Daten durch Dritte informiert wurde, und 3. die elektronische Zusendung aufgrund einer Einwilligung

Praxishinweis
Bei unerwünschter Werbung in digitaler Form wird oft gegen § 7 UWG verstoßen. Hier kann sich eine Abmahnung des Versenders lohnen.

gem. § 7 Abs. 3 UWG möglich war, die der Designer an gleicher Stelle hinterlassen hat.

Praxishinweis
Bei unerwünschter Printwerbung wird zwar § 7 UWG nicht verletzt, aber gegen die DSGVO verstoßen, wenn nicht Informationen zum »berechtigten Interesse« des Versenders beigefügt sind. Hier kann sich ein Schreiben an die Aufsichtsbehörde lohnen.

Wenn der Designer hingegen Printwerbung von einem ihm unbekannten Absender im Briefkasten findet, ist die Wahrscheinlichkeit hoch, dass es sich um eine echte Kaltakquise handelt. Denn diese ist gezwungen, mit Print zu arbeiten, da keine Einwilligung gem. § 7 Abs. 3 UWG vorliegen kann. Und zuvor benötigt sie den gesetzlichen Tatbestand des »berechtigten Interesses«, um an die personenbezogenen Daten des Empfängers zu gelangen. Solche Printwerbung muss daher immer auch eine Information gem. Art. 13 Abs. 1 lit. d) DSGVO enthalten. Anderenfalls verstößt sie gegen die DSGVO.

Abwehr von Verletzungshandlungen

127 Bestehen Zweifel daran, ob die Erhebung, Speicherung und sonstige Verarbeitung seiner Daten zu Recht erfolgt ist, stehen dem Betroffenen mittlerweile einige Möglichkeiten zur Seite. Die Rechte der betroffenen Personen ˣ sind in den Art. 13 ff. DSGVO festgehalten. Es besteht

x
Rechte der Betroffenen
In den Art. 13 ff. DSGVO wird Betroffenen eine Vielzahl durchgreifender Rechte eingeräumt.

— ein Recht auf Information, Art. 14 und 14 DSGVO,
— ein Recht auf Auskunft, Art. 15 DSGVO,
— auf Berichtigung, Art. 16 DSGVO,
— auf Löschung, Art. 17 DSGVO,
— auf Einschränkung, Art. 18 DSGVO,
— auf Datenübertragbarkeit, Art. 20 DSGVO,
— auf Widerspruch, Art. 21 DSGVO, und
— auf eine nichtautomatisierte Entscheidung, Art. 22 DSGVO.

128 Im Sinne einer Abwehr ist zunächst der grundrechtlich abgesicherte[125] Anspruch auf Auskunft ˣ wichtig, Art. 15 DSGVO. Jeder soll ein Recht haben zu erfahren, »wer was wann und bei welcher Gelegenheit über ihn weiß«, so das BVerfG schon 1983 in seinem berühmten Volkszählungsurteil[126]. Art. 15 DSGVO und § 34 Abs. 4 BDSG verpflichten den Verantwortlichen zur kostenlosen Auskunft darüber, ob überhaupt personenbezogene Daten des Betroffenen verarbeitet werden und, wenn ja, welche Daten dies sind. Gem. Art. 15 Abs. 3 DSGVO hat der Verantwortliche dem Betroffenen die fraglichen Daten auf Antrag auch als Kopie zur Verfügung zu stellen. Das gilt übrigens grundsätzlich auch dann, wenn die

x
Anspruch auf Auskunft
Art. 15 DSGVO gewährt dem Betroffenen kostenlose Auskunft, ob und ggf. welche Daten vom Verantwortlichen verarbeitet werden.

Daten durch die öffentliche Hand in nichtautomatisierter Form verarbeitet werden – also bzgl. der klassischen Behördenakte (§ 34 Abs. 4 BDSG).

Es gibt eine Anzahl von Ausnahmen, in denen keine Auskunft erteilt werden muss. Das ist z.B. bei einem offensichtlich missbräuchlichen oder exzessiven Auskunftsverlangen der Fall, Art. 12 Abs. 5 Satz 2 DSGVO. Außerdem in Fällen der öffentlichen Sicherheit, Geheimhaltung oder bestimmten behördlichen Maßnahmen.

Zumindest erwähnt werden soll der Anspruch auf Berichtigung [x] gem. Art. 16 DSGVO, der zur Abwehr unrichtiger oder unvollständiger personenbezogener Daten gedacht ist. Dies mag vor allem dann sinnvoll sein, wenn die Daten relevant für Bonitätsauskünfte sind, z.B. eine unzutreffende Erfassung bei der Schufa oder der Creditreform. 129

x
Anspruch auf Berichtigung
Art. 16 DSGVO

Schärfste »zivile Abwehr« ist der Anspruch auf Löschung der Daten [x], Art. 17 DSGVO. Der Text der Norm ist gut verständlich und nimmt in den Gründen jeweils Bezug auf die vorstehenden Ausführungen: 130

x
Anspruch auf Löschung der Daten
Art. 17 DSGVO gibt dem Betroffenen einen umfassenden Anspruch auf Löschung, der auch weitergegebene Daten umfasst.

> Art. 17 DSGVO:
> Die betroffene Person hat das Recht, von dem Verantwortlichen zu verlangen, dass sie betreffende personenbezogene Daten unverzüglich gelöscht werden, und der Verantwortliche ist verpflichtet, personenbezogene Daten unverzüglich zu löschen, sofern einer der folgenden Gründe zutrifft:
> 1. Die personenbezogenen Daten sind für die Zwecke, für die sie erhoben oder auf sonstige Weise verarbeitet wurden, nicht mehr notwendig.
> 2. Die betroffene Person widerruft ihre Einwilligung, auf die sich die Verarbeitung gemäß Artikel 6 Absatz 1 Buchstabe a oder Artikel 9 Absatz 2 Buchstabe a stützte, und es fehlt an einer anderweitigen Rechtsgrundlage für die Verarbeitung.
> 3. Die betroffene Person legt gemäß Artikel 21 Absatz 1 Widerspruch gegen die Verarbeitung ein und es liegen keine vorrangigen berechtigten Gründe für die Verarbeitung vor, oder die betroffene Person legt gemäß Artikel 21 Absatz 2 Widerspruch gegen die Verarbeitung ein.
> 4. Die personenbezogenen Daten wurden unrechtmäßig verarbeitet.
> 5. […]

Personenbezogene Daten sind aufgrund dieser Vorschrift zu löschen, wenn sie unrechtmäßig erhoben bzw. verarbeitet wurden, wenn die Einwilligung widerrufen wird oder wenn der Betroffene Widerspruch erhebt, insbesondere gegen eine angebliche gesetzliche Erlaubnis. Die Löschung hat unverzüglich ˣ zu erfolgen und auf eine Weise, die die personenbezogenen Daten auf Dauer unkenntlich macht. Und mehr noch: Gem. Art. 19 DSGVO trifft den Verantwortlichen eine sogenannte Nachberichtspflicht ˣ. Er ist verpflichtet, allen Empfängern, denen er die zu löschenden Daten zuvor offengelegt hatte, die Löschung der Verarbeitung mitzuteilen. Auf Verlangen des Betroffenen muss der Verantwortliche diesen auch über die jeweiligen Empfänger informieren. Nur bei unverhältnismäßigem Aufwand oder Unmöglichkeit kann von der Nachberichtspflicht abgesehen werden, Art. 19 Satz 1, 2. Hs. DSGVO. Diese Ausnahme dürfte aber selten erfüllt sein (insoweit hilft die Digitalisierung), zumal die Nachberichtspflicht auf das »Recht auf Vergessenwerden« ˣ zielt. Sind personenbezogene Daten gar veröffentlicht worden, gelten daher nochmals verschärfte Informationspflichten gegenüber anderen Verantwortlichen, die diese Daten nun ebenfalls verarbeiten, vgl. Art. 17 Abs. 2 DSGVO. Der Erwägungsgrund 66 zur DSGVO unterstreicht dies nochmals:

x
Löschung
Die Löschung muss unverzüglich erfolgen und die Daten unkenntlich machen.

x
Nachberichtspflicht
Auch alle Empfänger, die die Daten vom Verantwortlichen erhalten haben, müssen die Daten löschen.

x
»Recht auf Vergessenwerden«
Im Hinblick auf das »Recht auf Vergessenwerden« wird die Löschungspflicht weit und zugunsten des Betroffenen ausgelegt.

> »Um dem ›Recht auf Vergessenwerden‹ im Netz mehr Geltung zu verschaffen, sollte das Recht auf Löschung ausgeweitet werden, indem ein Verantwortlicher, der die personenbezogenen Daten öffentlich gemacht hat, verpflichtet wird, den Verantwortlichen, die diese personenbezogenen Daten verarbeiten, mitzuteilen, alle Links zu diesen personenbezogenen Daten oder Kopien oder Replikationen der personenbezogenen Daten zu löschen. [2]Dabei sollte der Verantwortliche, unter Berücksichtigung der verfügbaren Technologien und der ihm zur Verfügung stehenden Mittel, angemessene Maßnahmen – auch technischer Art – treffen, um die Verantwortlichen, die diese personenbezogenen Daten verarbeiten, über den Antrag der betroffenen Person zu informieren.«

131 Zur Durchsetzung der vorstehenden Ansprüche stehen dem Betroffenen verschiedene Möglichkeiten zur Verfügung.

Ganz allgemein gibt es das Recht zur Beschwerde bei der Aufsichtsbehörde ˣ. Art. 77 DSGVO gewährt dieses Recht immer dann, wenn der Betroffene davon ausgehen muss, dass

x
Beschwerderecht
Gem. Art. 77 DSGVO kann sich jeder Betroffene in allen Fällen an die Aufsichtsbehörde wenden.

seine personenbezogenen Daten auf eine Weise erhoben, gespeichert oder sonst verarbeitet werden, die gegen die DSGVO verstößt. Die Aufsichtsbehörde ist verpflichtet, der Beschwerde nachzugehen und den Beschwerdeführer über den Stand und die Ergebnisse der Beschwerde zu unterrichten, Art. 77 Abs. 2 DSGVO.

Beispiel:

Ein Kommunikationsdesigner aus Würzburg mit Tätigkeitsschwerpunkt im Social Engineering erhält ab einem bestimmten Zeitpunkt ständig Werbemails ihm unbekannter Unternehmen. Diese bieten ihm Zeitschriftenabos und Dienstleistungen im Bereich Ingenieurwesen, Maschinenbau und Konstruktionssoftware an. Reklamationen per E-Mail und Telefon helfen nicht, da offensichtlich immer wieder neue Absender verantwortlich sind.

Der Kommunikationsdesigner kann sich nun mit einer Liste der Absender an die zuständige Aufsichtsbehörde wenden. In diesem Fall ist das der Bayerische Landesbeauftragte für den Datenschutz in München. Die Beschwerde kann darauf gestützt werden, dass die Absender weder eine Einwilligung noch eine gesetzliche Erlaubnis zur Verwendung der personenbezogenen Daten des Kommunikationsdesigners haben, mindestens jedoch die notwendigen Informationen (z.B. gem. Art. 13 Abs. 1 lit. d) DSGVO) unterließen.

Die Sanktionsmöglichkeiten der Aufsichtsbehörde sind relativ weitreichend. Sie ist verpflichtet, den Sachverhalt aufzuklären – insbesondere durch Anhörung der Verantwortlichen – und sodann die nötigen Maßnahmen anzuordnen, um Verstöße zu beenden. Hierfür stehen ihr drastische Bußgelder zur Verfügung, die bis zu 20 Mio. EUR betragen können und die auch ausdrücklich abschreckende Wirkung haben sollen, vgl. Art. 83 Abs. 1 DSGVO.

Für den vermutlich häufigsten Fall einer Beschwerde – die vermutete Verarbeitung personenbezogener Daten ohne Erlaubnis – ist im Schlussteil unter Rn 139 ein Muster abgedruckt. Dies kann natürlich in ähnlicher Form auch für andere Beschwerdegründe genutzt werden.

Praxishinweis
Das Muster einer Beschwerde ist im Schlussteil abgedruckt.

x
Gerichtliche Rechtsbehelfe
Klagen können gegen die Aufsichtsbehörde, den Verantwortlichen oder den Auftragsverarbeiter gerichtet werden.

132 Genügen nach Auffassung des Betroffenen die Maßnahmen der Aufsichtsbehörde nicht, stehen ihm auch gerichtliche Rechtsbehelfe x zur Seite. Diese können sich richten

- gegen die Aufsichtsbehörde gem. Art. 78 DSGVO oder
- gegen den Verantwortlichen bzw. Auftragsbearbeiter gem. Art. 79 DSGVO.

Im vorstehenden Beispiel könnte bspw. der Bayerische Landesbeauftragte für den Datenschutz untätig bleiben oder den Kommunikationsdesigner nicht innerhalb von drei Monaten über den Stand des Verfahrens oder sein Ergebnis in Kenntnis gesetzt haben. Dann wäre das gerichtliche Verfahren gegen die Aufsichtsbehörde möglich, Art. 78 Abs. 2 DSGVO.

x
Klage gemäß Art. 79 DSGVO
Die Klage gegen den Verantwortlichen als wichtigstes Rechtsmittel umfasst alle nötigen Rechte von der Auskunft bis zur Löschung.

133 Wichtiger noch ist aber die direkte Klage gegen den Verantwortlichen x oder den Auftragsverarbeiter gem. Art. 79 DSGVO. Der Klageanspruch umfasst:

- einen Unterlassungsanspruch gegen den Verantwortlichen, mit dem die rechtswidrige Verarbeitung der personenbezogene Daten des Klägers unterbunden werden kann[127]
- Auskunftsrechte (Art. 15 DSGVO)
- Berichtigungsrechte (Art. 16 DSGVO) und
- Löschungsrechte (Art. 17 DSGVO).

Das BDSG hat in § 44 eine Zuständigkeitsregelung für die deutschen Gerichte getroffen, die der normalen Gerichtszuständigkeit in Zivilsachen entspricht (bei Klagen gegen die Aufsichtsbehörde gilt hingegen der Verwaltungsrechtsweg).

x
Strafverfolgung
Bei Verstößen gegen § 42 BDSG kann auf Antrag die Staatsanwaltschaft eingeschaltet werden.

134 Neben der Aufsichtsbehörde kann auch die Staatsanwaltschaft tätig werden. Art. 84 DSGVO sieht diese Möglichkeit für die Mitgliedsstaaten der EU vor, Deutschland hat hiervon in den §§ 41 ff. BDSG Gebrauch gemacht. Maßgebliche Strafvorschrift x ist § 42 BDSG:

> »(1) Mit Freiheitsstrafe bis zu drei Jahren oder mit Geldstrafe wird bestraft, wer wissentlich nicht allgemein zugängliche personenbezogene Daten einer großen Zahl von Personen, ohne hierzu berechtigt zu sein,
> 1. einem Dritten übermittelt oder
> 2. auf andere Art und Weise zugänglich macht
> und hierbei gewerbsmäßig handelt.

> (2) Mit Freiheitsstrafe bis zu zwei Jahren oder mit Geldstrafe wird bestraft, wer personenbezogene Daten, die nicht allgemein zugänglich sind,
> 1. ohne hierzu berechtigt zu sein, verarbeitet oder
> 2. durch unrichtige Angaben erschleicht
>
> und hierbei gegen Entgelt oder in der Absicht handelt, sich oder einen anderen zu bereichern oder einen anderen zu schädigen.«

Diese Taten, die nur auf Antrag der Aufsichtsbehörde oder Betroffener verfolgt werden, umfassen also vor allem gewerbsmäßig begangene Verstöße. Typischer Fall ist das Hacking tausender Kreditkartendaten oder Bankdaten.

Es mag für den Betroffenen zwar effektiv und möglicherweise auch befriedigend sein, die Aufsichtsbehörde bzw. Staatsanwaltschaft auf die Fährte eines Verstoßes zu setzen. Lukrativ ist dies jedoch nicht. Für die zivilrechtliche Kompensation der Rechtsverletzung gewährt die DSGVO dem Betroffenen in Art. 82 Abs. 1 daher auch Schadensersatzansprüche [x] gegenüber dem Verantwortlichen oder dem Auftragsverarbeiter. Diese Ansprüche umfassen – abweichend vom Regelfall des deutschen § 253 Abs. 1 BGB – nicht nur materielle, sondern sogar immaterielle Ansprüche. 135

x **Schadensersatz**
Der Anspruch gem. Art. 82 DSGVO umfasst neben materiellen Schäden auch eine immaterielle Genugtuung des Betroffenen.

Hintergrund hierfür ist die Erkenntnis, dass im Rahmen der »normalen« Haftungsnormen (in Deutschland wäre dies bspw. ein Delikt gem. § 823 BGB) die Kausalverknüpfung zwischen dem Verstoß und einem bestimmten materiellen Schaden kaum nachzuweisen sein dürfte. Es ist allerdings noch keineswegs klar, wie sich die Rechtsprechung zur Höhe des Schadensersatzes aufgrund eines Verstoßes gegen die DSGVO in Deutschland entwickeln wird. Einerseits ist gerade unser Recht aufgrund des § 253 BGB sehr zurückhaltend mit dem Ausgleich nicht bezifferbarer immaterieller Schäden. Bei bloßen Formalverstößen (ein Lieferant des Designers benutzt z.B. eine unvollständige Datenschutzklausel) dürfte immaterieller Schadensersatz daher kaum gewährt werden. Andererseits fordert Erwägungsgrund 146, dass der Schadensersatz aus präventiven Gründen auch eine abschreckende Wirkung haben soll. Nimmt man diesen Auftrag ernst, müssten auch kleinere Verstöße zu immateriellem Ersatz führen.

Einschlägige Rechtsprechung gibt es bisher kaum. Mit der DSGVO hat sich die Rechtslage in Deutschland geändert, es fehlen Erfahrungswerte. Möglicherweise werden sich die Gerichte an der sogenannten »Caroline-Rechtsprechung« orientieren und die Genugtuungsfunktion neben die Präventionsfunktion setzen, so dass dann auch die aus dem Presserecht bekannten »Tarife« für Persönlichkeitsverletzungen herangezogen werden könnten[128]. Eine gewisse Orientierung könnten aber auch bekannte »Marktwerte« liefern, so z. B. Preise für personenbezogene Daten im Adresshandel. Es bleibt abzuwarten, ob Deutschland die neuen Möglichkeiten nutzt, um den »Wildwuchs« im Bereich der Datensicherheit etwas einzudämmen und Grundrechtsverstöße zugunsten der Betroffenen zu kompensieren.

Wer hat die Rechte am Porträt? Der Fotograf? Der Abgebildete? Beide?

Auch Fotos sind personenbezogene Daten, sobald sie Menschen identifizierbar abbilden. Für Fotografinnen und Fotografen hat sich durch die Einführung der DSGVO viel verändert. Nicht nur Berufsfotografen müssen neue Verhaltensnormen einüben. Auch der private Umgang mit Fotos in den sozialen Medien ist viel kritischer als allgemein bekannt.

Das folgende Kapitel enthält daher nicht nur eine systematische Erläuterung der Gebote und Verbote, sondern auch einige Fallstudien, die Lösungen für typische Alltagssituationen aufzeigen.

x
Bedeutungswandel des Fotos
Fotos werden zum zentralen Kommunikationsmittel in den neuen Medien.

136 Mit der weltweiten Nutzung des Internets und vor allem mit der Verbreitung der sogenannten sozialen Medien kommt dem Foto eine erheblich größere und auch inhaltlich gewandelte Bedeutung ˣ zu. Fotos werden längst als Kommunikationsmedien wahrgenommen. Ihre künstlerische Bedeutung als Werk und auch ihre zeitgeschichtliche Funktion als Dokumentationsmittel treten mehr und mehr in den Hintergrund.

Die »social media ThinkUnit« der Technischen Universität Berlin verweist in ihren Untersuchungen darauf, dass bereits 2014 weltweit täglich (!) 1,8 Milliarden Fotos in den sozialen Medien hochgeladen wurden[129]. Brandwatch teilt mit, dass von den 7,8 Mrd. Menschen auf der Welt im Dezember 2019 fast die Hälfte, nämlich 3,725 Mrd. Menschen, aktive Nutzer von sozialen Medien waren. Allein über Facebook Messenger und WhatsApp werden täglich (!) 60 Milliarden Nachrichten verschickt[130].

x
Erfolg
Fotos sind erfolgreich, weil sie unmittelbar wirken. So kann schneller und emotionaler kommuniziert werden.

Der Erfolg der Fotos ˣ in den sozialen Medien ist verknüpft mit der Art und Weise, wie wir Abbildungen wahrnehmen, analysieren und interpretieren. Im Gegensatz zu Text ist die Wahrnehmung der Phänomene, die die Abbildungen bezeichnen, mehr oder weniger ähnlich mit unseren direkten Sinneseindrücken und ihrer kognitiven Verarbeitung. Diese Art von Rezeption muss nicht erst erlernt werden. Fotos in sozialen Medien wirken unmittelbar[131].

137 In rechtlicher Hinsicht stehen Fotos in sozialen Medien an der Schnittstelle zwischen Urheberrecht und Datenschutz. Und diese Einordnung mit Bezug auf zwei rechtliche Bereiche hat in den letzten Monaten für viel Verunsicherung gesorgt, nicht nur unter Profifotografen und Designern.

x
Lichtbilder
Fotos ohne ausreichende Schöpfungshöhe sind keine Werke.

138 Fotos werden durch das Urheberrecht geschützt. Das gilt zumindest für die ganz überwiegende Mehrheit aller Fotos. Das Urheberrecht listet in § 2 Abs. 1 Nr. 5 UrhG »Lichtbildwerke einschließlich der Werke, die ähnlich wie Lichtbildwerke geschaffen werden« als Werk. An dieser Stelle ist zunächst eine Besonderheit des Gesetzes zu klären: Das UrhG unterscheidet zwischen Lichtbildwerken und Lichtbildern ˣ. Letztere haben keine ausreichende Schöpfungshöhe und können daher nicht als Werk i. S. d. § 2 UrhG anerkannt werden.

Beispiele:

- Lichtbilder sind Gegenstandsfotografien, technische und wissenschaftliche Dokumentationsfotografien, Bildberichterstattungen ohne künstlerischen Anspruch und rein handwerkliche Abbildungen des Fotografen.
- Auch die Masse aller alltäglichen Amateurfotos, Familienfotos, Handyfotos, Urlaubsbilder und dergleichen sind lediglich Lichtbilder.[132]

Lichtbildwerke ˣ hingegen zeichnen sich aus durch ihre persönliche geistige Schöpfung[133]. Dabei ist es nicht unbedingt erforderlich, dass ihre Gestaltung das Schaffen des Durchschnittsfotografen deutlich überragt. Auch die »kleine Münze« ist also geschützt (vgl. oben Rn 5). Die Werkfotos müssen aber auf menschlichem Schaffen beruhen und sie müssen von der Individualität des Fotografen geprägt sein. Kriterien für den Werkcharakter eines Lichtbildes können sein:

x
Lichtbildwerke
Vor allem künstlerisch gestaltete oder inszenierte Fotos sind Werke i. S. d. Urheberrechts.

- Wahl des Motivs
- Verwendung von Licht- und Schattenkontrasten als Inszenierungsmittel
- Schärfen und Unschärfen als Inszenierungsmittel
- Fokussierung auf bestimmte Bildausschnitte
- besondere Perspektive oder Aufnahmeformat
- Wahl des richtigen Moments bei Bewegungsvorgängen
- Bildauflösung
- nachträgliche Bearbeitung

In Lichtbildwerken ist meist eine Bildaussage erfassbar, die über das Abgebildete hinausgeht. Sie geben Stimmungen gut wieder, sind oft mehrfach codiert, vermitteln eine Problematik oder Aussage besonders eindrücklich oder regen zum Nachdenken an. Diese Merkmale bestimmen gleichzeitig auch die Schutzqualität des betreffenden Fotos, z.B. im Rahmen einer »freien Benutzung« gem. § 24 UrhG (vgl. Rn 12).

Die eingangs erwähnte Besonderheit des Urhebergesetzes liegt nun darin, dass es zwar einerseits den Unterschied zwischen Lichtbildwerken und Lichtbildern hervorhebt, andererseits aber in § 72 Abs. 1 UrhG die allgemeinen Vorschriften des Urheberrechts auch für Lichtbilder als verbindlich erklärt:

> »Lichtbilder und Erzeugnisse, die ähnlich wie Lichtbilder hergestellt werden, werden in entsprechender Anwendung der für Lichtbildwerke geltenden Vorschriften des Teils 1 geschützt.«

Praxishinweis
Der rechtliche Unterschied zwischen Lichtbildern und Lichtbildwerken wirkt sich auf die praktische Arbeit des Fotografen kaum aus.

Damit genießen faktisch so gut wie alle Fotografien den Schutz des Urheberrechts. Bemerkbar macht sich der Unterschied praktisch nur noch in zwei Punkten:

- Lichtbilder genießen eine reduzierte Schutzdauer von 50 Jahren nach ihrem Erscheinen, § 72 Abs. 3 UrhG.
- Der Schutzumfang ist bei Abwägungsprozessen (z.B. im Rahmen der §§ 14 oder 24 UrhG) wesentlich geringer, da von vornherein der Werkcharakter und seine Schöpfungshöhe fehlen.

Der also faktische Schutz des UrhG gilt ausdrücklich auch für Handyfotos, Selfies oder andere »Schnellschüsse«, die auf sozialen Plattformen im Internet hochgeladen werden. Und ebenso für alle Lichtbilder, die im professionellen Umfeld des Designers veröffentlicht werden.

Beispiel:

Der Designer D veröffentlicht auf seinem Instagram-Acccount eine Fotoserie von Stränden der Karibik, die er in seinem letzten Urlaub angefertigt hat. Es sind die üblichen Motive: Meer, Palmen, weißer Sand, Sonne. Nichts Künstlerisches. D hat auf seinem Account kennt lich gemacht, dass diese Fotos von jedermann kostenfrei für private Zwecke verwendet werden dürfen. Auch eine Bearbeitung ist erlaubt. Hierfür hat er die CC-Lizenzen »by«, »nc« und »sa« verwendet (vgl. Rn 49).

Einige Zeit später fällt ihm auf, dass ein Bekannter von ihm auf dessen Instagram-Account eines dieser Fotos veröffentlicht hat. Der Name von D wurde herausgehoben genannt. Allerdings sind der Himmel und das Meer blutrot eingefärbt und das Foto wurde mit der Botschaft »Fernreisen töten Leben« unterlegt.

D vermutet Neid und möchte wissen, ob er dagegen vorgehen kann.

Immerhin ist ja auch für solche Lichtbilder das UrhG anwendbar. Aber die Verwendung des Fotos, seine Veröffentlichung und seine Bearbeitung waren durch die CC-Lizenz gedeckt. Auch der Hinweis auf D als Urheber war korrekt. Helfen könnte daher allenfalls § 14 UrhG. Allerdings genießt das Foto keinen hohen Schutz, da es sich nur um ein Lichtbild handelt, nicht um ein Werk. In der bloßen Einfärbung des Fotos liegt keine Entstellung oder Beeinträchtigung, die geeignet wäre, die Interessen des D an dem Foto erheblich zu gefährden. Zumal er die Bearbeitung gestattet hatte und er bei einer Veröffentlichung auf Instagram auch damit rechnen musste, dass Bearbeitungen erfolgen. Die soziale Kritik des Bekannten von D wird erst durch den Textzusatz erkenntlich – dieser betrifft allerdings das Lichtbild als solches nicht mehr. Der unmittelbare Kontext zwischen beidem, Foto und Text, ist zwar geeignet, das UPR des D an seinem Foto zu beeinträchtigen, jedoch überwiegt das Interesse des D aufgrund der fehlenden Werkqualität und seiner grundsätzlichen Genehmigung nicht das Grundrecht auf Meinungsäußerung des Bekannten; diese »Bearbeitung« lässt auch keinen direkten Angriff auf D erkennen. D kann das Posting also nicht verhindern.

Die Rechte am Bild [x] – auch bei der Veröffentlichung in den sozialen Medien – liegen, wie die vorstehenden Ausführungen gezeigt haben, allein beim Fotografen. Bei der überwiegenden Anzahl aller Fotos dürfte es sich allerdings um einen nur schwach ausgeprägten Schutz handeln, da es lediglich Lichtbilder, nicht Werke i.S.d. § 2 UrhG sind.

x
Recht am Bild
Das Urheberrecht gewährt allein dem Fotografen alle Rechte am Bild, d. h. am Ergebnis des technischen Abbildungsvorgangs. Nutzungsrechte können als Lizenzen übertragen werden.

Auch vor diesem Hintergrund ist Zurückhaltung geboten bei der Vergabe von »Genehmigungen« aller Art, insbesondere durch das unreflektierte Setzen von Häkchen bei der Account-Anmeldung auf sozialen Plattformen (vgl. hierzu ausführlich Rn 50 f.).

Praxishinweis
Vorsicht bei der »automatischen« Vergabe von Rechten in den sozialen Medien!

Bildrechte

x
Bildrechte
Alle abgebildeten Personen genießen umfassende Rechte an ihrem Abbild, die auf ihren Grundrechten beruhen.

139 Das Recht am Bild ist zu unterscheiden von denjenigen Bildrechten ˣ, die Personen genießen, die auf dem Bild identifizierbar abgebildet werden. Hierfür ist nicht das Urheberrecht maßgeblich (ein solches an der eigenen Person gibt es für den Abgebildeten nicht), sondern das allgemeine Persönlichkeitsrecht, das gem. Art. 1 und 2 GG verfassungsrechtlichen Schutz genießt[134]. Jeder Mensch hat das ausschließliche Recht, über die Verbreitung und öffentliche Schaustellung seines eigenen Bildnisses zu entscheiden[135]. Näher ausgestaltet ist dieser Schutz im »Gesetz betreffend das Urheberrecht an Werken der bildenden Künste und der Photographie« (KUG ˣ) einerseits und in der DSGVO andererseits.

x
KUG
Gesetz betreffend das Urheberrecht an Werken der bildenden Künste und der Photographie

140 Das KUG ist wesentlich älter als das UrhG (es stammt aus dem Jahr 1907) und es hat seine Funktion mittlerweile weitgehend verloren, da seine Inhalte in den später erlassenen Gesetzen aufgegangen sind. Eine Ausnahme sind aber gerade die Bestimmungen über die Abbildung von Personen – auch auf Fotografien[136] –, die uns hier interessieren.

Der Grundtatbestand zum Schutz der abgebildeten Personen findet sich in § 22 KUG:

> »Bildnisse dürfen nur mit Einwilligung des Abgebildeten verbreitet oder öffentlich zur Schau gestellt werden. Die Einwilligung gilt im Zweifel als erteilt, wenn der Abgebildete dafür, dass er sich abbilden ließ, eine Entlohnung erhielt.«

x
Einwilligung
Gem. § 22 KUG gilt: Grundsätzlich kein Bildnis ohne Einwilligung.

141 Nach dieser Vorschrift dürfen Bildnisse nur mit Einwilligung ˣ des Abgebildeten verbreitet oder öffentlich zur Schau gestellt werden, denn diese Handlungen stellen einen Eingriff in das allgemeine Persönlichkeitsrecht dar[137]. Bei Minderjährigen ist zusätzlich die Einwilligung des gesetzlichen Vertreters erforderlich[138]. Bemerkenswerterweise wird in § 22 KUG über die Anfertigung des Bildnisses nichts ausgesagt. Darf also ohne Einwilligung fotografiert werden? Nein. Über den Wortlaut des KUG hinaus hat die Rechtsprechung seit langem klargestellt, dass auch die An-

fertigung des Fotos immer schon einen Eingriff in das allgemeine Persönlichkeitsrecht darstellt und daher grundsätzlich gar keine Ablichtung einer Person ohne deren Einwilligung vorgenommen werden darf[139].

In der Praxis muss jedem Designer, jedem Fotografen empfohlen werden, in allen Fällen vor der Ablichtung einer Person von dieser eine Einwilligung einzuholen. Ein Muster hierfür ist in Rn 148 abgedruckt. Dieser Einwilligungsvorbehalt gilt selbstverständlich auch für private Aufnahmen und für Fotos mit dem Handy bzw. Smartphone. Fotos ohne Einwilligung sind grundsätzlich verboten! Das Allgemeine Persönlichkeitsrecht ist Schutzgegenstand des § 823 Abs. 1 BGB, seine Verletzung löst deliktische Schadensersatzansprüche aus[140]. Das Strafgesetz ergänzt das Verbot: § 201a Abs. 2 StGB stellt die Verletzung des höchstpersönlichen Lebensbereichs durch Bildaufnahmen unter Strafe[141] – das betrifft vor allem Aktfotos und intime Situationen. Dieser Tatbestand ist im Kontext der sozialen Netzwerke besonders relevant.

Praxishinweis
Die Einwilligung des Betroffenen ist immer Best Practice für den Profi.

Der Abgebildete genießt also eine Art doppelten Schutz: Schon die Anfertigung eines Fotos von ihm verstößt nach herrschender Auffassung gegen sein Persönlichkeitsrecht. Erst recht aber darf ein solches Foto nicht gegen seinen Willen verbreitet oder veröffentlicht werden.

142

Aber auch für diesen Schutz gibt es Ausnahmen [x], also Schranken, die in § 23 KUG normiert sind. Diese Norm ist für die praktische Arbeit von Designern und Fotografen von großer Bedeutung:

x
Ausnahmen vom Einwilligungsvorbehalt
§ 23 KUG nennt Umstände, die eine Einwilligung des Abgebildeten entbehrlich machen.

> »(1) Ohne die nach § 22 erforderliche Einwilligung dürfen verbreitet und zur Schau gestellt werden:
> 1. Bildnisse aus dem Bereich der Zeitgeschichte;
> 2. Bilder, auf denen die Personen nur als Beiwerk neben einer Landschaft oder sonstigen Örtlichkeit erscheinen;
> 3. Bilder von Versammlungen, Aufzügen und ähnlichen Vorgängen, an denen die dargestellten Personen teilgenommen haben;
> 4. Bildnisse, die nicht auf Bestellung angefertigt sind, sofern die Verbreitung oder Schaustellung einem höheren Interesse der Kunst dient.

(2) Die Befugnis erstreckt sich jedoch nicht auf eine Verbreitung und Schaustellung, durch die ein berechtigtes Interesse des Abgebildeten oder, falls dieser verstorben ist, seiner Angehörigen verletzt wird.«

Beispiele:

- Nr. 1: Ein Agenturinhaber nimmt an einer Diskussionsrunde im Fernsehen zum Thema Kommunikation in den sozialen Medien teil. Danach macht er ein Selfie von sich und einer anwesenden Bundesministerin und stellt dieses in seinen Facebook-Account. Das ist nach dem KUG auch ohne Einwilligung zulässig.
- Nr. 2: Ein Dozent an der Designfakultät veröffentlicht auf seiner Homepage eine Aufnahme des Fakultätsgebäudes mit einigen Studierenden und Kollegen, die dort im Moment der Aufnahme ein- und ausgehen. Das ist nach dem KUG auch ohne Einwilligung zulässig. Ebenso die Aufnahme eines Marktplatzes, um für einen Kunden den Hintergrund einer Homepage zu gestalten. Dabei müssen nach dem KUG zufällig abgebildete Personen weder gefragt noch wegretuschiert werden.
- Nr. 3 ist nicht ganz so wichtig für die praktische Arbeit. Grundsätzlich können ja aber auch Karnevalsumzüge, Klimademonstrationen, Protestversammlungen von Verschwörungstheoretikern und Hundeleistungsschauen lohnende Objekte sein.
- Nr. 4: Ein Fotograf fertigt ungefragt hochwertige Bilder von Personen in Museen an, die auf Gemälde schauen. Daraus soll ein Bildband entstehen. Monochrome Charakterstudien anhand der Porträts im Profil. Ein solches künstlerisches Projekt wäre eine ausreichende Begründung für die Nr. 4. Nach dem KUG würde keine Einwilligung der Fotografierten benötigt.

Ist der Ausnahmetatbestand des § 23 KUG erfüllt, darf das Foto nicht nur verbreitet und veröffentlicht, es darf auch ohne Einwilligung des Abgebildeten angefertigt werden. Allerdings hat diese Ausnahme ihre Grenzen in § 23 Abs. 2 KUG: Im Einklang mit den Grundsätzen des allgemeinen Persönlichkeitsrechts endet die Abbildungsfreiheit dort, wo die Würde der Persönlichkeit verletzt wird[142]. Auch hier muss also abgewogen werden.

Personen, die ohne Einwilligung oder gesetzliche Erlaubnis gem. § 23 KUG abgebildet werden, haben aufgrund der Verletzungen des Rechts am eigenen Bild Ansprüche ˣ auf Unterlassung gemäß § 1004 Abs. 1 Satz 2, § 823 Abs. 1, 2 BGB i. V. m. § 22 KUG sowie auf Schadensersatz bei vorsätzlicher oder fahrlässiger Rechtsverletzung gem. § 823 Abs. 2 BGB i. V. m. § 22 KUG. Hinzu tritt die Strafbarkeit gem. § 201a StGB. 143

x
Ansprüche
Rechtswidrige Fotos lösen Unterlassungs- und Schadensersatzansprüche aus.

Es kann sogar die Verpflichtung bestehen, Fotos wieder zu löschen, herauszugeben oder zu beseitigen, die seinerzeit mit Einwilligung des Fotografierten angefertigt wurden. Eine bemerkenswerte Entscheidung hat hierzu der BGH im Jahr 2015 getroffen: Nach Beendigung einer Beziehung stehen den ehemaligen Partnern wechselseitig Löschungsansprüche für digital gespeicherte Intimfotos zu, auch wenn sie damals mit ihrer Einwilligung gemacht wurden. Aus der Begründung: »Die zur Anregung des gemeinsamen Sexuallebens erbrachte Entblößung wird als demütigend wahrgenommen, wenn das gemeinsame Erleben entfällt, sie aber dauerhaft sichtbar bleibt, wenn das aktive Subjekt gegen seinen Willen zum reinen Objekt des Bildbetrachters wird.«[143] Bei Intimfotos steht der Fotograf ohnehin immer mit einem Bein im § 201a StGB. Wer kann später schon eine Einwilligung nachweisen, sofern sie sich nicht aus der Pose selbst ergibt? Derartige Fotos – Aktfotos überhaupt – sind also eine ziemliche Vertrauenssache. Auch ihre Veröffentlichung oder Weitergabe ohne ausdrückliche Einwilligung sind in jedem Falle strafbar.

Die DSGVO – ein neuer Rahmen für Fotografen

Mit der Geltung der DSGVO seit dem 25.05.2018 tritt neben das KUG eine weitere Vorschrift, die erheblichen Einfluss auf die Fotografie hat. 144

Die DSGVO soll sicherstellen, dass digitale personenbezogene Daten möglichst zurückhaltend und überprüfbar verarbeitet werden. Sie dient damit dem Persönlichkeitsschutz der Betroffenen (vgl. Rn 82 ff.). Dieser Schutz schließt auch Fotos ein ˣ, denn Fotos von Menschen sind gem. Art. 4 Nr. 1 DSGVO personenbezogen. Die DSGVO gilt also grundsätzlich

x
Schutzbereich
Auch Fotos können personenbezogene Daten sein, wenn auf ihnen eine identifizierbare Person abgebildet wird.

für jeden digitalen Herstellungs- und Verarbeitungsprozess von Fotos, auf denen Personen identifizierbar abgebildet werden. Bei Fotos genügt für diese »Identifizierbarkeit«, dass einzelne Betrachter dem Abgebildeten seinen Namen zuordnen können; hinzu treten die Möglichkeiten der mittlerweile gut entwickelten und weltweit eingesetzten Bilderkennungssoftware. Weitere Umstände, die in den digitalen Metadaten miterfasst werden, wie bspw. Ort oder Zeitpunkt der Aufnahme in den EXIF- oder den IPTC-Einträgen, gelten als zusätzliche personenbezogene Daten.

145 Umstritten war zunächst das Verhältnis zwischen der neuen DSGVO und dem alten KUG[144]. Was hat Vorrang für den Fotografen? Welche Vorschriften gelten?

x
Rangfolge früher
Vor der DSGVO hatte das KUG Vorrang vor dem BDSG.

Vor dem Inkrafttreten der DSGVO fand die Veröffentlichung von Bildern, die nicht unter das Medienprivileg gemäß § 41 Abs. 1 BDSG a.F., § 57 Abs. 1 RStV fielen, die Subsidiaritätsklausel [x] des § 1 Abs. 3 S. 1 BDSG a.F. Anwendung, wonach anderen Rechtsvorschriften des Bundes, die auf personenbezogene Daten einschließlich deren Veröffentlichung anzuwenden sind, Vorrang vor dem BDSG zukam. Mit Urteil vom 11.12.2014 entschied bspw. das Bundesarbeitsgericht, dass dem KUG als bereichsspezifischer, spezialgesetzlicher Regelung gemäß § 1 Abs. 3 BDSG a.F. Vorrang vor dem BDSG zukam[145]. Dieser Ansicht folgten auch die Zivilgerichte. Das KUG galt also vorrangig, wenn es um Fotos ging.

Mit dem Inkrafttreten der DSGVO hat sich das geändert. Relevant wurden die Überlegungen zur Geltung der verschiedenen gesetzlichen Vorschriften zunächst im Bereich der journalistischen Bildberichterstattung. Art. 85 DSGVO erlaubt – wie die Vorgängerregelung in Art. 9 Richtlinie RL 95/46/EG – nationale Gesetze mit Abweichungen von der DSGVO zugunsten der Verarbeitung zu journalistischen Zwecken. Art. 85 DSGVO enthält damit eine Öffnungsklausel, die nicht nur neue Gesetze erlaubt, sondern auch bestehende Regelungen erfassen kann[146]. In diesem Bereich erging 2019 eine maßgebliche Entscheidung des OLG Köln:

> »Selbst wenn man annehmen wollte, dass auch im [...] Bereich einer journalistischen Tätigkeit die Vorschriften des KUG seit Inkrafttreten der DSGVO vom Anwendungs-

> vorrang der DSGVO verdrängt würden und nicht mit Blick auf Art. 85 DSGVO ungeachtet der Sondervorschriften weiterhin mit dem Gebot einer grundrechts- und europarechtskonformen Auslegung fortgelten, ergibt sich nichts günstigeres. Denn auch hier wären im Rahmen der gebotenen Einzelfallabwägung bei Art. 6 Abs. 1 lit. f) DSGVO i.V.m. Erwägungsgrund 153 der DSGVO die gleichen Abwägungsfragen aufzuwerfen wie im Rahmen des § 23 Abs. 1 Nr. 1 KUG, weswegen im Schrifttum mit gutem Grund dafür plädiert wird, die bewährten Wertungen aus § 23 KUG ohnehin bei der Prüfung von Art. 6 Abs. 1 lit. f) DSGVO zu berücksichtigen.«[147]

Die vorzitierte Entscheidung des OLG Köln trifft zwar keine Aussage darüber, ob das KUG auch bei der Veröffentlichung von Fotos bzw. Filmaufnahmen Anwendung findet, die nicht zu journalistischen Zwecken veröffentlicht werden – der Sachverhalt der genannten Entscheidung bezog sich nämlich auf die Veröffentlichung eines Fernsehbeitrags, in dem der Betroffene und Kläger erkennbar gezeigt wurde. Die Formulierung des Urteils ist in dieser Frage erkennbar offen gehalten. Aber nahezu zeitgleich hat das Landgericht Frankfurt a. Main mit Urteil vom 26.09.2019, Az. 2/03 O 402/18, auch abseits des journalistischen Bereichs die Anwendung der §§ 22 f. KUG und die hierzu in der Rechtsprechung ergangenen Grundsätze mit Blick auf Art. 6 Abs. 1 lit. f) DSGVO bejaht[148].

Im Ergebnis bedeutet dies für die Normhierarchie x, dass die Grundsätze des KUG, insbesondere zu § 23 KUG, in die Prüfung gem. Art. 6 DSGVO »hineingeholt« werden, da sie nahezu identisch sind. Oder allgemeiner ausgedrückt: Es gilt immer zunächst die DSGVO und ergänzend außerdem das KUG.

x
Rangfolge heute
Es gilt zunächst die DSGVO, sodann das KUG und schließlich das BDSG.

Nach diesem vorstehenden Grundsatz ist also Art. 6 DSGVO 146
auch im Bereich der Fotografie bzw. von Filmaufnahmen die maßgebliche Norm x, nach der sich die Fotografen zu richten haben. Digitale Aufnahmen und die digitale Verarbeitung von Fotos sind nur rechtmäßig, wenn eine der in Art. 6 DSGVO genannten Bedingungen erfüllt ist.

x
Erlaubnistatbestände
Art. 6 DSGVO ist die maßgebliche Norm für die Frage, ob Fotos von Personen angefertigt werden dürfen.

Im Bereich der Fotografie kommen hierfür in aller Regel die drei folgenden Erlaubnistatbestände in Frage:

— die Einwilligung, Art. 6 Nr. 1 lit. a) DSGVO
— die Erfüllung eines Vertrags, Art. 6 Nr. 1 lit. b) DSGVO
— die Wahrung berechtigter Interessen, Art. 6 Nr. 1 lit. f) DSGVO

x
Einwilligung
Auch unter der DSGVO gilt: Die Einwilligung des Abgebildeten ist immer die Best Practice des Profis.

147 Auch für Fotografen ist Best Practice natürlich die Einwilligung ˣ gem. Art. 6 Nr. 1 lit. a) DSGVO. Die Einholung einer Einwilligung ist selbst dann rücksichtsvoller und offener, wenn aufgrund einer gesetzlichen Erlaubnis gar keine Einwilligung nötig wäre. Insoweit wird auf oben Rn 91 und Rn 106 verwiesen. Bei diesem Grundsatz zeigt sich, dass die Wertung des OLG Köln durchaus zutreffend ist: Auch § 22 KUG verlangt eine Einwilligung des Abgebildeten, vgl. oben Rn 141. DSGVO und KUG können also ohne Widersprüche angewendet werden, in der Einwilligung gem. Art. 6 Nr. 1 lit. a) DSGVO ist diejenige des § 22 KUG mitenthalten. Ob der Fotograf in diesem Fall das Formular Rn 149 oder das Formular Rn 155 verwendet, ist nur noch Geschmackssache.

x
Informationspflichten
Auch Fotografen müssen streng nach Art. 13 DSGVO informieren.

148 Einen wesentlichen Unterschied gibt es allerdings bei der Einwilligung zwischen der DSGVO und dem KUG: die Informationspflichten ˣ. Bezüglich dieser Pflichten geht die DSGVO dem KUG klar vor, weil das KUG überhaupt keine solchen Pflichten umfasst. Für jeden Fotografen gilt daher: Der Fotografierte muss für seine Einwilligung zwingend über Art und Umfang der mit dem Foto verbundenen Datenverarbeitung sowie über seine Rechte als Betroffener informiert werden. Handelt es sich um eine Datenerhebung direkt beim Betroffenen, also beim zu Fotografierenden, hat diese Information schon im Zuge der Erhebung zu erfolgen, also vor dem eigentlichen Foto (Art. 13 Abs. 1 DSGVO). Das kann im Einzelfall sehr schwierig sein und ist für Fotografen im Allgemeinen neues Terrain. Alle grundsätzlichen Bemerkungen über Informationspflichten in Rn 110 ff. gelten eben auch für Fotografen, weshalb die Mustereinwilligung in Rn 155 bereits mit den nötigen Informationen versehen wurde.

x
Vertragserfüllung
Ein Fotoauftrag ersetzt als gesetzliche Erlaubnis die Einwilligung des Abgebildeten. Dies gilt allerdings nur dann, wenn der Vertrag zwischen dem Fotografen und dem Abgebildeten geschlossen wurde.

149 Die Erfüllung eines Vertrags ˣ als gesetzliche Erlaubnis gem. Art. 6 Nr. 1 lit. b) DSGVO ist für Fotografen eher unproblematisch. Während die vorstehende Einwilligung vor allem im »halbprivaten« Bereich der Gefälligkeiten, bei Gelegenheitsporträts ohne Auftrag (»Materialsammlung«) oder

bei der Abarbeitung von Aufträgen Dritter nötig ist, liegt natürlich in jedem Auftrag, in jedem Vertrag mit dem zu Fotografierenden selbst bereits auch eine Einwilligung.

Zur Klarstellung: Die gesetzliche Erlaubnis gem. Art. 6 Nr. 1 lit. b) DSGVO gilt nur dann, wenn der Vertrag zwischen dem Verantwortlichen und dem Betroffenen selbst geschlossen wurde. Ein Auftrag zwischen dem Fotografen und einem Auftraggeber rechtfertigt nicht die Fotografie irgendwelcher anderen Personen für diesen Auftrag!

Beispiel:

Ein Fotograf schließt einen Vertrag mit einem Model, um Fotos für einen Kalender anzufertigen. – Hier bedarf es keiner gesonderten Einwilligung des Models, da in dem Vertrag bereits eine gesetzliche Erlaubnis gem. Art. 6 Nr. 1 lit. b) DSGVO enthalten ist. Auch eine Einwilligung gem. § 22 KUG ist nicht mehr nötig, da die DSGVO Vorrang hat. Allerdings muss der Fotograf das Model gem. Art. 13 Abs. 1 DSGVO informieren.

Variante:

Ein Fotograf schließt einen Vertrag mit einem Verlag, um im Auftrag des Verlags Fotos für einen Kalender anzufertigen. In der nächsten Woche finden sich mehrere Models im Studio des Fotografen ein, die der Verlag engagiert hat, damit der Auftrag erfüllt werden kann. – Zwischen dem Fotografen und den Models besteht also kein direkter Vertrag. Eine gesetzliche Erlaubnis gem. Art. 6 Nr. 1 lit. b) DSGVO kann daher nicht unterstellt werden. Best Practice wäre nun die gesonderte Einwilligung und Information aller Models, Art. 6 Nr. 1 lit. a) und Art. 13 Abs. 1 DSGVO, die auch die Einwilligung gem. § 22 KUG abdeckt. Dazu ist dringend zu raten. Kommt dies aus irgendwelchen Gründen nicht in Betracht, könnte sich der Fotograf möglicherweise darauf berufen, dass in dem Vertrag zwischen den Models und dem Verlag eine gesetzliche Erlaubnis gem. Art. 6 Nr. 1 lit. b) DSGVO zu sehen ist, die sich auch auf ihn als Auftragnehmer des Verlags und damit als Hilfsperson des Verlags bezieht. Insofern käme auch eine Auftragsverarbeitung gem. Art. 4 Nr. 8 DSGVO in Betracht, vgl. Rn 89. Dies ist allerdings eine erheblich weniger tragfähige Grundlage, zumal der Fotograf im Zweifel den Vertrag zwischen Verlag und Models nicht im Wortlaut kennt und auch nicht abschätzen kann, ob die Models zutreffend informiert wurden und somit den Umfang seiner Fotoarbeiten und digitalen Verarbeitung richtig beurteilen können. Das kann kritisch werden. Zur Erinnerung: Datenerhebung und Datenverarbeitung (= Fotografieren von Personen) sind verboten, sofern kein Erlaubnistatbestand eröffnet ist.

x
Wahrung berechtigter Interessen
Bestimmte Situationen lassen sich für Fotografen nur mit Rückgriff auf diese gesetzliche Erlaubnis gestalten.

150 Der gesetzliche Erlaubnistatbestand der Wahrung berechtigter Interessen x gem. Art. 6 Nr. 1 lit. f) DSGVO ist für Fotografen wesentlich wichtiger als im »normalen« Arbeitsbereich der Gestaltung. Das macht diesen Erlaubnistatbestand aber auch für Fotografen nicht weniger kompliziert und risikoreich. Wie bereits in Rn 109 ausgeführt, setzt das Berufen auf diesen Erlaubnistatbestand stets eine besondere Abwägung der Interessen des Fotografen mit dem Eingriff in die Grundrechte des Fotografierten voraus. Speziell über diese Abwägung muss der Fotografierte auch informiert werden, Art. 13 Abs. 1 lit. d) DSGVO, damit er sein besonderes Widerspruchsrecht für diesen Fall wahrnehmen kann (vgl. Rn 110). Spätestens damit ist der gesetzliche Erlaubnistatbestand der Wahrung berechtigter Interessen auch für Fotografen schwierig.

Praxishinweis
Häufig wird der Vorteil des gesetzlichen Erlaubnistatbestands für den Fotografen durch die Informationspflichten gegenüber dem Abgebildeten zunichte gemacht.

Beispiel:

Ein Kunstfotograf möchte für ein neues Ausstellungsprojekt »Menschen auf der Straße« Obdachlose fotografieren. Die Fotos sollen authentisch sein, also unbemerkt aufgenommen und nicht gestellt.

Gem. § 23 Abs. 1 Nr. 4 KUG wäre die Anfertigung und Veröffentlichung dieser Fotos auch ohne Einwilligung erlaubt – damit auch »heimlich« –, sofern damit nicht ein »berechtigtes Interesse der Abgebildeten« verletzt wird (§ 23 Abs. 2 KUG), also bspw. ihre Intimsphäre.

Allerdings ist nun die DSGVO vorrangiges Recht. Authentische Fotos anzufertigen ist sicherlich auch ein berechtigtes Interesse eines seriösen Kunstfotografen i. S. d. gesetzlichen

Erlaubnis des Art. 6 Nr. 1 lit. f) DSGVO. Die Abwägung im Rahmen dieser Erlaubnis deckt sich auch mit derjenigen des § 23 KUG. So weit, so rechtmäßig. Eine Erlaubnis der Obdachlosen muss also auch gem. DSGVO nicht eingeholt werden.

Das Projekt dürfte aber an eine kaum zu überwindende Schwelle kommen, nämlich zu dem Zeitpunkt, an dem die Fotografierten zumindest unmittelbar nach der Aufnahme umfassend informiert werden müssen, einschließlich ihres Widerspruchsrechts gem. Art. 13 Abs. 1 lit. d) DSGVO. Und diese Schwelle ist eigentlich immer dann gegeben, wenn Personen zunächst ohne Erlaubnis abgebildet werden und sodann im unmittelbaren Anschluss darüber informiert werden müssen. Da ist eine Menge möglicherweise berechtigter Diskussionen und Ärger vorprogrammiert und es wird eine Menge Widersprüche geben.

(Anmerkung: Die Ausnahme von der Informationspflicht gem. Art. 14 Abs. 5 DSGVO gilt bei einem solchen Szenario nicht, da bei einzelnen porträtierten Personen der Informationsaufwand zumutbar ist, vgl. Rn 113).

151 Bedeutend für die Fotografie ist der Erlaubnistatbestand der Wahrung berechtigter Interessen gem. Art. 6 Nr. 1 lit. f) DSGVO aber in einem anderen Szenario, das relativ häufig vorkommen dürfte: Der Fotograf möchte eine Aufnahme machen, auf der Personen zu sehen sind, die nicht völlig anonym in den Hintergrund treten, die aber auch nicht einzeln angesprochen werden können, weil bspw. die Gelegenheit zu schnell vorübergeht oder diese Ansprache die Arbeit des Fotografen zunichte machen würde.

Praxishinweis
Bei der Fotografie insbesondere mehrerer Personen in sehr dynamischen Szenarien kann der Erlaubnistatbestand allerdings nützlich sein.

> Beispiele:
>
> Fotografie einer Straßenszene, Fotos von einem Fest, einem Umzug, einer Sportveranstaltung, Motivwagen vom Karneval, ein Seifenkistenrennen, Kinder unter einem öffentlichen Springbrunnen, eine Bahnhofsszene im Vorüberfahren …

Die vorherige Einholung einer Einwilligung aller Personen, die auf einem derartigen Foto identifizierbar abgebildet werden, ist in diesem Szenario praktisch nicht durchführbar.

x
Erläuterung des Gesetzgebers
Bei nicht verdeckten Fotografien im öffentlichen Raum ist in der Regel ein überwiegendes berechtigtes Interesse des Fotografen gegeben.

In diesem Fall geht jedenfalls der Gesetzgeber [x] davon aus, dass »überwiegende berechtigte Interessen« des Fotografen vorliegen, jedenfalls dann, wenn die Aufnahmen nicht verdeckt oder heimlich gemacht werden:

> »Bei der grundrechtlich geschützten und garantierten Meinungs- und Informationsfreiheit handelt es sich um ein hohes Gut, welches unmittelbar in die Auslegung und Anwendung der DSGVO einfließt und daher in die vorzunehmende Interessenabwägung nach Artikel 6 Absatz 1 Buchstabe f DSGVO einzustellen ist. Grundsätzlich wird bei Fotografien von öffentlichen Veranstaltungen oder im öffentlichen Raum von einem überwiegenden Interesse des Fotografen auszugehen sein. Von einem gegen die Anfertigung der Fotografie sprechenden überwiegenden Interesse einer betroffenen Person wird in aller Regel nur dann ausnahmsweise auszugehen sein, wenn Fotos beispielsweise heimlich oder verdeckt erfolgten, die Aufnahmen die Intimsphäre des Abgebildeten betreffen oder sie diskreditierend oder diskriminierend wirken (können).«

Gerichtlich entschieden ist diese Auffassung allerdings noch nicht und immerhin handelt es sich um eine europäische Vorschrift, so dass der deutsche Gesetzgeber hierüber nicht allein entscheiden kann. Auch über Begriffe wie »nicht diskreditierend« oder »nicht diskriminierend« kann füglich gestritten werden.

x
Ausnahme von der Informationspflicht
Art. 14 DSGVO gewährt in engen Grenzen die Möglichkeit, den oder die Abgebildeten nicht zu informieren.

152 In diesem Szenario ist schließlich auch die Ausnahme von der Informationspflicht [x] bedeutend, sonst würde die gesetzliche Erlaubnis ad absurdum geführt (s. o. Rn 137). Von der scharfen Informationspflicht darf gemäß Art. 14 DSGVO nur dann abgewichen werden, wenn die Daten nicht unmittelbar vom Betroffenen selbst erhoben werden (was bei vorübergehenden »Massenszenen« der Fall ist, nicht jedoch bei Porträtfotos oder Fotos von nur wenigen Personen in einer kontrollierbaren Umgebung), und wenn die Erteilung dieser Informationen sich als unmöglich erweist oder einen unverhältnismäßigen Aufwand erfordern würde (Art. 14 Abs. 5 lit. b) DSGVO). Die einschlägige Kommentarliteratur ist bei dieser Ausnahmevorschrift sehr schmallippig. Das wundert nicht. Es geht immerhin um die wesentlichen

Grundrechte der Betroffenen. Fotografieren ohne Einwilligung ist nun einmal grundsätzlich verboten. Hiervon gibt es nur wenige gesetzliche Ausnahmen – und in diesen Fällen soll der Betroffene zumindest informiert werden. Art. 14 Abs. 5 lit. b) DSGVO nimmt dem Betroffenen jedoch nun auch noch diese Sicherheit. Danach dürfte er also legal fotografiert werden, ohne darüber jemals etwas zu erfahren. Dass die Hürden für diese Möglichkeit sehr hoch sind und kaum ein Jurist hierfür in die Bresche springen möchte, liegt auf der Hand. Damit die Ausnahme greift, müssen alternativ zwei Bedingungen vorliegen:

- die Unmöglichkeit der Erteilung der nötigen Informationen oder
- ein unverhältnismäßiger Aufwand.

Praxishinweis
Die Kombination der gesetzlichen Erlaubnis der »Wahrung berechtigter Interessen« mit der Ausnahme von der Informationspflicht aufgrund »unverhältnismäßigen Aufwands« ist sehr verführerisch – aber juristisch nur sehr schwer zu begründen. Für die allgemeine Praxis wird davon abgeraten.

Eine echte Unmöglichkeit wird selten gegeben sein. Der Gesetzgeber hat hier auch eher an rechtliche Schranken gedacht (z. B. sollen Fahndungsbeamte bei einer Observation die Observierten nicht über die Fotos und die Verarbeitung ihrer Daten informieren müssen).

Für zivile Berufsfotografen ist eher die »technisch-operative Unmöglichkeit« relevant, die unter »unverhältnismäßigem Aufwand« eingeordnet wird[150]. In den oben festgehaltenen Beispielen (Karneval etc.) träfe dies zu. Der Fotograf könnte niemals so schnell so viele Informationsblätter austeilen, wie er Personen identifizierbar fotografiert hat; ihre Kontaktdaten sind ihm unbekannt. In kontrollierbaren Umgebungen ist dies allerdings anders. Hier liegt die Gefahr für den sorglosen Fotografen: Leicht kann ihm eine mangelhafte Abwägung unterlaufen, die ihn außerhalb des Erlaubten führt.

Beispiel:

Ein Fotograf besucht das »Bergwerk«, d. h. die Semesterausstellung der Fakultät für Gestaltung der Fachhochschule Würzburg-Schweinfurt. In dem sehr geräumigen Fotolabor pulsiert das Leben vor den ausgestellten Semesterarbeiten der Studierenden. Ein DJ heizt der Menge ein. Tolles Fotomotiv.

Dies ist dennoch kein Fall des Art. 14 Abs. 5 lit. b) DSGVO. Der Fotograf darf zwar auch ohne Erlaubnis fotografieren (berechtigtes Interesse), muss jedoch informieren. Die Flucht in die Ausnahme des Art. 14 DSGVO wäre hier nicht zwingend. Denn der Fotograf könnte z.B. den DJ bitten, kurz eine Durchsage zu machen, dass ab jetzt fotografiert wird und weitere Informationen hierzu bei ihm erhältlich sind. Oder er könnte sich einzelne Gruppen als Motiv heraussuchen und deren Mitglieder informieren bzw. sogar zuvor fragen.

Fotografen, die den Erlaubnistatbestand der Wahrung berechtigter Interessen im Zuge ihrer Arbeit nutzen und sich gleichzeitig darauf berufen, von der verschärften Informationspflicht ausgenommen zu sein, tun gut daran, jedes dieser Projekte genau zu dokumentieren und ihre Abwägungsgründe für die Inanspruchnahme beider rechtlichen Ausnahmen schriftlich festzuhalten.

x
Zurschaustellung und Veröffentlichung
Die Erlaubnis- und Informationspflichten gelten auch für die nachfolgenden Verarbeitungsvorgänge.

153 Noch eine weitere Klarstellung: Alle vorstehenden Ausführungen geilten nicht nur für die Anfertigung von Fotos oder Filmen, sie gelten in gleicher Weise auch für ihre Zurschaustellung oder Veröffentlichung [x]. Dabei ist es völlig unerheblich, ob die Zurschaustellung oder Veröffentlichung durch das Betrachten eines Ausdrucks, am Bildschirm, auf einer Plattform in den sozialen Medien, mittels eines Messengerdienstes oder auf Plakatwänden erfolgt.

Praxishinweis
Die Reichweite der Einwilligung oder gesetzlichen Erlaubnis kann begrenzt sein und sich nicht mehr auf bestimmte Veröffentlichungs- oder Verbreitungsweisen erstrecken.

Für die Einordnung kann auch durchaus eine differenzierte Betrachtung geboten sein: Die Anfertigung von Fotos kann durch eine gesetzliche Erlaubnis gedeckt sein, wie z.B. in Rn 149 »Gesichter der Straße«. Die Reichweite dieser Erlaubnis muss sich aber keineswegs auf alle Arten der Datenverarbeitung bzw. Veröffentlichung erstrecken. Was für einen qualitativ hochwertigen Fotokunstband angemessen sein mag, kann für die Plakatserie eines Werbetreibenden die Persönlichkeitsrechte des Fotografierten tief verletzen.

154 Es gibt zwei wichtige Ausnahmebereiche, die etwas Erleichterung in die restriktive Rechtslage tragen. Für künstlerisch interessierte oder handwerklich puristische Fotografen gilt nach wie vor nur das KUG – sofern sie analog

fotografieren oder filmen. Die DSGVO ist zwar technologisch neutral gehalten (vgl. Rn 86) und erfasst daher auch ganz grundsätzlich die Analogfotografie [x]. Allerdings dürfte in nahezu allen derartigen Fällen die »Speicherung in einem Dateisystem« nicht gegeben sein – oder sie lässt sich zumindest vermeiden. Wer also ausschließlich mit analogem Filmmaterial arbeitet und auch für die Entwicklung, Vervielfältigung, Reproduktion und Archivierung auf digitale Medien verzichtet, darf für diesen Bereich seines Berufes oder seiner Berufung die DSGVO getrost vernachlässigen.

x
Ausnahme Analogfotografie
Wenn weder die Aufnahme noch die Verarbeitung digital erfolgen, gilt i. d. R. nur das KUG.

Beispiel:

Wenn der Kunstfotograf aus dem Beispiel in Rn 149 »Menschen auf der Straße« sein gesamtes Projekt ausschließlich analog abwickeln würde – einschließlich der Ausdrucke für seine Ausstellung – müsste er nicht die DSGVO beachten. Dies hätte zur Folge, dass er die betroffenen Obdachlosen weder zu fragen hätte, ob er von ihnen Fotos anfertigen darf, noch sie im Nachhinein über diese Fotos informieren muss, denn von § 23 Abs. 1 Nr. 4 KUG sind seine Aufnahmen gedeckt und eine Informationspflicht gibt es nach dem KUG nicht. (Soweit zur Rechtslage – Respekt, Höflichkeit und Professionalität mögen dagegen sehr wohl eine Absprache oder zumindest eine Information gebieten.)

Würde der Fotograf allerdings einen Katalog zur Ausstellung auflegen, ist dieses Zusatzprojekt heutzutage nicht mehr ohne digitale Verarbeitungsprozesse möglich. Dies hätte dann zur Folge, dass alle Fotografierten gem. Art. 13 Abs. 1 lit. d) DSGVO nachträglich informiert werden müssten. Sollte dies mangels Kontaktdaten und Gelegenheit nicht mehr möglich sein, könnte sich der Fotograf zwar auf die Ausnahme von der Informationspflicht gem. Art. 14 Abs. 5 lit b) DSGVO berufen. Dies wäre aber dünnes Eis. Denn wer würde ihm im Falle einer Klage schon abnehmen, dass er bei der Anfertigung der Fotos noch nicht an die Möglichkeit eines Katalogs für die Ausstellung gedacht hätte?

Auch für professionelle Fotografen ist daher die Flucht in die konsequente Analogfotografie eine gute Möglichkeit, für bestimmte kritische Projekte eine gewisse Rechtssicherheit zu erreichen und das wesentliche praktische Problem der Informationspflichten zu umgehen. Für die Veröffentlichung der Arbeiten kommen dann allerdings nur Ausstellungen mit analogen Abzügen in Frage – oder der Fotograf müsste jeweils bis zu vier Jahre nach der Anfertigung der Fotos warten, bis die zivilrechtliche Verjährungsfrist für die Ansprüche der Betroffenen verstrichen ist (strafrechtlich sind es fünf Jahre). Eine eher unethische Berufspraxis.

155 Der zweite wichtige Ausnahmebereich richtet sich zwar nicht an professionelle Fotografen im Rahmen ihrer Berufsausübung, betrifft aber die große Mehrzahl aller Fotos und Videos in den sozialen Netzwerken.

x
Ausnahme Haushaltsklausel
Wenn nur aus persönlichen oder familiären Gründen fotografiert wird, gilt die DSGVO nicht. Das KUG muss aber weiterhin beachtet werden!

Die DSGVO kennt in Art. 2 Abs. 2 lit. c) DSGVO die sogenannte »Haushaltsklausel« x. Danach findet die DSGVO keine Anwendung auf die Verarbeitung personenbezogener Daten zur Ausübung ausschließlich persönlicher oder familiärer Zwecke. Der Erwägungsgrund 18 zur DSGVO umschreibt die Reichweite dieser Klausel folgendermaßen: »Diese Verordnung gilt nicht für die Verarbeitung von personenbezogenen Daten, die von einer natürlichen Person zur Ausübung ausschließlich persönlicher oder familiärer Tätigkeiten und somit ohne Bezug zu einer beruflichen oder wirtschaftlichen Tätigkeit vorgenommen wird. Als persönliche oder familiäre Tätigkeiten könnte auch das Führen eines Schriftverkehrs oder von Anschriftenverzeichnissen oder die Nutzung sozialer Netze und Online-Tätigkeiten im Rahmen solcher Tätigkeiten gelten.«

Die Entscheidung, ob die Haushaltsklausel anzuwenden ist, erfolgt medien- und technikneutral. Es kann also keineswegs gefolgert werden, dass das Hochladen von Fotos in dem Messenger WhatsApp immer »persönlich« ist, auf der Plattform »Xing« hingegen nie. Maßgeblich ist allein die konkrete Nutzungsintention im konkreten Fall. Es muss jeglicher Bezug zu beruflichen oder wirtschaftlichen Tätigkeiten fehlen, nur dann greift die Ausnahme.

Auch in diesem Bereich fehlt es noch an Rechtsprechung zur DSGVO. Da die Ausnahme aber schon im BDSG alter Fassung bestand, gibt es zumindest Orientierungspunkte. Wesentliche Bedeutung haben zwei Entscheidungen des EuGH, in denen das Gericht deutlich gemacht hat, dass die Haushaltsklausel jedenfalls dann nicht anzuwenden ist, wenn Informationen einem unbestimmten Personenkreis gegenüber veröffentlicht werden[151]. Hier ist Vorsicht geboten. Angesichts der Milliarden Nutzer von Facebook, Instagram, Twitter o. ä. dürfte beim Hochladen von Fotos und Filmen auf diesen Plattformen die Haushaltsklausel nie anzuwenden sein. Es sei denn, der Verantwortliche kann nachweisen, dass die Möglichkeit der Kenntnisnahme auch dort dauerhaft auf einen kleinen privaten Kreis beschränkt ist, bspw. durch Zugangsbeschränkungen (vgl. auch unten Rn 155).

Praxishinweis
Wenn sehr viele andere Personen eine Plattform einsehen können, ist der »persönliche« Bereich überschritten und die Haushaltsklausel nicht mehr anwendbar.

Ganz wesentlich ist die Tatsache, dass trotz der Nichtanwendung der DSGVO im Bereich der Haushaltsklausel das KUG weiterhin Geltung entfaltet (vgl. Rn 145). Der Einwilligungsvorbehalt des § 22 KUG ist auch im privaten, nichtprofessionellen und nichtgewerblichen Bereich uneingeschränkt zu beachten. Jedes private Foto, jeder private Film bedarf daher vor seiner Anfertigung, Verbreitung und Veröffentlichung der Einwilligung des Fotografierten, sofern nicht eine der Ausnahme des § 23 KUG greift (vgl. Rn 142). Im Anwendungsbereich der Haushaltsklausel darf daher auf die Information des Fotografierten gem. DSGVO verzichtet werden, nicht jedoch auf seine Einwilligung bzw. gesetzliche Erlaubnis. Die Haushaltsklausel ist kein Freibrief für private Fotos.

Praxishinweis
Im Bereich der »Haushaltsklausel« ist das KUG nach wie vor anwendbar!

Cases

156 Die nachstehenden Szenarien kommen so oder ähnlich sehr häufig vor, sie sind typisiert. Vertiefende Erläuterungen zu ihrer rechtlichen Einordnung finden sich in den vorangegangenen Ausführungen, auf die jeweils verwiesen wird.

Hochzeitsfotos – eine Katastrophe

157 Viele Berufseinsteiger und Profis werden engagiert, um den schönsten Augenblick des Lebens für die Nachwelt festzuhalten.

> Grundfall:
>
> Der Fotograf F wird von den Verlobten V1 und V2 beauftragt, Fotos von ihrer Hochzeitsfeier anzufertigen. Dafür soll er sich den gesamten Tag unter den Gästen aufhalten und immer wieder lohnende Motive suchen. Auch ein Gruppenfoto aller Gäste ist ausdrücklich gewünscht.

Dies ist sozusagen eine Standardsituation. F wird den Auftraggebern V eine Auftragsbestätigung schicken und am fraglichen Tag die Fotos anfertigen. Eine gute »Auftragsbestätigung« ist juristisch betrachtet ein schriftliches Vertragsangebot, das mindestens den folgenden Inhalt umfasst:

- werkvertragliche Regelungen, insbesondere für Terminschwierigkeiten, technische Probleme oder Sachmängel, sowie
- eine Nutzungsvereinbarung für die Fotos und
- eine aufgegliederte Kalkulationsgrundlage.

Praxishinweis
Ein gutes Vertragsangebot enthält Bestimmungen zum Werkvertrag, zu den Nutzungsrechten nach dem UrhG und alle Informationen nach dem DSGVO.

Dieses Vertragsangebot muss von den Auftraggebern angenommen werden, am besten schriftlich. In datenschutzrechtlicher Hinsicht wird ein gut informierter Fotograf außerdem ein Informationsblatt beifügen, das enthält:

- einen Hinweis auf den Erlaubnistatbestand der Vertragserfüllung gem. Art. 6 Abs. 1 lit. b) DSGVO (s. o. Rn 92 und Rn 126) sowie

— alle nötigen Informationen gem. Art. 13 Abs. 1 DSGVO, vgl. Rn 94ff. und Rn 110.

Eine solche »Auftragsbestätigung« läge schon deutlich über dem Durchschnitt der üblichen Praxis, ist aber in jedem Fall zu empfehlen.

Komplikation:

Kurz vor dem Einzug des Brautpaars in die Kirche haben sich die Gäste erwartungsvoll versammelt. F schießt mit dem Teleobjektiv Fotos der frohen und neugierigen Gesichter. Dem Gast G passt dies gar nicht. Er drängelt sich durch die Menge zu F und stellt diesen zur Rede. Es entwickelt sich ein Streitgespräch, in dem sich F auf seinen Auftrag beruft und G im Gegenzug auf seine Freiheit, selbst bestimmen zu können, wer Fotos von ihm machen dürfe. Es fallen böse Worte. In dem sich anschließenden Handgemenge geht die Kamera des F auf dem Steinboden zu Bruch. Das Hochzeitspaar bekommt das natürlich mit und steht nun mit betroffenen Mienen, besorgt und ohne Fotograf vor dem Altar.

G hat in diesem Falle Recht. Das Vertragsverhältnis und damit auch der gesetzliche Erlaubnistatbestand des Art. 6 Abs. 1 lit. b) DSGVO besteht nur zwischen F und den Verlobten V1/V2. Der Gast G ist davon nicht umfasst. Und anders als in dem Model-Fall in Rn 148 wurde auch zwischen den Verlobten V1/V2 und dem Gast G kein Vertrag abgeschlossen, auf den sich F als indirekte Einwilligung mitberufen könnte. In der bloßen Annahme der Einladung durch G ist keineswegs eine unausgesprochene Einwilligung für ungefragte Fotos jeder Art zu sehen. Auch die »Haushaltsklausel« des Art. 2 Abs. 2 lit. c) DSGV (vgl. Rn 153) ist nicht anwendbar, denn im Verhältnis zwischen F und G handelt es sich nicht um ausschließlich persönliche oder familiäre Zwecke, da F als professioneller Fotograf tätig wird. F kann sich auch nicht auf den gesetzlichen Erlaubnisgrund der Wahrung berechtigter Interessen gem. Art. 6 Nr. 1 lit. f) DSGVO berufen (vgl. Rn 150), da es ihm in der konkreten Situation ohne weiteres möglich wäre, vor dem jeweiligen Foto eine Einwilligung der Betroffenen und damit auch von G einzuholen.

Praxishinweis
Ein vorausschauender Fotograf stellt schon in seinen Auftragsbedingungen sicher, dass sein Auftraggeber die Einwilligung aller »Fotoobjekte« einholt und diese ausreichend informiert.

Hierin liegt aber auch die Lösung, um Komplikationen und Katastrophen der geschilderten Art zu vermeiden. Schon in der persönlichen Einladung der Verlobten V1/V2 an ihre Gäste sollte auf den Umstand hingewiesen werden, dass Fotos angefertigt und wie sie später verarbeitet werden – im Einklang mit den Informationspflichten der DSGVO. Die Einladung enthält zweckmäßigerweise auch den folgenden Hinweis: »Durch Ihre Teilnahme an unserer Hochzeitsfeier erklären Sie sich mit der Anfertigung und Verarbeitung dieser Fotos einverstanden.« Ein guter Fotograf verpflichtet seine Auftraggeber, auf diese Weise einzuladen und die Gäste – d.h. also seine Fotoobjekte – vorab ausdrücklich zu informieren. Dabei ist klarzustellen, dass ein Hinweisschild vor Ort nicht ausreichend ist, auch wenn es gut sichtbar aufgestellt wird. Ein Gast kann sich immer darauf berufen, er habe es nicht wahrgenommen, seine Brille nicht dabeigehabt, sei unkonzentriert gewesen o.ä. Weder der Fotograf noch die Gastgeber könnten dann im Streitfall den Nachweis erbringen, dass der Betroffene tatsächlich ausreichend gem. DSGVO informiert wurde. Dieser Nachweis obliegt ihnen aber. Zur Erinnerung: Fotos und Filmaufnahmen sind verboten, es sei denn, es liegt eine Erlaubnis vor und es wird pflichtgemäß informiert. Der Verantwortliche muss dies in jedem konkreten Einzelfall nachweisen können. Dies ist auch bei Hochzeiten nicht anders.

x
Gruppenfoto
Wer für ein Foto posiert, dokumentiert damit seine Einwilligung.

Bei einem Gruppenfoto x ist die Sachlage für den Fotografen etwas einfacher. Wer sich posierend zu einem Foto aufstellt, willigt damit auch schlüssig in dessen Anfertigung ein, was dann durch das Foto selbst und die Pose dokumentiert wird (das gilt sinngemäß auch für Porträtaufnahmen einzelner Personen, die sichtlich für dieses Foto posiert haben). Da aber nun die DSGVO vorrangig ist und nicht mehr das KUG (vgl. Rn 145f.), muss allerdings auch bei Gruppenfotos gem. Art. 13 Abs. 1 DSGVO informiert werden vgl. Rn 94ff. und Rn 110. In unserem Fall könnte F also getrost das Hochzeitsgruppenfoto schießen. Er sollte allerdings sogleich im Anschluss den noch versammelten Gästen mitteilen, dass Informationen über die weitere Datenverarbeitung des Fotos jederzeit bei ihm oder dem Brautpaar erhältlich seien. Dies wäre das absolute Mindestmaß an Information in der konkreten Situation. Optimal ist, wie ausgeführt, die schriftliche Information vorab in der persönlichen Einladung.

Bei Klassenfotos gilt nichts anderes. Ein Fotograf sollte hier niemals tätig werden, wenn er sich nicht von der ordnungsgemäßen Einholung der notwendigen Einwilligungen durch die Schule o.ä. überzeugt hat. Sehr häufig ist in diesen Fällen die Information gem. Art. 13 Abs. 1 DSGVO nicht vollständig oder ausreichend. Denn ohne Rückfrage kann bspw. die Schule überhaupt nicht wissen, wie die digitale Verarbeitung und Speicherung der Daten in der Sphäre des Fotografen vonstatten geht. Oder wann dort die Daten wieder gelöscht werden. Kritisch ist auch die Frage, ob tatsächlich die Sorgeberechtigten des Kindes die Einwilligung erteilt haben – Schwester, Tante, Großvater u.ä. sind hierfür nicht ausreichend.

Praxishinweis
Bei Fotos Minderjähriger, insbesondere bei Klassenfotos etc., wird häufig nicht ausreichend nach der DSGVO informiert. Unbedingt vorher prüfen!

Das Nachtleben und der Fotograf

Nicht wenige Studierende im Fachbereich Gestaltung ver- 158
dienen sich etwas Geld hinzu, indem sie in Clubs, Bars oder auf Festivals Fotos gegen Bezahlung anfertigen.

> Grundfall:
>
> Der Betreiber eines Clubs (BC) beauftragt den Fotografen F, in den Nächten von Donnerstag bis Samstag Fotos von den Gästen im Club anzufertigen. Diese sollen sodann in Schaukästen ausgehängt und auf der Homepage veröffentlicht werden. Glückliche Gesichter, Stimmung, Party.

Die Rechtslage in diesem Grundfall ist nicht anders als bei der Hochzeitseinladung in Rn 155. Ohne Einwilligung und Information der Gäste ist ein solches Vorhaben unzulässig. Mit dem Nutzungsvertrag, der zwischen BC und seinen Gästen durch Zahlung des Eintrittsgeldes geschlossen wird, ist nicht automatisch auch eine »Vertragserfüllung« gem. Art. 6 Nr. 1 lit. b) DSGVO als Erlaubnistatbestand für Fotos verbunden. Eine »Wahrung berechtigter Interessen gem. Art. 6 Nr. 1 lit. f) DSGVO liegt ebenfalls nicht vor, jedenfalls dann nicht, wenn nicht lediglich Übersichtsaufnahmen zu Werbezwecken angefertigt werden, die die Personen allenfalls als »belebte Menge« und nicht in herausgehobener Weise zeigen. F muss daher auf einzelne Personen zugehen, vor der Anfertigung seiner Fotos um Erlaubnis fragen und ausreichend i.S.d. Art. 13 Abs. 1 DSGVO informieren – bspw. durch einen kleinen Handzettel oder eine Visitenkarte mit den nötigsten Hinweisen einschließlich URL für die ausführlichen Informationen.

> Variante 1:
>
> Der Betreiber BC lässt am Eingang seines Clubs ein Schild anbringen mit einem Kamerasymbol und der Aufschrift »Überwachter Bereich. Mit Ihrem Eintritt willigen Sie in Aufnahmen Ihrer Person ein. Weitere Informationen unter https://www.[...]«
>
> Kann sich F darauf berufen?

Praxishinweis
Die Einwilligung in Foto- und Filmaufnahmen auf der Grundlage von Schildern ist zwar theoretisch möglich, taugt aber in der Praxis nicht, da es im Streitfall regelmäßig Beweisschwierigkeiten gibt.

Theoretisch ist eine solche Vorgehensweise möglich. Die Einwilligung gem. Art. 6 Abs. 1 lit. a) DSGVO (vgl. Rn 91 und 106) kann auch durch schlüssiges Verhalten erfolgen, also wie hier durch den Eintritt in den Club. Allerdings muss die Einwilligung vom Betroffenen auf informierter Grundlage abgegeben werden, denn eine Einwilligung in etwas, was man nicht kennt, ist nicht möglich. Eine solche Grundlage ist schon fraglich, wenn auf einem Schild für alle weiteren Umstände lediglich auf eine Webadresse verwiesen wird. Im vorliegenden Fall kommt erschwerend hinzu, dass aufgrund der Gestaltung des Schildes der Eindruck entsteht, es handle sich lediglich um eine Sicherheitsmaßnahme (vgl. hierzu unten Rn 151). Dann jedoch wären Fotos des F nicht mehr von der schlüssigen Einwilligung der Besucher umfasst, die sich ja in diesem Punkt täuschen würden (gewollt oder ungewollt). Und schließlich besteht im Streitfall regelmäßig eine Nachweisproblematik: Ein Gast kann sich immer darauf berufen, er habe das Schild nicht wahrgenommen, es sei zu dunkel und zu hektisch gewesen, er sei abgelenkt gewesen o.ä. Weder der Betreiber BC noch F könnten dann gegenüber der Datenschutzbehörde oder dem Gericht den Nachweis erbringen, dass der Gast tatsächlich eingewilligt hat und ausreichend gem. DSGVO informiert wurde. Damit wäre die Rechtfertigung für einen Ausnahmetatbestand nicht gelungen, so dass weiterhin das gesetzliche Verbot gilt, was zur Verurteilung von BC bzw. F führen würde.

Variante 2:

> Der Fotograf F wird nicht vom Betreiber BC engagiert, sondern macht Fotos auf eigene Rechnung. Dafür geht er im Club auf die Gäste zu, fragt ausdrücklich oder mit Gesten um Erlaubnis. Sodann händigt er den freiwillig Abgebildeten seine Visitenkarte aus mit der aufgedruckten Aufforderung, die Fotos später auf seiner Website anzusehen und ggf. gegen ein geringes Honorar zu erwerben. Ein Andenken an eine heiße Nacht in Profiqualität.

In dieser Variante ist die Einwilligung gem. Art. 6 Abs. 1 lit. a) DSGVO unproblematisch. Aus datenschutzrechtlicher Sicht darf F die Fotos anfertigen und verarbeiten. Gemessen an der Situation dürfte auch die Art und Weise der Information gem. Art. 13 Abs. 1 DSGVO gerade noch akzeptabel sein, vorausgesetzt, die Webseite des F enthält alle weiteren nötigen Informationen und Hinweise. Allerdings dürfte F gegen das Hausrecht des Betreibers BC verstoßen, sofern er ohne dessen ausdrückliche Genehmigung seiner Tätigkeit nachginge. BC unterhält den Clubbetrieb, um seine Gäste zu amüsieren und nicht, um in seinen Räumen die gewerbliche Betätigung Dritter zu ermöglichen. Problematisch nach der DSGVO wäre allerdings die Veröffentlichung der Fotos auf der Webseite des F. Sollte es sich dabei um eine Galerie aller Fotos des Abends handeln, die ungeschützt im Netz steht, dürfte sie von der spontanen Fotogenehmigung im nächtlichen Club nicht mehr gedeckt und damit rechtswidrig sein. Mit der Veröffentlichung seines Porträts auf diese Weise muss niemand rechnen – und derartige Fotos können unter Umständen für sozialen Sprengstoff sorgen. F sollte also entweder noch vor der Aufnahme darüber informieren, dass die Fotos ungeschützt im Internet zu sehen sein werden, oder aber die Fotos nur auf Anfrage individuell und einzeln zugänglich machen – z. B. Versand durch E-Mail oder passwortgeschützter Link auf eine virtuelle Festplatte in der deutschen bzw. europäischen Cloud.

Praxishinweis
Profifotografen sollten an nichtöffentlichen Orten, die für den Publikumsverkehr geöffnet sind, das Hausrecht der Eigentümer beachten. Ihre Berufsausübung ist dort nicht automatisch gestattet.

Der Showroom: Fotos auf Instagram

159 Der Übergang in die Selbständigkeit ist für Gestalter meist verbunden mit einem »Showroom«, also einer medialen Präsenz, in der die ersten Werke veröffentlicht und damit virtuell ausgestellt werden[152]. Dafür werden mittlerweile auch verstärkt Plattformen in den sozialen Medien genutzt, bspw. Facebook oder Instagram.

Grundfall:

Die angehende Designerin D hat eine eigene Website eingerichtet, auf der sie Fotoarbeiten und andere Gestaltungen präsentiert.

Der Showroom ist nicht so sehr ein Problem der Datenerhebung wie die beiden vorangegangenen Fälle. Es wird für unsere Cases unterstellt, dass insoweit Einwilligungen oder gesetzliche Erlaubnistatbestände für die Anfertigung der Fotos und Filmaufnahmen vorliegen. Beim Showroom geht es eher um die nachgelagerte Datenverarbeitung. Wie weit reicht die Einwilligung oder der gesetzliche Erlaubnistatbestand?

Ergänzung:

Unter den präsentierten Arbeiten sind auch Fotos von Personen zu sehen, die als Semesterarbeiten entstanden sind. Abgebildet sind vor allem andere Kommilitonen und Kommilitoninnen von D, denn seinerzeit haben sich in den Kursen mehr oder weniger alle gegenseitig als »Modelle« zur Verfügung gestellt.

Praxishinweis
Für die Anfertigung der Aufnahme und ihre spätere Verwendung können unterschiedliche Maßstäbe gelten. Für alle jeweiligen Verbreitungs- und Veröffentlichungsvorgänge müssen eine Erlaubnis und die betreffende Information vorhanden sein.

Die DSGVO umfasst immer sowohl den Vorgang der Datenerhebung als auch die Datenverarbeitung. Dabei ist ein Wechsel der gesetzlichen Grundlage für einzelne Abschnitte des Datenverarbeitungsprozesses möglich. In unserem Fall gaben die »Modelle« zwar ihre Einwilligung gem. Art. 6 Abs. 1 lit. a) DSGVO für die Anfertigung und ggf. Bearbeitung der Fotos, jedoch nicht für die spätere Veröffentlichung im Showroom der D. Denn davon war bei der »Erhebung« der Daten während der Kurse noch nichts bekannt und eine solche Nutzung ist für Kursarbeiten auch nicht selbstverständlich. Im Gegenteil: Die Hochschule sollte ein geschützter Raum für Experimente und Lernvorgänge in der Ausbildung sein und bleiben. Hier wird gerade nicht »scharf geschossen«. Wenn also die Einwilligung aus der Zeit der Kurse nicht so weit reicht, könnte D nun darüber nachdenken, sich auf den gesetzlichen Erlaubnisgrund der Wahrung berechtigter Interessen gem. Art. 6 Nr. 1 lit. f) DSGVO zu berufen (vgl. Rn 150). Schließlich hat D ein großes Interesse daran, ihre Leistungsfähigkeit und Kreativität zu demonstrieren, um eine öffentliche Grundlage für spätere Aufträge zu legen. Grundsätzlich ist diese Überlegung ein guter Ansatz, der Erlaubnistatbestand ist einschlägig. Allerdings wiegt im Rahmen der dann zu treffenden Abwägung der oben angesprochene Schutzgedanke der Hochschulkurse schwer und dürfte die noch vagen wirtschaftlichen Interessen der D überwiegen. Und selbst wenn dies nicht der Fall wäre: D müsste über diese neue Nutzung der Fotos in verschärftem Maß informieren, Art. 13 Abs. 1 lit. d) DSGVO, vgl. Rn 149 m.w.N. Da sie hierfür ohnehin auf ihre früheren »Modelle« zugehen müsste (die Ausnahme des Art. 14 Abs. 5 lit. b) DSGVO greift hier nicht, da die einzelnen Personen der D bekannt sind, vgl. Rn 150), ist es für die D sicherer und natürlich auch höflicher und professioneller, eine ausdrückliche Erlaubnis für die Veröffentlichung im Showroom einzuholen.

Die gesetzlichen Hürden für eine Veröffentlichung »alter« personenbezogener Aufnahmen in einem Showroom sind nach alledem so hoch, dass es sich grundsätzlich nicht lohnt, eine solche Veröffentlichung ohne ausdrückliche Einwilligung der abgebildeten Personen in diese spezielle Art der Nutzung einzuholen.

Überwachungskameras – geht das?

Mehr und mehr sind wir im öffentlichen Leben und im geschäftlichen Bereich von Überwachungskameras umgeben – die locker sitzenden Smartphone-Kameras der Familienmitglieder und Freunde, die bei jeder Gelegenheit gezückt werden, gar nicht mitgerechnet. Die Frage, was davon erlaubt ist, betrifft das private Leben in der Öffentlichkeit ebenso wie die Gestaltung des beruflichen Umfelds. 160

> Grundfall:
>
> Der Kommunikationsdesigner K sitzt mit ein paar Freunden in seinem Lieblings-Steakrestaurant R. Gut gelaunt überlegt die Runde, ob man zusammen nicht eine Agentur gründen solle. Da entdeckt K drei neu angebrachte Überwachungskameras in den Ecken des Gastraums und wirft die Frage auf, ob das denn wohl erlaubt sei?

Umstritten ist, ob daher die deutsche Norm des § 4 BDSG vorrangig anwendbar ist.

x
Videoüberwachung
Die DSGVO trifft hierzu keine ausdrückliche Regelung, es gelten die allgemeinen Vorschriften.

In der DSGVO ist die Videoüberwachung x nicht ausdrücklich geregelt. Die allgemeinen Normen sind aber selbstverständlich anwendbar. Daneben hat ein neuer § 4 BDSG den alten § 6b BDSG ersetzt. Er erfasst die Überwachung »öffentlich zugänglicher Räume«, und zwar auch dann, wenn sie in privatem Eigentum stehen. Dazu zählen unter anderem Büros mit Publikumsverkehr, Verkaufsräume oder eben auch Restaurants. Zulässig sind Überwachungen gem. § 4 BDSG nur

- zur Aufgabenerfüllung öffentlicher Stellen;
- zur Wahrnehmung des Hausrechts oder
- zur Wahrnehmung berechtigter Interessen für konkret festgelegte Zwecke

und wenn keine Anhaltspunkte bestehen, dass schutzwürdige Interessen der betroffenen Personen überwiegen. § 4 Abs. 3 BDSG schreibt außerdem eine Kenntlichmachung der Überwachung vor, die durch einen deutlichen Hinweis an gut sichtbarer Stelle zu erfolgen hat, der auch die Identität des Verantwortlichen enthält.

Die genannten gesetzlichen Formulierungen sind sprachlich sehr weit gefasst. Unter das Hausrecht fällt bspw. auch die Verhinderung von Straftaten wie Diebstahl oder die Beweissicherung. Ein »berechtigtes Interesse« wird bei einigem Nachdenken fast immer zu finden sein – es muss allerdings vor der Installation der Kameras vorhanden und dokumentiert sein. Von entscheidender Bedeutung ist daher die Frage der Erforderlichkeit: Es darf kein milderes

Mittel als die Videoüberwachung geben, um den Zweck zu erreichen. In jedem Fall sind außerdem die Interessen des Verantwortlichen mit den Grundrechten der von der Überwachung erfassten Personen abzuwägen. Diese Abwägung fällt bei erheblichen Eingriffen (wie bspw. in die Intimsphäre bei der Überwachung von Toiletten oder Umkleideräumen) regelmäßig zugunsten der Betroffenen aus. Dies ist auch dann der Fall, wenn sich die Überwachten der Kontrolle praktisch nicht mehr entziehen können, weil ihr Aufenthaltsbereich ununterbrochen überwacht wird.

Die gesetzliche Regelung des § 4 BDSG ist zwar gut gemeint, aber hochproblematisch. Denn die DSGVO als vorrangiges Recht enthält in diesem Bereich keine sogenannte »Öffnungsklausel« für nationales deutsches Recht. Vermutlich ist § 4 BDSG daher unionsrechtswidrig[153]. Entscheidungen des EuGH hierzu sind erst in den kommenden Jahren zu erwarten. Vorsorglich sollten daher die allgemeinen Normen der DSGVO angewendet werden, wobei der Regelungsgehalt des § 4 BDSG als Auslegungsorientierung herangezogen werden kann.

Praxishinweis
Bis auf weiteres ist es empfehlenswert, den § 4 BDSG wie eine Auslegungsregel zur DSGVO anzuwenden.

In unserem Grundfall ist daher die Überwachung des Gastraums zwar grundsätzlich möglich gem. § 4 BDSG. Allerdings nur nach ausreichender Beschilderung [x], was hier nicht der Fall war[154]. Die gebotene Abwägung fällt jedoch zu Lasten des Restaurantbetreibers R aus. Eine permanente Überwachung durch gleich drei Kameras ist unverhältnismäßig, zumal es sich bei der Nahrungsaufnahme durchaus um einen intimen oder zumindest sehr privaten Vorgang handeln kann. Nicht selten wird dieser Vorgang abends von einer gewissen Enthemmung infolge alkoholischer Getränke begleitet sein. Gerade in Restaurants kommen auch Menschen zusammen, die auf der Straße nicht oder nicht so zusammen gesehen werden wollen. Damit wird jedoch zu schwerwiegend in das Persönlichkeitsrecht der gefilmten Personen eingegriffen. Zum gleichen Ergebnis käme auch eine Abwägung nur nach der DSGVO. Im vorliegenden Fall kommen noch die Informationspflichten hinzu, die überhaupt nicht gewahrt wurden, wenn K die Kameras erst zufällig entdeckt[155].

x
Beschilderung
§ 4 BDSG macht keine Vorgaben zum Inhalt der Beschilderung. Sie muss aber eindeutig und sofort erkennbar sein (Piktogramm nach DIN 33450) und auch alle Informationen gem. Art. 13 DSGVO enthalten.

Ergänzung 1:

F, ein Freund des K, bemerkt lautstark, dass die Kameraüberwachung seines Privatgrundstücks aber jederzeit möglich sei. Er habe gerade gebaut und wisse das. Er habe sogar ein Spezialunternehmen beauftragt, das ihm versichert habe, die eingebauten Kameras seien alle »DSGVO-geprüfte Technik«.

Zunächst einmal: »DSGVO-geprüfte Technik« gibt es nicht. Diese Zusicherung ist völliger Unsinn, da die DSGVO technikneutral wirkt und es nicht auf die Geräte ankommt, sondern darauf, wie sie eingesetzt werden. F aber könnte insofern Recht haben, als er sich hinsichtlich seiner Überwachungsmöglichkeiten auf die »Haushaltsklausel« des Art. 2 Abs. 2 c) DSGV berufen kann (vgl. Rn 153). Denn die Videoüberwachung auf privatem Grund x ergibt eine Erhebung und Verarbeitung personenbezogener Daten ausschließlich zur Ausübung persönlicher oder familiärer Zwecke. Dann ist die DSGVO nicht mehr anwendbar, ebenso wenig wie § 4 BDSG. Allerdings darf sich der Bildausschnitt in diesen Fällen nicht auf öffentliche Bereiche, bspw. den Bürgersteig erstrecken[156]. Dennoch bleibt aber das KUG anwendbar (vgl. Rn 153), ebenso wie die allgemeinen Persönlichkeitsrechte als Schutzgegenstand des zivilen Deliktrechts. Ohne Einwilligung der im Haushalt lebenden Personen oder des jeweiligen Besuchers kann je nach Sachlage und Aufnahme ein Verstoß gegen § 22 KUG vorliegen oder es können sich zivilrechtliche Abwehransprüche gem. §§ 823 Abs. 1, 1004 BGB ergeben, bis hin zu einer Strafbarkeit gem. § 201a StGB, vgl. Rn 139 ff.

x
Private Überwachung
Für die Überwachung ausschließlich privater Bereiche gelten weder DSGVO noch BDSG. Aber das KUG ist weiterhin anwendbar. Die Zulässigkeit der Überwachung muss also gem. §§ 22, 23 KUG geprüft werden.

Ergänzung 2:

K und seine Freunde überlegen nun, ob denn eine Kameraüberwachung in der zukünftigen Agentur möglich wäre. F weist darauf hin, dass alles Personal heutzutage sehr unzuverlässig sei und man gar nicht vorsichtig genug sein könne. Zumindest der Empfangstresen und die dort befindliche Barkasse müssten »rund um die Uhr« überwacht werden.

Im Rahmen eines Arbeitsverhältnisses × gelten zumindest nach dem deutschen Recht Besonderheiten. Arbeitnehmer können sich der Beobachtung an ihrem Arbeitsplatz nicht ohne Verletzung ihrer Dienstpflichten entziehen; es kann also aufgrund der sozialen Abhängigkeit vom Arbeitgeber ein besonders hoher Überwachungsdruck entstehen. Daher hat das Bundesarbeitsgericht (BAG) in ständiger Rechtsprechung entschieden, dass die durchgehende videogestützte Beobachtung unzulässig ist, sofern nicht ein konkreter Anfangsverdacht gegen einzelne Mitarbeiter besteht oder eine besondere Gefährdungslage gegeben ist (bspw. an Bankschaltern, in Atomkraftwerken, in Justizvollzugsanstalten etc.)[157].

×
Überwachung am Arbeitsplatz
Ohne konkreten Anfangsverdacht ist eine permanente Überwachung der Arbeitnehmer unzulässig.

In unserem Fall ist die Barkasse einer Agentur für Kommunikationsdesign nichts, was eine besondere Gefährdungslage auslösen würde, zumal hier nicht laufend Ein- und Auszahlungen im Publikumsverkehr vorgenommen werden. Da es sich beim Empfangstresen aber immerhin um einen öffentlich zugänglichen Bereich handelt, ist neben den speziellen Grundsätzen des BAG auch § 4 BDSG anwendbar (s.o.). Die Überwachung darf also nicht permanent stattfinden und muss deutlich kenntlich gemacht werden (eine verdeckte Mitarbeiterüberwachung ist ohnehin nur in wenigen Ausnahmefällen zulässig[158]). Bei einer Agentur ohne Publikumsverkehr wäre die DSGVO auch ohne die »Auslegung« des § 4 BDSG anwendbar.

Würde sich F also mit seiner Idee durchsetzen und in der neuen Agentur eine permanente Kameraüberwachung des Empfangstresens einrichten, wäre dies rechtswidrig. Die vom BAG vorgegebene Interessenabwägung gäbe auch im Rahmen der Erlaubnistatbestände des Art. 6 DSGVO den betroffenen Mitarbeitern einen Anspruch auf Schmerzensgeld × gem. § 823 Abs. 1, § 1004 BGB mit Blick auf das Recht auf informationelle Selbstbestimmung bzw. das allgemeine Persönlichkeitsrecht (Art. 2 und Art. 1 GG); auch § 823 Abs. 2 BGB i.V.m. § 4 BDSG kommt als Anspruchsgrundlage in Betracht, da das BDSG als Schutzgesetz gilt. Daneben bestünde für die Arbeitnehmer auch ein Anspruch auf Unterlassung. Zusätzlich kann eine Geldbuße nach der DSGVO fällig werden: es würde sich nämlich gem. Art. 83 Abs. 5 lit. a) und b) DSGVO um einen Verstoß gegen die Grundsätze

×
Rechtsfolgen
Eine rechtswidrige Videoüberwachung ist kein Kavaliersdelikt. Sie zieht erhebliche Sanktionen und ggf. auch Schadensersatzansprüche der Betroffenen nach sich.

der Verarbeitung und ggf. der Benachrichtigungspflichten handeln (Art. 6 und 13 DSGVO)[159]. Sollte in unserem Fall F also an seiner Idee festhalten wollen, müsste die Agentur jeden Kamerawinkel und alle Überwachungszeiten so sorgfältig abstimmen, dass keine permanente Überwachung von Mitarbeitern oder Besuchern gegeben ist und nur besonders »gefährdete« Bereiche abgedeckt werden. Außerdem müsste ausreichend informiert werden. Das erfordert die Beratung durch einen erfahrenen Datenschützer.

Private Fotos über Messenger

x
Soziale Medien
Die Verbreitung von personenbezogenen Fotos über die sozialen Medien ist ein sehr kritischer Vorgang, auch wenn er sich täglich millionenfach vollzieht.

161 Mit der rasanten Verbreitung sozialer Medien x greift offensichtlich ebenso die Haltung um sich, auf jenen Plattformen sei irgendwie alles erlaubt oder alles »nicht so schlimm«. Das erinnert etwas an die Anfangszeit des Internets und ist ebenso falsch wie gefährlich. Soziale Medien sind kein rechtsbefreiter und erst recht kein geschützter Raum. Das gilt ganz besonders für personenbezogene Abbildungen, die die Problematik des Schutzes hochgeladener Werke (vgl. o. bspw. Rn 77) aufgrund der Persönlichkeitsrechte der Abgebildeten noch einmal verschärfen.

> Grundfall:
>
> Die angehende Fotodesignerin D hat ein paar sehr schöne Porträtaufnahmen ihrer Freundin F in ihrem Studio angefertigt. Verabredet ist sowohl eine Nutzung für private Zwecke der F als auch »für das Portfolio« der D. Nun lädt D drei besonders gut gelungene Porträts von F auf ihrem Instagram-Account hoch mit dem Kommentar »Mach solche Fotos auch für Dich!« und mehreren Hashtags.

Praxishinweis
Auch beim Veröffentlichen oder Verbreiten von Fotos in den sozialen Medien sollten immer die Creative-Commons-Lizenzen genutzt werden. Die Nutzungsbedingungen der Plattformen regeln meist nicht die Nutzung der Inhalte durch andere Mitglieder.

Diese Fotos von F sind eher der beruflichen als der privaten Sphäre zuzuordnen, auch wenn F sie privat nutzen darf. In jedem Fall liegt für ihre Anfertigung eine Einwilligung vor. Daher gibt es gem. Art. 6 Abs. 1 lit. a) DSGVO bzw. § 22 KUG keine Probleme, ausreichende Information von F wird für unseren Fall einmal unterstellt. Das Hochladen auf Instagram mag zwar nicht ausdrücklich abgesprochen worden sein, ist aber über die Nutzungsvereinbarung von der Einwilligung gedeckt, da ein Portfolio regelmäßig als Referenz für einen noch unbekannten großen Kreis möglicher Kunden dient. D ist allerdings anzuraten, die Fotos nur unter den Creative-Commons-Lizenzen (CC) »by«, »nc« und »nd« zu veröffentlichen (vgl. Rn 49).

Variante 1:

Die angefertigten Fotos aus dem Grundfall wurden von D nur für private Zwecke der F aufgenommen. Über das Portfolio von D wurde nicht geredet.

D möchte nun eine Bekannte B aus ihrem sozialen Umfeld für ähnliche Aufnahmen gegen Bezahlung gewinnen und schickt ihr per Messenger eines der Fotos von F als Beispiel. F erfährt davon und beschwert sich bei D. Warum das? »Referenzen« ihrer Fotos dürfe sie immer zeigen, meint D.

Praxishinweis
Die Versendung oder Veröffentlichung von Fotos ist ein eigener Datenverarbeitungsvorgang, für den eine Erlaubnis vorliegen und über den informiert werden muss.

Auch in dieser Variante gibt es für die Anfertigung der Fotos eine Einwilligung gem. Art. 6 Abs. 1 lit. a) DSGVO bzw. § 22 KUG. Allerdings ist der Versendungsvorgang per Messenger an einen Dritten ein gesonderter Verarbeitungsvorgang, in den ebenfalls eingewilligt werden muss oder für den ein gesetzlicher Erlaubnistatbestand des Art. 6 DSGVO nötig ist. In die Versendung hat F nicht eingewilligt, sie wurde über diese Möglichkeit auch nicht bei der Anfertigung der Porträtaufnahmen gem. Art. 13 DSGVO informiert. Aufgrund ihrer beruflichen Ambitionen mag D zwar ein berechtigtes Interesse an der Versendung haben, so dass man an den gesetzlichen Erlaubnistatbestand des Art. 6 Abs. 1 lit. f) DSGVO denken könnte (»Referenzen«). Dieses Interesse überwiegt jedoch nicht das Persönlichkeitsrecht von F i.S.d. gebotenen Abwägung, da Porträtaufnahmen für private Zwecke ein sehr persönliches Gut sind und es D lediglich um eine Werbemaßnahme geht. Eine Einwilligung von F hätte D für die Versendung leicht einholen können. Die Abwägung geht daher zu Lasten der Interessen von D aus. In diesem Fall stünde F sogar ein Schmerzensgeld zu gem. § 823 Abs. 1, § 1004 BGB i.V.m. dem Recht auf informationelle Selbstbestimmung bzw. dem allgemeinen Persönlichkeitsrecht (Art. 2 und Art. 1 GG).

Variante 2:

Die Fotos von F fertigt D nicht in ihrem Studio an, sondern es handelt sich um Aufnahmen, die D bei einem kleinen Grillfest unter Freunden mit ihrem Smartphone macht. Gekonnt ist eben gekonnt, auch bei solchen Gelegenheiten. Die besten Porträts entstehen ohnehin immer dann, wenn die Abgebildeten es gar nicht merken, alte Fotografenregel. Und irgendwie fotografiert zur Partytime ja sowieso jeder.

Praxishinweis
Auch wenn im privaten Bereich die DSGVO nicht gilt: Das KUG ist nach wie vor zu beachten.

Am nächsten Tag postet D diese Porträtaufnahmen zusammen mit mehreren weiteren Fotos vom Grillfest auf ihrem Facebook-Account. Dazu gibt es ein paar Emoticons und warme Worte über die »chilligen Stunden« mit den »friends«.

F beschwert sich bei D und verlangt, alle Porträtfotos von ihr aus Facebook zu beseitigen.

Dieses Alltagsszenario, das sich in den unterschiedlichsten Varianten ständig aufs Neue vollzieht, ist rechtlich äußerst bedenklich. Eine Einwilligung in die Porträtaufnahmen liegt nicht vor. Jedoch – so könnte sich D gedacht haben – die DSGVO ist ja gar nicht anwendbar. Denn im privaten Kreis unter Freunden gilt die »Haushaltsklausel« des Art. 2 Abs. 2 lit. c) DSGV (vgl. Rn 153). Das stimmt zwar. ABER: Das bei Wegfall der DSGVO sehr wohl anwendbare KUG gilt auch im privaten Kreis. Und hier hat D weder eine Einwilligung gem. § 22 KUG vorzuweisen noch kann sie sich auf eine der gesetzlichen Ausnahmen des § 23 KUG berufen (vgl. Rn 142). Damit hat sie die Porträts von F rechtswidrig angefertigt. Erschwerend kommt hinzu, dass dies verdeckt geschah. Daran ändert auch nichts, dass »irgendwie sowieso jeder fotografiert hat«. Eine offene Gruppenaufnahme mit dem Smartphone ist etwas völlig anderes als eine verdeckte Porträtaufnahme. Dem einen kann man entgehen, indem man beiseite tritt oder den Fotografen anspricht, dem anderen jedoch nicht, weil man nichts von der heimlichen Aufnahme weiß.

In dem zweiten Akt des Hochladens bei Facebook liegt ein zweiter Rechtsverstoß, der dem ersten in nichts nachsteht. Selbst wenn man D unterstellt, auch dieses Hochladen lediglich für private Zwecke betrieben zu haben, kann angesichts der Anzahl der möglichen Betrachter auf derartigen Plattformen die »Haushaltsklausel« nicht mehr angewendet werden, so dass die DSGVO wieder in vollem Umfang zu beachten ist (EuGH, vgl. Endnote 150). Nun fehlt es D nicht nur an einer Erlaubnis zur Datenverarbeitung, sie hat auch nicht ausreichend informiert, Art. 13 DSGVO. Zu einem Schmerzensgeld gem. § 823 Abs. 1, § 1004 BGB i.V.m. dem Recht auf informationelle Selbstbestimmung bzw. dem allgemeinen Persönlichkeitsrecht (Art. 2 und Art. 1 GG) kommt ggf. eine Geldbuße gem. Art. 83 Abs. 5 lit. a) und b) DSGVO hinzu.

Wer im privaten Kreis Fotos machen möchte, muss dies offen tun und um Erlaubnis fragen – mindestens durch eindeutige Gesten o.ä. Sollen diese Fotos dann irgendwo veröffentlicht werden, insbesondere in den sozialen Medien, bedarf es sogar einer eingehenden Information gem. Art. 13 DSGVO. Und selbst beim bloßen Versenden per Messenger von einer Person zur anderen handelt es sich um den Tatbestand des »Verbreitens«, der gem. § 22 KUG ebenfalls erlaubnispflichtig ist. Auch wenn diese Vorgaben jeden Tag in Deutschland millionenfach missachtet werden, ändert dies nichts an ihrer Wirksamkeit. Und sollte es einmal darauf ankommen – die Justiz kennt die Vorschriften sicherlich sehr genau. Zwischen Recht haben und Recht bekommen kann ein sehr weiter Weg liegen. Ob dieser Weg gelingt, liegt meist nicht so sehr am Gesetz oder an den beteiligten Juristen. In den allermeisten Fällen ist der Sachverhalt das Problem. Wie war es eigentlich wirklich? Das ist die ausschlaggebende Frage, was schon die Römer wussten: »da mihi facta, dabo tibi ius« – gib mir die Fakten, dann gebe ich dir das Recht. Vor Gericht und im behördlichen Verfahren genügt es allerdings nicht, die Fakten zu schildern. Sie müssen auch beweisbar sein. Wer sich im Bereich der Fotografie und der DSGVO allgemein auf Mündliches, auf Umstände, auf Gesten und auf »das Übliche« verlässt, hat im Zweifelsfall keinen Beweis zur Hand. Und dann gilt das gesetzliche Verbot. Deshalb nochmals der Appell: Alles schriftlich dokumentieren! Wer mit personenbezogenen Daten umgeht, muss sich entlasten können.

Einschlägige Rechtsprechung gibt es bisher kaum. Mit der DSGVO hat sich die Rechtslage in Deutschland geändert, es fehlen Erfahrungswerte. Möglicherweise werden sich die Gerichte an der sogenannten »Caroline-Rechtsprechung« orientieren und die Genugtuungsfunktion neben die Präventionsfunktion setzen, so dass dann auch die aus dem Presserecht bekannten »Tarife« für Persönlichkeitsverletzungen herangezogen werden könnten[128]. Eine gewisse Orientierung könnten aber auch bekannte »Marktwerte« liefern, so z.B. Preise für personenbezogene Daten im Adresshandel. Es bleibt abzuwarten, ob Deutschland die neuen Möglichkeiten nutzt, um den »Wildwuchs« im Bereich der Datensicherheit etwas einzudämmen und Grundrechtsverstöße zugunsten der Betroffenen zu kompensieren.

Die nachstehenden Mustervorlagen sind ausdrücklich für den Gebrauch der Leserinnen und Leser bestimmt.

Sie dürfen auch ohne Hinweis auf das Urheberrecht des Autors verwendet und verändert werden. Selbstverständlich müssen die Muster der konkreten Situation angepasst werden. Viele Hinweise hierzu finden sich in den vorstehenden Kapiteln. Im Zweifel sollte allerdings immer professioneller Rechtsrat eingeholt werden.

162 Schriftliche Einwilligung

[+++ Anrede +++]

der Schutz Ihrer Daten ist uns sehr wichtig.

Die uns überlassenen personenbezogenen Daten, insbesondere Name, Anschrift, Telefonnummer, Bankdaten, die für die Erfüllung der zwischen uns abgeschlossenen Vertragsverhältnisse notwendig sind, werden gemäß der gesetzlichen Berechtigung in Art. 6 Abs. 1 lit. b) DSGVO verarbeitet.

Jede darüber hinausgehende Nutzung Ihrer personenbezogenen Daten und die Erhebung zusätzlicher Informationen bedarf Ihrer ausdrücklichen Einwilligung. Wir würden uns freuen, wenn Sie uns eine solche Einwilligung in die Nutzung Ihrer personenbezogenen Daten nachfolgend erteilen würden.

Die Zwecke der Datenerhebung und Datenverarbeitung müssen hier vollständig aufgelistet sein. Das gilt auch für spätere Veröffentlichungen etc.

EINWILLIGUNG
in die Verarbeitung personenbezogener Daten
gem. Art. 6 Abs. 1 lit. a), Art. 7 DSGVO und in die
werbliche Ansprache i. S. d. § 7 UWG

Hiermit willige ich ein, dass [Verantwortlicher] meine personenbezogenen Daten zum Zwecke der [+++] verarbeiten darf.

»Zwecke der Werbung«: In diesem Muster ist auch eine Einwilligung gem. § 7 UWG enthalten. Diese kann ggf. gestrichen werden.

[Verantwortlicher] darf mir zum Zwecke der Werbung und Vertragsanbahnung Informationen und Angebote in postalischer und elektronischer Form übermitteln und mich telefonisch kontaktieren.

[Ort, Datum] / [Unterschrift]

Ihre Rechte:

Sie haben folgende Rechte hinsichtlich der Sie betreffenden personenbezogenen Daten:

- Recht auf Auskunft,
- Recht auf Berichtigung oder Löschung,
- Recht auf Einschränkung der Verarbeitung,
- Recht auf Widerspruch gegen die Verarbeitung,
- Recht auf Datenübertragbarkeit.

Bitte wenden Sie sich hierfür an unseren Ansprechpartner / Datenschutzbeauftragen [+++ nicht Zutreffendes bitte streichen +++], Name, Anschrift, E-Mail-Adresse, ggf. Telefonnummer.

Sie haben zudem das Recht, sich bei einer Datenschutz-Aufsichtsbehörde über die Verarbeitung Ihrer personenbezogenen Daten durch uns zu beschweren.

Die Einwilligung in die Verarbeitung Ihrer personenbezogenen Daten zu weiteren Zwecken können Sie jederzeit ohne Angabe von Gründen abändern oder widerrufen. Der Widerspruch kann postalisch oder elektronisch an uns übermittelt werden. Ihnen entstehen dabei keine anderen als die Übermittlungskosten nach den Basistarifen.

Schriftliche Information des Betroffenen 163

Informationen
zur Datenerhebung gem. Art. 13 DSGVO

[+++ Anrede +++]

[Verantwortlicher, Kontaktdaten] verarbeitet Ihre personenbezogenen Daten zum Zwecke [+++ Sachverhalt beschreiben +++].

Var. 1:
Rechtsgrundlage für die Verarbeitung bildet die uns vorliegende Einwilligung vom [Datum] gem. Art. 6 Abs. 1) lit. a) DSGVO.

Var. 2:
Die Verarbeitung Ihrer personenbezogenen Daten ist für die Anbahnung bzw. Erfüllung eines Vertrags erforderlich und beruht auf Art. 6 Abs. 1) lit. b) DSGVO.

Var. 3:
Die Verarbeitung Ihrer personenbezogenen Daten ist zur Wahrung unserer berechtigten Interessen, nämlich [+++ Nennung des berechtigten Interesses +++] erforderlich.

Was hier eintragungspflichtig ist, bestimmt sich nach Art. 13 DSGVO. Vgl. Rn 109. Gesetzestext lesen!

[+++ weitere wesentliche Verarbeitungsvorgänge nennen, z. B. Speicherung in einem bestimmten System, cloudbasierte Dienste, Veröffentlichungen auf Plattformen etc. +++]

Ihre Daten werden unverzüglich gelöscht, sobald sie für den Zweck ihrer Verarbeitung nicht mehr erforderlich sind.

Sie haben das Recht, bei uns Auskunft über die betreffenden personenbezogenen Daten sowie die Berichtigung, Löschung oder Einschränkung der Verarbeitung zu verlangen. Sie sind außerdem berechtigt, Widerspruch gegen die Verarbeitung zu erheben. Es besteht weiter ein Recht auf Datenübertragbarkeit.

Ihnen steht das Recht zur Beschwerde bei einer Aufsichtsbehörde zu.

Die Bereitstellung Ihrer personenbezogenen Daten ist für einen Vertragsabschluss erforderlich [alternativ: gesetzlich / vertraglich vorgeschrieben / nicht vorgeschrieben]. Sie sind nicht verpflichtet, die personenbezogenen Daten bereitzustellen.

Eine automatische Entscheidungsfindung einschließlich Profiling gem. Art. 22 Abs. 1 u. 4 DSGVO findet nicht statt.

164 E-Mail-Disclaimer

Ihre Daten sind uns wichtig!

Wir sind verpflichtet, Sie gem. Art. 13 DSGVO bei der Erhebung Ihrer personenbezogenen Daten umfangreich zu informieren. Eine Erhebung von personenbezogenen Daten findet insbesondere bei Anfragen von möglichen Neukunden statt. Erhoben werden lediglich Kontaktdaten wie Name, Anschrift und E-Mail-Adresse. Die Erhebung ist für die Durchführung vorvertraglicher Maßnahmen gem. Art. 6 Abs. 1) lit. b) DSGVO erforderlich. Die Daten werden unverzüglich gelöscht, sobald sie für den Zweck ihrer Verarbeitung nicht mehr erforderlich sind. Sie haben das Recht, bei uns Auskunft über die betreffenden personenbezogenen Daten sowie die Berichtigung, Löschung oder Einschränkung der Verarbeitung zu verlangen. Sie sind außerdem berechtigt, Widerspruch gegen die Verarbeitung zu erheben. Es besteht weiter ein Recht auf Datenübertragbarkeit. Ihnen steht das Recht zur Beschwerde bei einer Aufsichtsbehörde zu.

Weitere Informationen stehen Ihnen in der Datenschutzerklärung auf unserer Website [+++] zur Verfügung.

Auditcheckliste 165

Die nachfolgende Checkliste bietet lediglich einen groben Überblick über die Themen, die bei dem Audit abgearbeitet werden sollten. Je nach Struktur und Größe des Unternehmens sollten einige Bereiche einer vertieften Prüfung unterzogen werden.

AUDITCHECKLISTE
für
[Name des Unternehmens]

I. Feststellung des IST-Zustands

Zunächst ist zu analysieren, wie das Unternehmen aufgebaut ist und wo welche Abläufe erfolgen. Insbesondere ist hierbei zu prüfen. welche Schutzmaßnahmen ergriffen werden, um sicherzustellen, dass die Verarbeitung der personenbezogenen Daten rechtmäßig erfolgt.

1. Vorlage eines Organisationsplans des Unternehmens
2. Zu welcher Branche gehört das Unternehmen?
3. Welche Dienstleistungen/Produkte gibt es?
4. Gibt es mehrere Standorte? Wo befinden sich diese?
5. Welche Datenverarbeitungen finden an den verschiedenen Standorten statt?
6. Wie viele Mitarbeiter haben die einzelnen Standorte?
7. Welche personenbezogenen Daten werden wo verarbeitet?
8. Werden personenbezogene Daten von Kindern verarbeitet?
9. Wie werden personenbezogene Daten verarbeitet?
10. Gibt es einen Betriebsrat?
11. Datenschutzbeauftragter vorhanden?
    Falls ja: Kontaktdaten + Feststellung der Aufgaben
    Falls ja: Prüfung der Aufgaben und Aufgabenerfüllung
12. Vorlage eines aktuellen Verzeichnisses von Verarbeitungstätigkeiten gem. Art. 30 DSGVO

13. Vorlage des Datenschutzkonzepts / Sicherheitskonzepts
14. Vorlage des aktuellen Rollen- und Rechtekonzepts
15. Vorlage der Auftragsverarbeitungen
16. Wann ist zuletzt eine Mitarbeiterschulung zum Datenschutz erfolgt?
17. Bestehen Zertifizierungen gemäß Art. 42 DSGVO?

II. Abgleich mit dem SOLL-Zustand:

Zu prüfen ist nun, ob die ergriffenen Schutzmaßnahmen erforderlich, geeignet und ausreichend sind, um zu gewährleisten, dass die Vorgaben der DSGVO eingehalten werden.

III. Erstellung eines Maßnahmenkatalogs

Es ist ein Katalog mit denjenigen Maßnahmen zu erstellen, die das Unternehmen in den einzelnen Bereichen noch umzusetzen hat, um den SOLL-Zustand zu erreichen.

IV. Dokumentation und turnusmäßige Prüfung

Die Ergebnisse des Audits sind zu dokumentieren. Audits sollen regelmäßig in gewissen Abständen stattfinden. Zu prüfen ist insbesondere auch die Umsetzung der vorgegebenen Maßnahmen, Alternativen und Konformität mit der aktuellen Rechtslage.

166 Vereinbarung zur Auftragsverarbeitung

VERTRAG ZUR AUFTRAGSVERARBEITUNG

zwischen

[Unternehmen I]
als Auftraggeber (Verantwortlicher)

und

[Unternehmen II]
als Auftragsverarbeiter (Auftragnehmer)

§ 1 Vertragsgegenstand

a) Der Auftragnehmer erbringt für den Auftraggeber im Rahmen des Auftrags folgende Leistungen: [+++ Gegenstand des Auftrags und der Dienstleistungen +++]
b) Der Auftragnehmer verarbeitet hierbei personenbezogene Daten für den Auftraggeber ausschließlich in dessen Auftrag.
c) Die Verarbeitung der personenbezogenen Daten erfolgt ausschließlich in einem Mitgliedstaat der Europäischen Union oder in einem Vertragsstaat des Abkommens über den Europäischen Wirtschaftsraum.

§ 2 Vertragsdauer

Die Laufzeit dieses Vertrags entspricht der Laufzeit des zwischen dem Verantwortlichen und dem Auftragnehmer bestehenden Hauptvertrags.

§ 3 Art der personenbezogenen Daten

Der Auftragnehmer verarbeitet ausschließlich die nachfolgenden personenbezogenen Daten:

- Name und Adresse
- Telefonnummer
- Kontodaten
- [+++]

§ 4 Kategorien betroffener Personen

Folgende Personen sind von der Verarbeitung ihrer personenbezogenen Daten durch den Auftragnehmer betroffen:

- Kunden des Verantwortlichen
- Arbeitnehmer des Verantwortlichen
- [+++]

§ 5 Rechte und Pflichten des Verantwortlichen

a) Der Verantwortliche ist für die Beurteilung der Zulässigkeit der Verarbeitung personenbezogener Daten sowie für die Wahrung der Rechte der Betroffenen gemäß Art. 12 bis 22 DSGVO verantwortlich.
b) Der Verantwortliche erteilt alle Aufträge, Teilaufträge und Weisungen in der Regel schriftlich oder in einem dokumentierten elektronischen Format. Mündliche Aufträge oder Weisungen sind unverzüglich schriftlich oder in einem dokumentierten elektronischen Format zu bestätigen.

c) Der Verantwortliche ist berechtigt, vor Beginn der Verarbeitung und sodann in turnusmäßiger Regelmäßigkeit in angemessener Weise die Einhaltung der beim Auftragnehmer getroffenen technischen und organisatorischen Maßnahmen sowie die in diesem Vertrag festgelegten Verpflichtungen zu überprüfen. Der Verantwortliche informiert den Auftragnehmer unverzüglich über festgestellte Fehler.
d) Der Verantwortliche ist verpflichtet, alle im Rahmen des Vertragsverhältnisses erlangten Kenntnisse von Geschäftsgeheimnissen und Datensicherheitsmaßnahmen des Auftragnehmers vertraulich zu behandeln. Diese Verpflichtung bleibt auch nach Beendigung dieses Vertrags bestehen.
e) Der Verantwortliche verpflichtet sich, ein angemessenes Schutzniveau zu gewährleisten (siehe § 7).

§ 6 Pflichten des Auftragnehmers

a) Der Auftragnehmer verpflichtet sich, die personenbezogenen Daten nur auf dokumentierte Weisung des Verantwortlichen zu verarbeiten, sofern er nicht durch das Recht der Union oder der Mitgliedstaaten, dem der Auftragsverarbeiter unterliegt, hierzu verpflichtet ist; in einem solchen Fall teilt der Auftragsverarbeiter dem Verantwortlichen diese rechtlichen Anforderungen vor der Verarbeitung mit, sofern das betreffende Recht eine solche Mitteilung nicht wegen eines wichtigen öffentlichen Interesses verbietet;
b) Der Auftragnehmer gewährleistet, dass sich die zur Verarbeitung der personenbezogenen Daten befugten Personen zur Vertraulichkeit verpflichtet haben oder einer angemessen gesetzlichen Verschwiegenheitspflicht unterliegen.
c) Der Auftragnehmer unterstützt angesichts der Art der Verarbeitung den Verantwortlichen nach Möglichkeit mit geeigneten technischen und organisatorischen Maßnahmen dabei, seiner Pflicht zur Beantwortung von Anträgen auf Wahrnehmung der in Art. 12 bis 23 DSGVO genannten Rechte der betroffenen Person nachzukommen.
d) Der Auftragnehmer unterstützt unter Berücksichtigung der Art der Verarbeitung und der ihm zur Verfügung stehenden Informationen den Verantwortlichen bei der Einhaltung der in den Art. 32 bis 36 DSGVO genannten Pflichten.
e) Der Auftragnehmer verpflichtet sich, nach Wahl des Verantwortlichen, alle personenbezogenen Daten nach Abschluss der Erbringung der Verarbeitungsleistungen entwe-

der zu löschen oder zurückzugeben und die vorhandenen Kopien zu löschen, sofern nicht nach dem Unionsrecht oder dem Recht der Mitgliedstaaten eine Verpflichtung zur Speicherung der personenbezogenen Daten besteht.

f) Der Auftragnehmer stellt dem Verantwortlichen alle erforderlichen Informationen zum Nachweis der Einhaltung der in diesem Artikel nied ergelegten Pflichten zur Verfügung und ermöglicht ihm Überprüfungen – einschließlich Inspektionen –, die vom Verantwortlichen oder einem anderen von diesem beauftragten Prüfer durchgeführt werden.

g) Der Auftragnehmer informiert den Verantwortlichen unverzüglich, falls er der Auffassung ist, dass eine Weisung gegen diese Verordnung oder gegen andere Datenschutzbestimmungen der Union oder der Mitgliedstaaten verstößt.

h) Der Auftragnehmer verpflichtet sich, ein angemessenes Schutzniveau zu gewährleisten (siehe § 7).

§ 7 Gewährung eines angemessenen Schutzniveaus gemäß Art. 32 DSGVO

a) Unter Berücksichtigung des Stands der Technik, der Implementierungskosten und der Art, des Umfangs, der Umstände und der Zwecke der Verarbeitung sowie der unterschiedlichen Eintrittswahrscheinlichkeit und Schwere des Risikos für die Rechte und Freiheiten natürlicher Personen treffen der Verantwortliche und der Auftragsverarbeiter geeignete technische und organisatorische Maßnahmen, um ein dem Risiko angemessenes Schutzniveau zu gewährleisten; diese Maßnahmen schließen unter anderem Folgendes ein:
   i. die Fähigkeit, die Vertraulichkeit, Integrität, Verfügbarkeit und Belastbarkeit der Systeme und Dienste im Zusammenhang mit der Verarbeitung auf Dauer sicherzustellen;
   ii. die Fähigkeit, die Verfügbarkeit der personenbezogenen Daten und den Zugang zu ihnen bei einem physischen oder technischen Zwischenfall rasch wiederherzustellen;
   iii. ein Verfahren zur regelmäßigen Überprüfung, Bewertung und Evaluierung der Wirksamkeit der technischen und organisatorischen Maßnahmen zur Gewährleistung der Sicherheit der Verarbeitung.

b) Bei der Beurteilung des angemessenen Schutzniveaus sind insbesondere die Risiken zu berücksichtigen, die mit der Verarbeitung – insbesondere durch Vernichtung, Verlust oder Veränderung, ob unbeabsichtigt oder unrechtmäßig, oder unbefugte Offenlegung von beziehungsweise unbefugten Zugang zu personenbezogenen Daten, die übermittelt, gespeichert oder auf andere Weise verarbeitet wurden – verbunden sind.

c) Der Verantwortliche und der Auftragsverarbeiter unternehmen Schritte, um sicherzustellen, dass ihnen unterstellte natürliche Personen, die Zugang zu personenbezogenen Daten haben, diese nur auf Anweisung des Verantwortlichen verarbeiten, es sei denn, sie sind nach dem Recht der Union oder der Mitgliedstaaten zur Verarbeitung verpflichtet.
d) Der Auftragnehmer ist verpflichtet, alle im Rahmen des Vertragsverhältnisses erlangten Kenntnisse von Geschäftsgeheimnissen und Datensicherheitsmaßnahmen des Verantwortlichen vertraulich zu behandeln. Diese Verpflichtung bleibt auch nach Beendigung dieses Vertrages bestehen.
e) Die Einhaltung der vorgenannten Maßnahmen wird durch das im Anhang [+++] beschriebene Sicherheitskonzept gewährleistet.

§ 8 Subunternehmer

a) Der Auftragsverarbeiter nimmt keinen weiteren Auftragsverarbeiter ohne vorherige gesonderte oder allgemeine schriftliche Genehmigung des Verantwortlichen in Anspruch. Im Fall einer allgemeinen schriftlichen Genehmigung informiert der Auftragsverarbeiter den Verantwortlichen immer über jede beabsichtigte Änderung in Bezug auf die Hinzuziehung oder die Ersetzung anderer Auftragsverarbeiter, wodurch der Verantwortliche die Möglichkeit erhält, gegen derartige Änderungen Einspruch zu erheben.
b) Nimmt der Auftragsverarbeiter die Dienste eines weiteren Auftragsverarbeiters in Anspruch, um bestimmte Verarbeitungstätigkeiten im Namen des Verantwortlichen auszuführen, so werden diesem weiteren Auftragsverarbeiter im Wege eines Vertrags oder eines anderen Rechtsinstruments nach dem Unionsrecht oder dem Recht des betreffenden Mitgliedstaats dieselben Datenschutzpflichten auferlegt, die in dem Vertrag oder anderen Rechtsinstrument zwischen dem Verantwortlichen und dem Auftragsverarbeiter gem. § 4 und § 5 festgelegt sind, wobei insbesondere hinreichende Garantie dafür geboten werden muss, dass die geeigneten technischen und organisatorischen Maßnahmen so durchgeführt werden, dass die Verarbeitung entsprechend den Anforderungen der DSGVO erfolgt. Kommt

der weitere Auftragsverarbeiter seinen Datenschutzpflichten nicht nach, so haftet der erste Auftragsverarbeiter gegenüber dem Verantwortlichen für die Einhaltung der Pflichten jenes anderen Auftragsverarbeiters.

§ 9 Salvatorische Klausel

a) Sollten einzelne Bestimmungen dieses Vertrags unwirksam oder undurchführbar sein oder nach Vertragsschluss unwirksam oder undurchführbar werden, bleibt davon die Wirksamkeit des Vertrags im Übrigen unberührt.
b) An die Stelle der unwirksamen oder undurchführbaren Bestimmung soll diejenige wirksame und durchführbare Regelung treten, deren Wirkungen der wirtschaftlichen Zielsetzung am nächsten kommen, die die Vertragsparteien mit der unwirksamen bzw. undurchführbaren Bestimmung verfolgt haben. Die vorstehenden Bestimmungen gelten entsprechend für den Fall, dass sich der Vertrag als lückenhaft erweist.

[+++ Ort, Datum +++]
[+++ Unterschrift Verantwortlicher +++]
[+++ Unterschrift Auftragnehmer +++]

Beschwerde an die Aufsichtsbehörde 167

Beschwerde an die Aufsichtsbehörde
gem. Art. 77 DSGVO

Sehr geehrte Damen und Herren,

die Verarbeitung der mich betreffenden personenbezogenen Daten des Unternehmens [Kontaktdaten] verstößt gegen die Vorschriften der Datenschutzgrundverordnung.

[+++ Kurze, aber präzise Beschreibung des Sachverhalts +++ Beispiel:] Am 11.01.2020 wurde mir von dem vorgenannten Unternehmen über die E-Mail-Adresse [info@beispielunternehmen.de] eine Werbe-E-Mail zugesandt. Mit E-Mail vom gleichen Tage teilte ich mit, dass ich keine weiteren E-Mails erhalten möchte, und verlangte Auskunft über meine dort gespeicherten Daten. Am 18.01.2020 und 24.01.2020 erhielt ich weitere Werbe-E-Mails. Eine Auskunft erfolgte nicht. Die E-Mail-Korrespondenz liegt diesem Schreiben bei. [+++]

Wichtig ist, dass der Sachverhalt vollständig und präzise wiedergegeben wird und dass alle Beweismittel beigefügt werden. Sollten Zeugenaussagen maßgeblich sein, empfiehlt es sich, diese schriftlich und mit Unterschrift des Zeugen beizufügen.

Hiermit mache ich daher von meinem Recht auf Beschwerde gem. Art. 77 DSGVO Gebrauch und bitte um weitere Veranlassung.

Mit freundlichen Grüßen
[+++ Unterschrift +++]

168 Einwilligung für Fotografien nach dem KUG

EINWILLIGUNG
in die Verbreitung und öffentliche Zurschaustellung von Bildnissen gem. § 22 S. 1 KUG und in die Verarbeitung von personenbezogenen Daten gem. § 6 Abs. 2 Nr. 1) a) DSGVO

Hiermit willige ich,

[Kontaktdaten des / der Fotografierten]

ein, dass

[Name des Fotografen / der Fotografin]

Hier müssen alle Verwertungs- und Veröffentlichungstatbestände genannt werden, vgl. § 22 KUG.

diejenigen Fotografien, die auf der Veranstaltung +++ am +++ aufgenommen worden sind und mich abbilden, auf seiner / ihrer Website [www.beispielswebsite.de] veröffentlichen darf.

[+++ Ort, Name, Unterschrift +++]

169 Verarbeitungsverzeichnis

Dieses Verarbeitungsverzeichnis ist auszufüllen, wenn der Designer Verantwortlicher der Datenverarbeitung ist, also z. B. als Inhaber einer Agentur.

VERARBEITUNGSVERZEICHNIS
des Verantwortlichen gem. Art. 30 Abs. 1 DSGVO

1. Name und Kontaktdaten des Verantwortlichen
   - Name
   - Adresse
   - Telefonnummer
   - E-Mail-Adresse
   - Vertreter
   - Ggf. gemeinsam Verantwortlicher
   - Ggf. Datenschutzbeauftragter

2. Zwecke der Verarbeitung
   - [+++]
   - [+++]

3. Kategorien der betroffenen Personen
   - [+++]
   - [+++]

4. Kategorien der personenbezogenen Daten
   - [+++]
   - [+++]

5. Kategorien von Empfängern, gegenüber denen die personenbezogenen Daten offengelegt worden sind oder noch offengelegt werden, einschließlich Empfängern in Drittländern oder internationalen Organisationen
   - [+++]
   - [+++]

6. Ggf. Übermittlungen von personenbezogenen Daten an ein Drittland oder an eine internationale Organisation, einschließlich der Angabe des betreffenden Drittlands oder der betreffenden internationalen Organisation, sowie bei den in Art. 49 Abs. 1 Unterabs. 2 DSGVO genannten Datenübermittlungen die Dokumentierung geeigneter Garantien
   - [+++]
   - [+++]

7. Wenn möglich: die vorgesehenen Fristen für die Löschung der verschiedenen Datenkategorien
   - [+++]
   - [+++]

8. Wenn möglich: eine allgemeine Beschreibung der technischen und organisatorischen Maßnahmen gem. Art. 32 Abs. 1 DSGVO
   - [+++]
   - [+++]

Dieses Verarbeitungsverzeichnis ist auszufüllen, wenn der Designer Auftragnehmer im Rahmen einer Datenverarbeitung ist, er handelt dann als Auftragsverarbeiter. Das ist z. B. der Fall, wenn er Fotos von Models anfertigt, die sein Auftraggeber engagiert hat.

VERARBEITUNGSVERZEICHNIS
des Auftragnehmers gem. Art. 30 Abs. 2 DSGVO

1. Name und Kontaktdaten des Auftragnehmers
   - Name
   - Adresse
   - Telefonnummer
   - E-Mail-Adresse
   - Vertreter
   - Ggf. gemeinsam Verantwortlicher
   - Ggf. Datenschutzbeauftragter

2. Name und Kontaktdaten des Verantwortlichen
   - Name
   - Adresse
   - Telefonnummer
   - E-Mail-Adresse
   - Vertreter
   - Ggf. gemeinsam Verantwortlicher
   - Ggf. Datenschutzbeauftragter

3. Kategorien von Verarbeitungen, die im Auftrag jedes Verantwortlichen durchgeführt werden
   - [+++]
   - [+++]

4. Ggf. Übermittlungen von personenbezogenen Daten an ein Drittland oder an eine internationale Organisation, einschließlich der Angabe des betreffenden Drittlands oder der betreffenden internationalen Organisation, sowie bei den in Art. 49 Abs. 1 Unterabs. 2 DSGVO genannten Datenübermittlungen die Dokumentierung geeigneter Garantien
   - [+++]
   - [+++]

5. Wenn möglich: eine allgemeine Beschreibung der technischen und organisatorischen Maßnahmen gem. Art. 32 Abs. 1 DSGVO
   - [+++]
   - [+++]

Endnoten

Geistiges Eigentum

1
Die vermutlich erste Monographie zum geistigen Eigentum wird von Nikolaus Hieronymus Gundling veröffentlicht, ein Jurist und königlich-preußischer Geheimrat in Magdeburg, der der Aufklärung zuzurechnen ist. Vgl. Heiner Lück, **Nicolaus Hieronymus Gundling und sein »Rechtliches und Vernunfft-mäßiges Bedencken… Von dem Schändlichen Nachdruck andern gehöriger Bücher«**. In: **Grundlagen und Grundfragen des Geistigen Eigentums**, Tübingen 2008; S. 11, 20 ff.

2
Elmar Wadle, Friedrich Carl von Savignys Beitrag zum Urheberrecht, 1992; ergänzend zum Gesetzgebungsprozess des BGB vgl. David Herzog, **Recht für Designer**, Stuttgart 2017, Rn 3 f.

3
Herzog, **Recht für Designer**, Stuttgart 2017.

4
Gerhard Schricker / Ulrich Loewenheim (Hrsg.), **Kommentar zum UrhG**, 6. Aufl., München 2020, Einl. Rn 7.

5
BGH GRUR 89, 106, 107 – Oberammergauer Passionsspiele II.

6
Vertiefend vgl. Herzog (wie Anm. 2), Rn 171 m. w. N. zur Rechtsprechung und der Gegenauffassung in der Literatur.

7
Michael Sachs (Hrsg.), **Kommentar zum Grundgesetz**, 9. Aufl., München 2021, Art. 14 Rn 111 ff.

8
BGH NJW 01, 603, 605 – Mattscheibe.

9
Gestattet sind alle möglichen Arten von Zitaten, nicht nur Textzitate. Allerdings darf das Zitat nur einem besonderen Zweck dienen, insbesondere bei wissenschaftlichen Werken zur Erläuterung des Inhalts, wobei die gängigen Zitierregeln eingehalten werden müssen, vor allem die Quellenangabe (§ 63 UrhG), und wobei das zitierte Original nicht entstellt werden darf, § 14 UrhG.

10
§ 31 Abs. 5 UrhG; Schricker / Loewenheim (Hrsg.) (wie Anm. 4), § 31, Rn 69.

11
Der BGH hat sich bislang nur zurückhaltend zu der Thematik geäußert. In seiner Paperboy-Entscheidung hat der BGH darauf hingewiesen, dass die vorbehaltlose Einstellung von geschützten Inhalten ins Netz diese für die Allgemeinheit konkludent nutzbar machen könne, zumindest für das Betrachten (BGH GRUR 03, 958 – Paperboy, BGH GRUR 08, 245 – Drucker und Plotter). Die Reichweite und Bedeutung dieser Rechtsprechung ist umstritten. Nicht jede (ggf. scheinbare) Freigabe könne eine totale Fremdnutzung bedeuten, so eine andere Auffassung. Bei einer Nutzung über das Betrachten hinaus müsse das Urheberrecht unbedingt besser beachtet und überwacht werden. Wieder andere Stimmen führen die BGH-Entscheidung weiter: Das Internet und soziale Medien lebten von der kostenlosen Nutzung der eingestellten Inhalte; wer eine Vergütung wolle, der müsse sie ausdrücklich geltend machen (zum Diskussionsstand vgl. bspw. Gisela Wild, in: Schricker / Loewenheim (Hrsg.) (wie Anm. 4), § 97, Rn 33).

12
Herzog (wie Anm. 2).

13
Richtlinie 98/71/EG des Europäischen Parlaments und des Rates vom 13. Oktober 1998 über den rechtlichen Schutz von Mustern und Modellen (ABl. EG Nr. L 289 S. 28).

14
OLG Hamburg, Magazindienst 08 – Handydesign, 182 ff.; OLG Hamm InstGE 8, 233 ff. – Kaminofen II; beide Entscheidungen waren schon zum Geschmacksmustergesetz ergangen, das seit 2004 dieselbe Rechtslage kannte.

15
https://www.dpma.de/docs/dpma/veroeffentlichungen/2/bro_design_dt.pdf (Zugriff 21.07.2021).

16
https://www.dpma.de/recherche/dpmaregister/index.html (Zugriff 21.07.2021).

17
https://www.dpma.de/designs/faq/index.html (Zugriff 21.07.2021).

18
https://direkt.dpma.de/design/ (Zugriff 21.07.2021).

19
Notorisch bekannte Marken sind solche, die i. S. d. Artikels 6bis der Pariser Verbandsübereinkunft zum Schutz des gewerblichen Eigentums (Pariser Verbandsübereinkunft) in einem anderen Staat als ihrem Herkunftsstaat bereits notorische Bekanntheit erlangt haben (grenzübergreifender Schutz bei erheblicher Bekanntheit).

20
»Unternehmenskennzeichen sind Zeichen, die im geschäftlichen Verkehr als Name, als Firma oder als besondere Bezeichnung eines Geschäftsbetriebs oder eines Unternehmens benutzt werden. Der besonderen Bezeichnung eines Geschäftsbetriebs stehen solche Geschäftsabzeichen und sonstige zur Unterscheidung des Geschäftsbetriebs von anderen Geschäftsbetrieben bestimmte Zeichen gleich, die innerhalb beteiligter Verkehrskreise als Kennzeichen des Geschäftsbetriebs gelten«, vgl. § 5 Abs. 2 MarkenG.

21
»Geographische Herkunftsangaben im Sinne dieses Gesetzes sind die Namen von Orten, Gegenden, Gebieten oder Ländern sowie sonstige Angaben oder Zeichen, die im geschäftlichen Verkehr zur Kennzeichnung der geographischen Herkunft von Waren oder Dienstleistungen benutzt werden«, § 126 Abs. 1 MarkenG.

22
Reinhard Ingerl / Christian Rohnke, **Kommentar zum MarkenG**, 3. Aufl., München 2010, § 6 Rn 1.

23
Ebd., § 4 Rn 11.

24
https://www.dpma.de/marken/klassifikation/waren_dienstleistungen/index.html (Zugriff 21.07.2021).

25
Das DPMA hält eine Übersicht über die verschiedenen Markenformen und ihre Darstellung bei der Anmeldung bereit: https://www.dpma.de/marken/anmeldung/erforderliche_angaben/markenformenundderen darstellung/index.html (Zugriff 21.07.2021).

26
Bei dem Zeichen ® handelt es sich um einen international anerkannten Hinweis darauf, dass die Marke nach angloamerikanischem Recht geschützt ist.

Nur Waren- und Dienstleistungsmarken, die in einem (zumindest nationalen) Markenverzeichnis dieses Rechtskreises amtlich registriert sind, dürfen mit dem Registered-Trade-Mark-Symbol gekennzeichnet werden. Das wäre im Rahmen der Anmeldung beim deutschen DPMA ein grober Fehler.

27
https://www.dpma.de/marken/anmeldung/erforderliche_angaben/details_wdvz/index.html (Zugriff 21.07.2021).

28
https://www.dpma.de/service/kundenservice/index.html (Zugriff 21.07.2021).

29
BGH, Urteil v. 17.07.2003 – I ZR 259/00, GRUR 2003, 958 – Paperboy,
BGH, Urteil v. 06.12.2007 – I ZR 94/05, GRUR 08, 245 – Drucker und Plotter.

30
Vgl. BVerfG, Beschluss v. 30.08.2010 – 1 BvR 1631/08, GRUR 2010, 999 – Drucker und Plotter; BGH, Beschluss v. 21.07.2011 – I ZR 28/11, GRUR 2011, 999 – Drucker und Plotter II.

31
LG München I, Urteil v. 19.05.2004, Az. 21 O 6123/04 – GRUR-RR 2004, 350 »GPL-Verstoß«.

32
»GNU« ist ein rekursives Akronym. Es steht für »GNU is not Unix«. Unix ist ein älteres, unfreies Betriebssystem. Das Softwareprojekt GNU sollte dafür stattdessen eine freiheitsgewährende Variante werden. Vgl. https://de.wikipedia.org/wikiGNU-Lizenz_f%C3%BCr_freie_Dokumentation (Zugriff 22.07.2021).

33
GNU Free Documentation License, Version 1.3, 3 November 2008, Ziff. 2 Verbatim Copying.

34
Wer hierzu mehr erfahren möchte, kann auf der Website der FSF recherchieren: http://www.gnu.org/licenses/fdl-1.3.html (Zugriff 22.07.2021).

35
https://de.creativecommons.org/index.php/was-ist-cc/ (Zugriff 22.07.2021).

36
Creative Commons Namensnennung 4.0 International Public License, https://creativecommons.org/licenses/by/4.0/legalcode.de (Zugriff 22.07.2021).

37
»Aber da die meisten Kreativen, Lehrer und Wissenschaftler keine Juristen sind, machen wir die Lizenzen auch in einem Format zugänglich, das normale Menschen verstehen können — als sogenannte Commons Deed (auch ›menschenlesbare Fassung‹ der Lizenz genannt). Die Commons Deed ist eine praktische Referenz für Lizenzgeber und Lizenznehmer, da sie die wichtigsten Lizenzbedingungen zusammengefasst zeigt. Man kann die Commons Deed als benutzerfreundliche Schnittstelle zum darunterliegenden Lizenzvertrag betrachten, obwohl die Deed selbst weder eine Lizenz ist noch zum eigentlichen Lizenzvertrag gehört.«, vgl. https://creativecommons.org/licenses/?lang=de (Zugriff 22.07.2021).

38
»Die letzte Schicht der Lizenzkonstruktion ist der Erkenntnis geschuldet, dass Software – von Suchmaschinen über Office-Programme bis zu Musikeditoren – eine immer grössere Rolle bei der Schaffung, Vervielfältigung, Entdeckung und Verbreitung von Werken spielt. Um es im Netz leicht erkennbar zu machen, ob ein Werk unter einer Creative-Commons-Lizenz verfügbar ist, gibt es eine ›maschinenlesbare‹ Fassung der Lizenz – eine Zusammenfassung der zentralen Freiheiten und Verpflichtungen in einem Format, das Softwaresysteme, Suchmaschinen und andere technische Einrichtungen verstehen können. Für diesen Zweck haben wir eine standardisierte, für Computer lesbare Beschreibung der Lizenzen entwickelt, genannt CC Rights Expression Language (CC REL).«, vgl. https://creativecommons.org/licenses/?lang=de (Zugriff 22.07.2021).

39
https://de.wikipedia.org/wiki/Creative_Commons#cite_ref-18 (Zugriff 22.07.2021).

40
https://creativecommons.org/licenses/by-nc-sa/3.0/de/legalcode (Zugriff 22.07.2021).

41
OLG Köln, Urteil v. 31.10.2014, Az. 6 U 60/14 = GRUR 2015, 167 ff.;
OLG Köln, Urteil v. 13.04.2018, Az. 6 U 131/17 = GRUR-RR 2018, 280 ff, Rn. 16.

42
https://de-de.facebook.com/terms.php (Zugriff 22.07.2021).

43
https://help.instagram.com/581066165581870 (Zugriff 22.07.2021).

44
https://twitter.com/de/tos (Zugriff 22.07.2021).

45
https://www.youtube.com/static?gl=DE&template=terms&hl=de#e51ef67171 (Zugriff 22.07.2021).

46
Zum Begriff: Dan Schiller, **Digital Capitalism. Networking the Global Market System**, Cambridge 2000; ders., Digital Depression. Information Technology and Economic Crisis, Champaign 2014.

47
Vgl. bspw. Philipp Staab, **Digitaler Kapitalismus. Markt und Herrschaft in der Ökonomie der Unknappheit**, Berlin 2019, S. 20 ff.

48
BGHZ 14, 163 – Constanze II.

49
BGH GRUR 99, 418 – Möbelklassiker.

50
Der allgemeine Beseitigungsanspruch ist auch für das Markenrecht anerkannt. Er ergibt sich gewohnheitsrechtlich aus dem Unterlassungsanspruch (vgl. Ingerl / Rohnke [wie Anm. 22], Vor §§ 14–19d Rn 211). Aufgrund der typischen Fallkonstellationen im Markenrecht wird der allgemeine Beseitigungsanspruch jedoch nur selten benötigt.

51
So jedenfalls für das Urheberrecht Wild in Schricker / Loewenheim (Hrsg.) (wie Anm. 4), § 97 Rn 122.

52
Vgl. ebd., § 97 Rn 123 m. w. N.

53
BGHZ 14, 163 – Constanze II. Das ist z. B. dann der Fall, wenn bereits unternehmensinterne Vorbereitungen für eine Veröffentlichung getroffen werden, die in Kürze erfolgen soll.

54
So schon das Reichsgericht, das eine Auskunftspflicht in jedem Rechtsverhältnis annahm, dessen Wesen es mit sich bringe, dass der Berechtigte in entschuldbarer Weise über Bestehen und Umfang seines Rechts im Ungewissen bleibt, der Verpflichtete hingegen in der Lage ist, unschwer Auskunft zu erteilen, Reichsgericht, Urteil v. 04.05.1923, II 310/22 – RGZ 108, 1, 7.

55
Vgl. bspw. BGH GRUR 2009, 794 – Auskunft über Tintenpatronen.

56
So bspw. Ingerl / Rohnke (wie Anm. 22), § 19 Rn 51 mit Verweis auf die Amtl. Begr. PrPG Bl. 1990, 185/186.

57
Was das genau bedeutet, ist umstritten, wird von der Rechtsprechung aber sehr restriktiv ausgelegt. Das OLG Köln hat die Veröffentlichung eines gesamten Musikalbums als »gewerbliches Ausmaß« angesehen, vgl. OLG Köln, MMR 08, 820. Das OLG Frankfurt hat das »gewerbliche Ausmaß« beim Hochladen einer vollständigen Film-DVD auf einer Internettauschbörse als verwirklicht angesehen, vgl. OLG Frankfurt, MMR 09, 542. Das OLG Zweibrücken hingegen ist der Auffassung, dass ein »gewerbliches Ausmaß« über einen Umfang hinausgehen muss (auch im Internet), der einem privaten oder sonstigen eigenen Gebrauch entsprechen würde, vgl. OLG Zweibrücken, CR 09, 31. Schon anhand der vorzitierten Beispiele sollte deutlich geworden sein, dass »gewerbliches Ausmaß« keine gewerbliche Tätigkeit i. S. d. Handels- oder Steuerrechts voraussetzt! Auch bei »privaten« Rechtsverletzungen kann durch die Anzahl der Verstöße und ihre Schwere das gesetzliche Merkmal erfüllt sein.

58
BGH GRUR 2010, 623 (626) Tz. 43 – Restwertbörse.

59
Vgl. Herzog (wie Anm. 2), Rn 112 ff.

60
Vgl. ebd., Rn 127 ff.

61
Vgl. ebd., Rn 199 ff.

62
Vgl. ebd., Rn 118 ff.

63
Vgl. ebd., Rn 133 ff.

64
»Gewohnheitsrechtlicher Rang«, vgl. BGHZ 20, 345.

65
BGH GRUR 74, 53

66
BGH GRUR 71, 525 – Petite Jacqueline; das ist allerdings umstritten, vgl. Schricker / Loewenheim (Hrsg.) (wie Anm. 4), § 97 Rn 183.

67
Das Rechtsinstitut der Abmahnung wurde im Wettbewerbsrecht entwickelt und dann durch Richterrecht auch bei Schutzrechtsverletzungen angewandt.

68
Die Vorschrift ist bzgl. der Kostenregelung mehrfach geändert worden, zuletzt im Oktober 2013. Noch nicht abschließend geklärt ist die Frage, ob der Gegenstandswert höher zu bemessen ist, wenn zusammen mit der Abmahnung gleichzeitig Schadensersatz begangen wird, wie dies häufig der Fall ist.

69
Eine unberechtigte Abmahnung stellt einen Eingriff in den eingerichteten und ausgeübten Gewerbebetrieb des Abmahnungsadressaten gem. § 823 Abs. 1 BGB dar, der zum Schadensersatz verpflichtet, vgl. bspw. BGH GRUR 2016, 630.

70
BGH GRUR 1997, 896 (897) – Mecki-Igel III.

71
Für Beispiele und Nachweise vgl. Ingerl / Rohnke (wie Anm. 22), Vor §§ 14–19d Rn 407 ff.

72
»Das Gericht bestimmt nach freiem Ermessen, welche Anordnungen zur Erreichung des Zweckes erforderlich sind.«; § 938 Abs. 1 ZPO.

73
Mit der Abschlusserklärung verzichtet der Schuldner auf seine Rechte gem. §§ 924, 926, 927 ZPO (d. h. auf sein Widerspruchsrecht und das Hauptsacheverfahren) und er erkennt die Regelung der einstweiligen Verfügung als endgültig an. Diese Rechtswirkung tritt allerdings nur ein, wenn die vom Schuldner abgegebene Abschlusserklärung dem Inhalt der einstweiligen Verfügung entspricht (BGH, Urteil v. 04.05.2005, Az. I ZR 127/ 02) und die Abschlusserklärung nicht an Bedingungen geknüpft ist (BGH, Urteil v. 02.07.2009, Az. I ZR 146/07).

74
BGH, Urteil v. 22.01.2015, Az. I ZR 59/14 – Kosten für Abschlussschreiben II.

75
Denn das Abschlussschreiben gehört gebührenrechtlich bereits zum Hauptsacheverfahren, weshalb gem. § 17 Nr. 4 lit. b RVG eine neue, selbständig zu honorierende Angelegenheit vorliegt, vgl. BGH, Urteil v. 04.02.2010, Az. I ZR 30/04.

76
Hierfür gibt es keine gesetzliche Frist. Wer allerdings zu lange zuwartet, kann auch wegen Verwirkung zurückgewiesen werden.

77
Vgl. Schricker / Loewenheim (Hrsg.) (wie Anm. 4), § 8 Rn 16 m. w. N.

78
Vgl. ebd., § 8 Rn 13.

79
https://de.wikipedia.org/wiki/Fan-Fiction (Zugriff 21.07.2021).

80
Vgl. Herzog (wie Anm. 2), Rn 268 f.

81
Staatsvertrag über Rundfunk und Telemedien / Rundfunkstaatsvertrag (RStV).

82
Vgl. Dirk Heckmann (Hrsg.), Internetrecht, 7. Aufl., München 2021, Kap. 4.2 Rn 54 ff. Bereits die Einschaltung von Werbebannern kann eine solche Plattform zu einer »gewerbsmäßigen«, kommerziellen oder »geschäftsmäßigen« machen.

83
»Ein Cookie ist eine Textinformation, die im Browser auf dem Computer des Betrachters jeweils zu einer besuchten Website (Webserver, Server) gespeichert werden kann. Der Cookie wird entweder vom Webserver an den Browser gesendet oder im Browser von einem Skript (JavaScript) erzeugt. Der Webserver kann bei späteren, erneuten Besuchen dieser Seite diese Cookie-Information direkt vom Server aus auslesen oder über ein Skript der Website die Cookie-Information an den Server übertragen. Aufgabe dieser Cookies ist beispielsweise die Identifizierung des Surfers (Session ID), das Abspeichern eines Logins bei einer Internetanwendung wie Wikipedia, Facebook usw. oder das Abspeichern eines Warenkorbs bei einem Online-Händler. Ein häufiger Einsatzzweck ist das Webtracking von Nutzern mit speziell präparierten Seiten.«, vgl. https://de.wikipedia.org/wiki/HTTP-Cookie (Zugriff 23.10.2021).

84
Dies war lange umstritten. Der EuGH hat dies erst in seinem Urteil v. 01.10.2019, Az. C-673/17, entschieden. Die Frage war ihm vom BGH zur Entscheidung vorgelegt worden.

Datenschutz

85
Der Begriff wurde erstmals 1988 von Mark Weiser verwendet und 1991 in seinem Aufsatz **The Computer for the 21st Century** geprägt. Nach seiner Vision werden (Personal) Computer als einzelne Geräte verschwinden und durch »intelligente Gegenstände« ersetzt werden. An Stelle von Computer und Internet als explizite Gegenstände der menschlichen Aufmerksamkeit soll das kommende sogenannte »Internet der Dinge« den Menschen bei seinen Tätigkeiten unmerklich unterstützen. Es sollen ihm immer kleinere Computer Hilfestellung leisten, ohne abzulenken oder überhaupt aufzufallen. Zitiert nach https://de.wikipedia.org/wiki/Ubiquitous_computing (Zugriff 21.07.2021); Mark Weiser, **The Computer for the 21st Century**. In: **Scientific American,** 9/1991.

86
Mit personenbezogenen Daten werden schon heute »Gratisdienste« im Netz bezahlt, personenbezogene Daten haben einen Handelswert. Im Allgemeinen wird das von den Nutzern allerdings nicht registriert oder bedacht. Die Aufklärung über diese Tatsache hat gerade erst begonnen, vgl. bspw. eine Information des Bayerischen Staatsministeriums für Umwelt und Verbraucherschutz: https://www.vis.bayern.de/daten_medien/datenschutz/datenwaehrung.htm (Zugriff 23.07.2021).

87
Hessisches Datenschutzgesetz vom 30.09.1970, GVBl. I 1970, 625.

88
Vgl. z. B. das Mandat für einen UN-Sonderberichterstatter zum Thema »Recht auf Privatheit« vom 26.03.2015, auch eine Reaktion auf die Enthüllungen Edward Snowdens, die zu einem Bericht der Hohen Kommissarin der Vereinten Nationen für Menschenrechte über den Schutz und die Förderung des Rechts auf Privatheit im Kontext des innerstaatlichen und exterritorialen Überwachens und/oder Abfangens von digitaler Kommunikation und des Sammelns personenbezogener Daten, namentlich im Massiven Umfang, führten. Der Bericht mit dem Aktenzeichen A/HRC/27/37 vom 30.06.2014 ist abrufbar unter https://undocs.org/A/HRC/27/37 (Zugriff 26.02.2020).

89
Diese Klarstellung erfolgte schon relativ früh im Zusammenhang mit den nationalen Volkszählungen der Mitgliedstaaten, vgl. EKMR, Urteil v. 06.10.1982, No. 9702/82, DR 30, 239 (241) – X v. Vereinigtes Königreich.

90
BVerfG, Urteil v. 15.12.1983, 1 BvR 209/83 – Volkszählung.

91
BVerfG, Beschluss v. 23.10.2006, 1 BvR 2027/02.

92
Dies betrifft insbesondere die Information, ob, wann und wie oft zwischen welchen Personen oder Endeinrichtungen Telekommunikationsverkehr stattgefunden hat oder versucht worden ist.

93
Vgl. BVerfG, Urteil v. 02.03.2010, 1 BvR 256/08 – Vorratsdatenspeicherung.

94
BVerfG, Urteil v. 27.02.2008, 1 BvR 370/07.

95
Verordnung (EU) 2016/679 des Europäischen Parlaments und des Rates vom 27. April 2016 zum Schutz natürlicher Personen bei der Verarbeitung personenbezogener Daten, zum freien Datenverkehr und zur Aufhebung der Richtlinie 95/46/EG.

96
Definition zitiert nach https://de.wikipedia.org/wiki/IP-Adresse#cite_note-5 (Zugriff 21.07.2021).

97
Entsprechend fielen auch die ersten Urteile zu IP-Adressen aus: Zunächst erklärte das Amtsgericht Berlin-Mitte 2007 IP-Adressen generell zu personenbezogenen Daten im Sinne von (damals noch) § 3 BDSG (AG Berlin-Mitte, Urteil v. 27. 03.2007, Az. 5 C 314/06). Das Amtsgericht München beurteilte den Fall ein Jahr später bereits differenzierter: Die Einordnung als personenbezogene Daten, so das Gericht, hängt von der Identifizierbarkeit ab, also von den Möglichkeiten desjenigen, der die Daten speichert. Hat er prinzipiell die Möglichkeit, eine Person anhand ihrer IP-Adresse zu identifizieren (etwa anhand eines personalisierten Benutzerkontos), so ist die automatische Speicherung nicht zulässig. In diesem Fall ist dies nur erlaubt, wenn der Benutzer seine ausdrückliche Zustimmung erteilt hat (AG München, Urteil v. 30.09.2008, Az. 133 C 5677/08). Ähnlich auch der EuGH, Urteil v. 24.11.2011, C-70/10, ECLI:EU:C:2011:771 – Scarlet Extended.

98
Ein Cookie (['kʊki:]; englisch »Keks«) ist eine Textinformation, die im Browser auf dem Computer des Betrachters jeweils zu einer besuchten Website (Webserver, Server) gespeichert werden kann. Der Cookie wird entweder vom Webserver an den Browser gesendet oder im Browser von einem Skript (JavaScript) erzeugt. Der Webserver kann bei späteren, erneuten Besuchen dieser Seite diese Cookie-Information direkt vom Server aus auslesen oder über ein Skript der Website die Cookie-Information an den Server übertragen. Aufgabe dieser Cookies ist beispielsweise die Identifizierung des Surfers (Session ID), das Abspeichern eines Logins bei einer Internetanwendung wie Wikipedia, Facebook usw. oder das Abspeichern eines Warenkorbs bei einem Online-Händler. Ein häufiger Einsatzzweck ist das Webtracking von Nutzern mit speziell präparierten Seiten. Der Begriff Cookie wird im Datenschutz auch als Synonym für Datenentnahme, Datenspeicherung, Datennutzung, Datenverwertung, Datenweitergabe wie auch Datenmissbrauch verwendet, unabhängig davon, ob dazu tatsächlich ein physischer Cookie verwendet wird oder andere Techniken eingesetzt werden. Zitiert nach https://de.wikipedia.org/wiki/HTTP-Cookie (Zugriff 21.07.2021).

99
EuGH, Urteil v. 01.10.2019 (Az. C-673/17), auf Vorlage des BGH.

100
Eine Sammlung weist dann eine Struktur auf, wenn sie nach zumindest zwei Kriterien sortierbar ist, vgl. Jürgen Kühling / Manuel Klar / Florian Sackmann, **Datenschutzrecht**, 4. Aufl., München 2018, Rn 217 m. w. N.

101
Diesen Zweckbindungsgrundsatz hatte schon das BVerfG in seinem Volkszählungsurteil herausgearbeitet (BVerfG, Urteil v. 15.12.1983, 1 BvR 209/83), vgl. auch Kühling / Klar / Sackmann (wie Anm. 100), Rn 286.

102
Vgl. Erwägungsgrund 32 zur DSGVO.

103
In bestimmten Fällen könnte auch der Erlaubnistatbestand der berechtigten Interessen gem. Art. 6 Abs. 1 lit f) DSGVO gegeben sein.

104
Zum Schadensersatzrecht vgl. Herzog (wie Anm. 2), Rn 122 ff.

105
So auch Kai-Uwe Plath, **Kommentar zur DSGVO**, 3. Aufl., Art. 82 Rn 4c.

106
Quelle: Handelsblatt, **Datenschutz-Verstöße: Zahl der Bußgelder ist drastisch gestiegen**, Artikel v. 01.01.2020.

107
Abrufbar unter http://ec.europa.eu/newsroom/dae/document.cfm?doc_id=42678 (Zugriff 01.03.2020).

108
Verkehrsdaten sind solche, die zum Zweck der Weiterleitung einer Information an ein elektronisches Kommunikationsnetzwerk verarbeitet werden (z. B. Dauer und Art von Telefonverbindungen oder Internetzugriffen). Standortdaten geben den geographischen Standort von Kommunikationsgeräten in einem öffentlichen Kommunikationsnetz an (z. B. Einbuchung in Funkzellen und WLAN-Knoten).

109
EuGH, Urteil v. 01.10.2019, Az. C-673/17.

110
Auch hierbei ist die DSGVO anzuwenden. Es handelt sich zwar um ein analoges Ordnungsmittel; es werden aber mindestens zwei Sortierungskriterien verwendet, so dass der Karteikasten ein »Dateisystem« darstellt, vgl. Rn 86. Aufgrund der Bewerbungsabsicht ist außerdem ein beruflicher Bezug vorhanden, so dass sich der Student nicht mehr auf die »Haushaltsausnahme« des Art. 2 Abs. 2 lit. c) DSGVO berufen kann.

111
Gem. Art. 44 ff. DSGVO benötigt jede Übermittlung personenbezogener Daten in ein Drittland eine zusätzliche (!) Ermächtigungsgrundlage. Notwendig ist eine zweistufige Prüfung: Die Rechtfertigung der Datenverarbeitung allein genügt nicht; die gesetzlichen Voraussetzungen einer Übermittlung in ein Drittland müssen zusätzlich vorliegen. Ob die Datenverarbeitung zulässig ist, erlaubt also keine Rückschlüsse, ob eine Datenübermittlung in ein Drittland nach DSGVO zulässig ist. Faustformel: Die Übermittlung ist nur zulässig, wenn die europäischen Datensicherheitsstandards eingehalten werden. Das ist insbesondere bei den USA umstritten, da dort z. B. die Weitergabe personenbezogener Daten insbesondere an Regierungsstellen wesentlich einfacher möglich ist als in der EU. Weitgehend unproblematisch ist eine Datenübermittlung in ein Drittland, für das die EU-Kommission durch Beschluss gem. Art. 45 DSGVO ein angemessenes Schutzniveau bestätigt. Solche Angemessenheitsbeschlüsse gibt es nach heutigem Stand (Juli 2021) z. B. für Kanada oder die Schweiz, die damit »datenschutzrechtlich sichere Drittstaaten" sind. Keinen Angemessenheitsbeschluss hat die EU-Kommission bislang für die USA getroffen, nachdem das alte »Safe-Harbour-Abkommen« aus dem Jahr 2000 am 6. Oktober 2015 vom Europäischen Gerichtshof (EuGH) für ungültig erklärt worden ist. Vielmehr hat die EU-Kommission eine Datenübermittlung in die USA an bestimmte Bedingungen geknüpft, vgl. EU-US Privacy Shield v. 12.07.2016.

112
Vgl. auch § 3 Abs. 4 TDDSG im Juli 1997: »Die Gestaltung und Auswahl technischer Einrichtungen für Teledienste hat sich an dem Ziel auszurichten, keine oder so wenige personenbezogene Daten wie möglich zu erheben, zu verarbeiten und zu nutzen.«

113
Eine solche Lösung ermöglicht die Einrichtung eines authentifizierten und verschlüsselten Bereichs innerhalb des mobilen Endgeräts. In diesem abgeschotteten Bereich können geschäftliche Daten von den privaten Daten separiert gespeichert und verarbeitet werden.

114
Herzog (wie Anm. 2), Rn. 256.

115
Nicht geklärt ist bislang, wie mit denjenigen Betroffenen zu verfahren ist, deren Daten bei der Recherche zwar erhoben wurden, die später aber aus irgendwelchen Gründen nicht angeschrieben werden. Grundsätzlich müssten auch diese Personen informiert werden. Das liegt jedoch nicht im Interesse des Designers und kann dessen Geschäft sogar abträglich sein. In Betracht kommt daher die Ausnahme des Art. 14 Abs. 5 lit. b) DSGVO: Es darf verzichtet werden, wenn »die Erteilung dieser Informationen sich als unmöglich erweist oder einen unverhältnismäßigen Aufwand erfordern würde« bzw. wenn die »Pflicht voraussichtlich die Verwirklichung der Ziele dieser Verarbeitung unmöglich macht oder ernsthaft beeinträchtigt«. Sofern der Designer die Daten der Nichtangeschriebenen unverzüglich löscht, dürfte deren Interesse an Information über einen fruchtlosen Suchvorgang in öffentlichen Daten geringer sein als das Interesse des Designers, mit derartigen Suchvorgängen einem breiten Kreis von fremden Personen, die als mögliche Auftraggeber gerade ausgeschlossen wurden, unbekannt zu bleiben. Entscheidungen hierzu gibt es aber noch nicht.

116
Die DSGVO ist in diesem Bereich etwas schwächer ausgeprägt als das BDSG. In Art. 37 f. DSGVO besteht nur dann eine Pflicht zur Bestellung eines Datenschutzbeauftragten, wenn »die Kerntätigkeit des Verantwortlichen oder des Auftragsverarbeiters in der Durchführung von Verarbeitungsvorgängen besteht, welche aufgrund ihrer Art, ihres Umfangs und / oder ihrer Zwecke eine umfangreiche regelmäßige und systematische Überwachung von betroffenen Personen erforderlich machen« oder »die Kerntätigkeit des Verantwortlichen oder des Auftragsverarbeiters in der umfangreichen Verarbeitung besonderer Kategorien von Daten gemäß Artikel 9 oder von personenbezogenen Daten über strafrechtliche Verurteilungen und Straftaten gemäß Artikel 10 besteht«.

117
Vgl. bspw. Plath (Hrsg.) (wie Anm. 105), Art. 7 insbes. Rn 18 ff.; Yoan Hermstrüwer, **Informationelle Selbstgefährdung. Zur rechtsfunktionalen, spieltheoretischen und empirischen Rationalität der datenschutzrechtlichen Einwilligung und des Rechts auf informationelle Selbstbestimmung**, Tübingen 2016.

118
Beschluss des Bundeskartellamts v. 06.02.2019 – B6-22/16. Aus dem Tenor: »1. Den Beteiligten zu 1.–3. einschließlich der gem. § 36 Abs. 2 GWB mit ihnen verbundenen Unternehmen wird untersagt, Nutzungsbedingungen – einschließlich deren Konkretisierung

in Datenrichtlinien, Cookie-Richtlinien – oder vergleichbare Vertragskonditionen zu verwenden, nach denen die Nutzung des unter den Adressen facebook.com und facebook.de sowie unter der Bezeichnung »Facebook« als mobile App angebotenen Dienstes (im Folgenden für beide Angebote Facebook.com) von in Deutschland ansässigen privaten Nutzern davon abhängig ist,
a. dass die Betreibergesellschaft von Facebook.com nutzer- und gerätebezogene Daten, die bei der Nutzung der Dienste WhatsApp, Oculus und Masquerade durch in Deutschland ansässige private Nutzer erhoben und gespeichert wurden, ohne Einwilligung dieser Nutzer erfassen, mit den bei der Nutzung von Facebook.com erhobenen und gespeicherten Daten dieser Nutzer verknüpfen und verwenden kann;
b. dass die Betreibergesellschaft von Facebook.com nutzer- und gerätebezogene Daten, die bei der Nutzung des Dienstes Instagram durch in Deutschland ansässige private Nutzer erhoben und gespeichert wurden, ohne Einwilligung dieser Nutzer mit den bei der Nutzung von Facebook.com erhobenen und gespeicherten Daten verknüpfen und kombiniert verwenden kann;
c. dass die Betreibergesellschaft von Facebook.com oder ein konzerneigener Anbieter der Programmierschnittstellen (Facebook Business Tools) bei dem Besuch von Webseiten oder bei der Nutzung mobiler Apps dritter Anbieter durch in Deutschland ansässige private Nutzer ohne deren Einwilligung nutzer- und gerätebezogene Daten über die von den Webseiten oder Apps eingebundenen Programmierschnittstellen zur Realisierung von Sozialen Plugins, Facebook Login und Account Kit sowie auf dem Facebook Pixel und Facebook SDK basierende Mess- und Analysedienste erfassen, die Daten mit den bei der Nutzung von Facebook.com erhobenen und gespeicherten Daten verknüpfen und verwenden kann, […]«.

119
Es ist umstritten, ob es ein generelles Koppelungsverbot außerhalb von Monopolstellungen gibt. Immerhin könnte ein Kunde ja auch bei einem anderen Anbieter abschließen, der keine fragwürdige Bedingung an den Geschäftsabschluss koppelt. Vgl. zum Stand der Diskussion Plath (Hrsg.) (wie Anm. 105), Art. 7 Rn 19.

120
Diese Ansicht ist noch keineswegs gefestigt. Zum Wert personenbezogener Daten vgl. bspw. eine Recherche des Deutschlandfunks von Agnes Handwerk vom 30.01.2018: Registriert, gezählt, verwertet. Personenbezogene Daten als Rohstoff und Handelsware: https://www.deutschlandfunkkultur.de/personenbezogene-daten-als-rohstoff-und-handelsware.976.de.html?dram:article_id=409553 (Zugriff 05.04.2020).

121
Herzog (wie Anm. 2), Rn 13.

122
Vgl. bspw. eine Recherche des Handelsblatts durch die Autoren Catrin Bialek und Till Hoppe vom 19.11.2019: **IT-Industrie und Verlage fürchten wegen neuer Datenschutzregeln um ihr Geschäft**: https://www.handelsblatt.com/technik/it-internet/eu-verordnung-zu-e-privacy-it-industrie-und-verlage-fuerchten-wegen-neuer-datenschutzregelnum-ihr-geschaeft/25244552.html (Zugriff 05.04.2020).

123
Vgl. bspw. Ralf Poscher, **Die Zukunft der informationellen Selbstbestimmung als Recht auf Abwehr von Grundrechtsgefährdungen**. In: Hans-Helmuth Gander / Walter Perron / Ralf Poscher / Gisela Riescher / Thomas Würtenberger (Hrsg.), **Resilienz in der offenen Gesellschaft**, Baden-Baden 2012, S. 167–191; Maria Wilhelm, **Sicherheit im Tausch gegen Selbstbestimmtheit? – Ein Plädoyer für das Grundprinzip der Transparenz**. In: Tobias Brings-Wiesen / Frederik Ferreau (Hrsg.), **40 Jahre »Deutscher Herbst«**. In: **Neue Überlegungen zu Sicherheit und Recht**, Baden-Baden 2019, S. 111–126; Reihe: **Sicherheit und Gesellschaft. Freiburger Studien des Centre for Security and Society**, Bd. 1; Thomas Steinmaurer, **Digitale Resilienz im Zeitalter der Datafication**, Cham 2019; Paula Helm / Sandra Seubert, **Normative Paradoxien der Privatheit in datenökonomischen Zeiten. Eine sozialkritische Perspektive auf eine digitale »Krise «der Privatheit**. In: **Internet und Staat: Perspektiven auf eine komplizierte Beziehung 127**, Baden-Baden 2019, S. 81.

124
Herzog (wie Anm. 2), Rn 256.

125
Art. 8 Abs. 2 der Charta der Grundrechte der Europäischen Union (2017/C 202/02) und Grundrecht auf informationelle Selbstbestimmung, Art. 2 Abs. 1 i. V. m. Art. 1 Abs. 1 GG.

126
BVerfG, Urt. v. 15.12.1983, 1 BvR 209/83 – Volkszählung.

127
Vgl. bspw. Plath (Hrsg.) (wie Anm. 105), Art. 79 Rn 2.

128
M. w. N. bspw. ebd., Art. 82 Rn 4d.

Fotos in den neuen Medien

129
Die social media ThinkUnit verweist dafür auf die Veröffentlichung von statista: https://de.statista.com/statistik/daten/studie/312172/umfrage/taeglich-von-internetnutzern-hochgeladene-und-geteilte-fotos/ (Zugriff 12.04.2020).

130
https://www.brandwatch.com/de/blog/interessante-social-media-zahlen-und-statistiken (Zugriff 12.04.2020).

131
Hierzu gibt es mittlerweile zahlreiche Untersuchungen. Diese reichen von allgemeinen bildsemiotischen Werken (bspw. Thomas Friedrich / Gerhard Schweppenhäuser, **Bildsemiotik. Grundlagen und exemplarische Analysen visueller Kommunikation**, 2. Aufl., Basel 2017; Marion G. Müller / Stephanie Geise, **Grundlagen der Visuellen Kommunikation. Theorieansätze und Analysemethoden**, 2. Aufl., Konstanz/München 2015; bis hin zu spezifischen Untersuchungen von Fotos in sozialen Netzwerken, vgl. bspw. **inside social media. Bilder und ihre Wirkung als Modul der social media ThinkUnit der Technischen Universität Berlin**, http://smtu-berlin.de/home-2/inside-social-media-home/startseite-inside-social-media/modul-6-bilder-im-social-web-ein-erfolgsrezept-2/ (Zugriff 12.04.2020); André Gunthert, **Das geteilte Bild. Essays zur digitalen Fotografie**, Göttingen 2019; Nathan Jurgenson, **The Social Photo**, London /New York 2019.

132
Schricker / Loewenheim (Hrsg.) (wie Anm. 4), § 2 Rn 184.

133
Das wurde noch einmal grundsätzlich bestätigt durch OLG Hamburg GRUR 1999, 717 – Wagner-Familienfotos.

134
Vgl. u. a. BVerfG GRUR 73, 541 – Lebach; BGH NJW 96, 985 – Caroline von Monaco.

135
Schricker / Loewenheim (Hrsg.) (wie Anm. 4), § 60/§ 22 KUG Rn 7 unter Verweis auf Ulmer.

136
Nachdem Journalisten 1898 ohne Erlaubnis in das Sterbezimmer des Reichskanzlers Otto von Bismarck eingedrungen waren und dessen Leichnam fotografiert hatten, wurde offensichtlich, dass eine Rechtsgrundlage gegen eine derartige Nutzung des neuen Mediums Fotografie fehlte. In der Folge entstand das KUG.

137
BGHZ 24, 200 – Spätheimkehrer; BGH GRUR 67, 205 – Vor unserer eigenen Tür.

138
BGH, Urt. v. 28.09.2004, VI ZR 305/03.

139
Denn bereits durch die Herstellung seines Abbildes ist der Betroffene der Verfügungsmacht eines anderen ausgeliefert; das BVerfG hat sich am Rande der sogenannten Caroline-Rechtsprechung zu diesem Thema geäußert, vgl. BVerfGE 101, 361 = NJW 2000, 1021. Das ist nicht völlig unumstritten. Einen Überblick zum Stand der Diskussion und der Argumente liefert Schricker / Loewenheim (Hrsg.) (wie Anm. 4), § 60/§ 22 KUG Rn 35.

140
Vgl. Herzog (wie Anm. 2), Rn 113 ff., insbesondere 116.

141
§ 201a StGB erfasst bestimmte Lebenssituationen oder Umstände, in denen Personen besonders vor Fotos geschützt werden sollen – jeder Fotograf sollte diesen Tatbestand gut kennen.

142
Schricker / Loewenheim (Hrsg.) (wie Anm. 4), § 60/§ 23 KUG Rn 5.

143
BGH Urt. v. 13.10.2015 – VI ZR 271/14.

144
Vgl. bspw. Claudia Müller, **DSGVO hindert nicht an der Anwendung des Kunsturhebergesetzes**, GRUR-Prax 2018, 383, beck-online.

145
BAG, Urt. v. 11.12.2014, Az. 8 AZR 1010/13

146
Vgl. OLG Köln, Beschl. v. 18.06.2018, 15 W 27/18, ZUM-RD 2018, 549, beck-online.

147
OLG Köln, Urt. v. 10.10.2019, Az. 15 U 39/19, vgl. auch BeckRS 2019, 25735, beck-online m. w. N.

148
BeckRS 2019, 24883, beck-online.

149
Vgl. Drucksache 19/4421, Deutscher Bundestag.

150
Vgl. Plath (Hrsg.) (wie Anm. 105), Art. 14 Rn 15.

151
EuGH, Urt. v. 06.11.2003, C-101/01 – Lindquist und EuGH, Urt. v. 16.12.2008, C-73/07 – Satakunnan Markkinapörssi und Satamedia.

152
Achtung: Wer seinen Showroom dazu nutzen möchte, auch zu verkaufen oder dazu auffordert, in Vertragsanbahnungen einzutreten, muss alle Vorschriften zum E-Commerce gegenüber Verbrauchern einhalten! Vgl. hierfür bspw. David Herzog, **Recht für Designer**, Stuttgart 2017, Rn 270 m. w. N.

153
Vgl. Kühling / Klar / Sackmann (wie Anm. 100), Rn 775 oder Plath (Hrsg.) (wie Anm. 105), § 4 BDSG Rn 1.

154
Der Inhalt eines solchen Hinweisschilds sollte umfassen:

- Umstand der Beobachtung z. B. durch ein Piktogramm des Kamerasymbols;
- Identität des für die Videoüberwachung Verantwortlichen; Angaben gem. Art. 13 Abs. 1 a) DSGVO, d. h. Name und Kontaktdaten des Verantwortlichen und ggf. seines Vertreters (dabei genügt die Angabe der Funktion, der Name ist nicht zwingend anzugeben);
- Kontaktdaten des betrieblichen Datenschutzbeauftragten (bDSB), sofern ein bDSB bestellt, sind dessen Kontaktdaten anzugeben, Art. 13 Abs. 1 b) DSGVO;
- Zwecke und Rechtsgrundlage der Datenverarbeitung Art. 13 Abs. 1 c) DSGVO;
- Angabe des berechtigten Interesses, sofern die Verarbeitung auf Art. 6 Abs. 1 f) DSGVO beruht, sind die berechtigten Interessen, die von dem Verantwortlichen oder einem Dritten verfolgt werden, gem. Art. 13 Abs. 1 d) DSGVO anzugeben;
- Dauer der Speicherung für die personenbezogenen Daten oder, falls dies nicht möglich ist, die Kriterien für die Festlegung dieser Dauer, Art. 13 Abs. 2 a) DSGVO;
- Hinweis auf Zugang zu den weiteren Pflichtinformationen gem. Art. 13 Abs. 1 und 2 DSGVO (wie Auskunftsrecht, Beschwerderecht, ggf. Empfänger der Daten).

Um den Anforderungen aus Art. 12 Abs. 7 DSGVO zu genügen, können Zweck und Rechtsgrundlage der Datenverarbeitung stichwortartig, aber nicht zu plakativ benannt werden. Die Stichwörter müssen aber dem Ziel der Transparenzpflichten aus Art. 5 Abs. 1 a) DSGVO gerecht werden, den Betroffenen über den Zweck der Videoüberwachung hinreichend konkret zu informieren.

Positivbeispiele: Verarbeitungszweck Vandalismusprävention, Hausrecht; Berechtigtes Interesse Schutz des Eigentums

Negativbeispiel: »zu Ihrer/unserer Sicherheit«

Zitiert nach der Landesdatenschutzbeauftragten für Niedersachsen, https://www.lfd.niedersachsen.de/startseite/dsgvo/transparenzanforderungen-und-hinweisbeschilderung-bei-einer-videoueberwachung-nach-der-dsgvo-158959.htm (Zugriff 17.05.2020).

155
AG Hamburg, Urt. v. 22.04.2008, 4 C 134/08 – BeckRS 2008, 24175.

156
So hatte das der EuGH auch bereits zur alten Rechtslage vor der DSGVO entschieden, EuGH, Urt. v. 11.12.2014, C-212/13 – Ryneš.

157
Vgl. bspw. BAG Urt. v. 21.06.2012, Az. 2 AZR 153/11 oder BAG Urt. v. 14.12.2004, Az. I ABR 34/03 m. w. N.

158
So z. B. zur Vermeidung und zum Nachweis konkreter Straftaten, vgl. BAG Urt. v. 21.06.2012, Az. 2 AZR 153/11 und Plath (Hrsg.) (wie Anm. 105), § 4 BDSG Rn 26.

159
Ebd., § 4 BDSG Rn 31.

Bibliothek für Designer

Weitere Bände der Reihe

Philosophie für Designer
ISBN 978-3-89986-253-9

Medien für Designer
ISBN 978-3-89986-254-6

Recht für Designer
ISBN 978-3-89986-260-7

Existenzgründung für Designer
ISBN 978-3-89986-267-6

Storytelling für Designer
ISBN 978-3-89986-277-5

Informationstheorie für Designer
ISBN 978-3-89986-283-6

Musik für Designer
ISBN 978-3-89986-339-0

MIX
Papier aus verantwortungsvollen Quellen
FSC® C013736
FSC www.fsc.org

Herausgeber der Reihe
Prof. Dr. Thomas Friedrich
Prof. Dr. Klaus Klemp
Prof. Dr. Gerhard Schweppenhäuser

Autor des Bandes
David Herzog

Lektorat
Mario Ableitner
Dr. Petra Kiedaisch
Bettina Klett

Layout
T616 Berlin
Prof. Veruschka Götz mit Katrin Kassel

Satz
Mario Ableitner

Schriften
The Mix
TheSans
The Serif

Papier
Sopor Set, 100 g/m² mit 1,28-fachem Volumen

Druck
Eberl & Kösel GmbH & Co. KG, Altusried

avedition GmbH
Verlag für Architektur und Design
Senefelderstraße 109
70176 Stuttgart
Deutschland
Tel.: +49 (0)711 / 220 22 79-0
Fax: +49 (0)711 / 220 22 79-15
info@avedition.de
www.avedition.de

ISBN 978-3-89986-355-0

Bibliografische Informationen der Deutschen Nationalbibliothek
Die Deutsche Nationalbibliothek verzeichnet diese Publikation in der Deutschen Nationalbibliografie; detaillierte bibliografische Daten sind im Internet über dnb.de abrufbar.